미래기업의 조건
CHANGE

미래기업의 조건
CHANGE

애덤 하텅 지음 | 양영철 옮김

프롬북스 frombooks

이 책에 대한 찬사

● 멋지고 계몽적이고 놀랍다. 어떤 부분에서는 혁명적이기까지 하다. 저자는 폭넓은 사례를 통해 비즈니스에서 직면하는 여러 가지 문제점을 설명한다. 그리고 어려움에서 빠져나오기가 얼마나 어려운지를 알려준다. 그의 사례 분석은 깊이 있고 명료하다. 그래서 독자들은 자신의 상황과 바로 비교해 볼 수 있다. 또한 경영자들이 성공적인 비즈니스를 위해서는 자신의 고유한 방식을 파괴해야 한다고 강조한다. 이 책은, 왜 어떤 회사들은 오랜 동안 성공을 거두고, 또 어떤 회사들은 도산에 이르는 절망적인 상황을 되풀이하는지 생생하게 보여준다. 그만큼 재미있기도 하지만 실행에 옮길 수 있는 수많은 팁도 제시해 준다. 독자들은 책의 내용을 마음에 담아두고 책을 가까이에 두기를 권한다. 왜냐하면 현재의 성공공식을 바꿔야 할 때, 그리고 미래를 위해 효과적인 계획을 세우고 싶을 때 반드시 읽어야 할 명저이기 때문이다.

마이클 비테일 박사 | 모나시 대학 '과학과 부의 창조를 위한 아시아태평양센터' 소장

● 하팅은 전혀 새로운 사고방식을 제시한다. 그렇게 함으로써 새로운 시장을 추구하고 현재의 상태를 창조적으로 파괴하고자 하는 기업가들에게 용기를 준다. 회사는 성공공식에 의문을 갖도록 하는 기업문

화를 만들고, 열정적으로 화이트 스페이스를 창조하는 직원을 채용해야 한다.

켄 도벤스펙 | 도벤스펙 주식회사(Daubenspeck and Associates, Ltd.) 회장

- 용기 있는 리더들을 위해 오랜 시간 성공을 거두기 위한 새로운 법칙을 제안한다. 이 책은 뛰어난 은유와 이야기 구성, 풍부한 사례들을 제시한다. 또한 리더가 조직의 성공공식을 재개발하기 위해 공격적으로 기존의 질서를 파괴하고, 이를 실행하기 위해 새로운 화이트 스페이스를 설계해야 하는 이유를 알려준다. 내부의 장벽을 극복하기 위한 하텅의 피닉스 법칙에는 회사를 변화시키기 위한 리더의 실제적인 도구들로 가득하다. 그의 논리는 학술적인 동시에 혁신적이고 강력한 설득력을 토대로 확실한 근거들을 제시한다. 모든 리더들은 하텅이 제시하는 조언에 귀를 기울여야 한다.

주디 로센 | 콘코스 그룹(Concours Group) 전 대표, CSC 인덱스(CSC Index) 전 전무이자 전략 자문가

- 하텅은 도산한 거대 회사들로부터 '원래의 자리로 돌아가라'는 놀라운 교훈을 배웠다. 이는 모든 기업의 경영자에게 필수 지침이 될 것이다. 이 책 《CHANGE: 미래기업의 조건》은 변화를 거부하고 과거의 성공법칙을 고집하는 것만으로는 어려움을 극복할 수 없다는 사실을 적나라하게 보여준다. 하텅은 모든 회사들이 갈망하는 경쟁우위 확보와 성장을 위한 통찰력 넘치는 청사진을 제공한다. 주제 또한 현명하고 세련된 방식으로 다루고 있다. 따라서 어떤 회사의 경영자라도 반드시 일독을 권한다. 비즈니스를 성장시키고 차별화를 이루는 행복한 방법을 배우게 될 것이다. 오랜 시간 축적된 저자의 컨설팅 경험과 혁신, 전략적 전문성은 어디에서도 찾아보기 힘든 보물과 같다.

존 포폴리 | 레이크 포레스트 경영학 대학원(Lake Forest Graduate School of Management) 학장

- 시장의 붕괴가 당신의 리더십에 위협을 준다면, 당신은 어떻게 대응할 것인가? 애덤 하텅은 구식의 '방어와 확장경영'이 새롭게 펼쳐질 시장에 적응하는 것을 방해하는 현실을 분석하고, '공격과 탐구'라는 새로운 역동성으로 이어지는 목표설정의 중요성을 강조한다. 이는 글로벌 자본주의의 근간을 이루는 창조적 파괴를 위해 반드시 필요한 사고방식이다.

  제프리 무어 | 《다윈을 상대하기: 위대한 기업들은 급변의 시기에 어떻게 혁신을 이룰 수 있었는가?》의 저자, 컨설팅회사 'TCG 어드바이저' 상무

- 이 책은 파괴적이다. '더 나은 경영'을 통해 생존해야 하는 환상의 시기는 지났다. 그러한 환상을 완성한다는 것은 난센스다. 상반되는 견해는 생각을 자극하고, 미지의 대지를 찾아 나서게 하고, 배우게 하고, 시도하게 한다. 이것이 바로 저자가 하는 일이다. 화이트 스페이스는 경영자의 자세와 특별한 수완을 결합하도록 유도한다. 저자의 법칙은 꼭 시도해 볼 가치가 있다.

  조스트 스톨먼 | 컴퓨넷 컴퓨터 AG(CompuNet Computer AG)의 설립자, 섀도 미니스터 이코노미(Shadow Minister Economy)와 독일 테그놀러지 피더럴 리퍼블릭(Technology Federal Republic) 전 경영인

- 과거의 성공공식이 어떻게 비즈니스를 궁지로 몰아가는지에 대한 신선한 통찰력을 제공한다. 이와 함께 성과를 올리고 장기적 성공을 위한 새로운 경영방식을 제시한다. 또한 중소기업의 경영자에게 현대의 역동적인 글로벌 마켓에서 더욱 효과적으로 승리할 수 있는 새로운 기법을 가르쳐준다.

  스콧 호킨스 | 호킨스 컴퍼니스(The Hawkins Companies) 경영인

- 《CHANGE: 미래기업의 조건》은 비즈니스에 관한 구시대적 방식을 파괴하고 끊임없이 변화하는 시장에서 효율적으로 경쟁할 수 있는 모

델을 제공한다. 지금까지 해오던 방식의 식상한 개념을 초월해 진정한 발전에 집중하도록 유도한다. 이 책은 훌륭한 성과를 남기고 싶어 하는 모든 경영자들이 반드시 읽어야 할 책이다!

론 커슈너 | 하틀랜드 앤젤스(Heartland Angels) 회장

● 통찰력으로 가득 찬 이 책은 모든 경영자들의 필수 지침서라고 할 수 있다. 과거의 성공경험에서 벗어나 창조의 화이트 스페이스(여백)를 관리함으로써 회사에는 더 많은 이익을, 투자자들에게는 더 많은 수익을 더 빨리 안겨주고자 하는 청사진이다.

윌리엄 존슨 | 커뮤니티 얼터너티브 에너지 리소스 그룹(Community Alternative Energy Resources Group) 창립자이자 경영인

● 믿을 수 없을 만큼 역동적이고 불확실한 세계 경제에서 성장과 수익을 창출하고 유지하기 위한 탁월한 방법을 일깨워준다. 더 중요한 것은, 이 책이 규모에 관계없이 모든 산업과 기업의 변화를 촉진하는 도구로서의 가치가 뛰어나다는 죽이다.

수미트 고엘 | 하이포인트(HighPoint Associates) 전무

머리말

100년 전에는 아무리 뛰어난 기업가라도 목욕 용품을 생산하려 하지 않았다. 다섯 가구 중에서 한 집 정도만 욕조를 갖고 있었기 때문이다. 여자들도 한 달에 한 번 정도 머리를 감았다. 당시에는 아무리 훌륭한 투자자라도 한 사람이 1주일에 3분 정도 사용하는 전화에 투자할 생각은 하지 않았다. 아무리 안목이 넓은 세일즈맨이라도 거리가 멀고 인구도 적은 캘리포니아를 주목하지 않았다. 제조회사들은 새롭고 불안전한 자동차나 비행기를 재정비하는 데 돈을 쓰지 않았다. 그 대신 새로운 3.0버전의 신형 마차에 신경을 썼다.

오늘날 생각해 보면 이러한 근시안적 관점이 어리석었다는 것은 분명하다. 그 당시 새로운 아이디어에 도전하지 않은 이유 때문에 수많은 회사들이 도산했다. 그들은 지금까지 해온 방식을 고수함으로써 회사를 지키고 확장했다. 게다가 시장은 고정적이고 영속적이며 안전하다는 과거의 사고에 사로잡혀 있었다. 농경시대에서 산업시대로 넘어가는 변화의 파고를 인식하지 못한 회사들은 또 얼마나 많았는가. 저자가 이 책에서 정보화 시대로 묘사한 오늘날에도 여전히 많은 회사들은 변화를 인식하지 못하거나 뒤늦게 합류하는 오류를 저지른다.

오늘날의 비즈니스 리더, 경영자, 컨설턴트, 교육자들도 과거의 사람들과 똑같은 눈가리개(마차시대의 자만을 계승한)를 쓰고 있는 것이다. 자동차의 내연기관은 지난 100년 동안 기본적으로 변한 게 없다. 역사적으로 볼 때, 1920년의 자동차 시대에서 오늘날 인터넷의 시대까지는 그렇게 긴 시간이 아니다. 오늘날의 의학적 치료방법도 여전히 사람의 환부를 칼로 절제하거나, 치명적인 방사선을 쏘거나, 독성이 강한 화학약품을 주입하는 수준에 머물러 있다. 그럼에도 불구하고 기술이 '진보했다'고 말한다. 100년이 지나면 탄소를 사용하는 엔진은 박물관에서나 볼 수 있을는지 모른다. 인터넷도 무전기 수준의 물건이 될 것이다. 야만적인 의술 또한 미안하지만 생물학 서적에서나 찾아보게 될 고대의 유산으로 전락할지도 모른다. 오랜 역사적 관점에서 볼 때 우리도 선조들과 마찬가지로 원시적인 것이다.

자신의 회사가 망했다는 파산 기사를 읽게 되거나 역사서의 유물로 퇴락하기 전에, 어떻게 하면 우리는 현재의 비즈니스에서 문제를 간파하는 안목을 갖출 수 있을까? 저자는 학문적으로도 충실하며 실현 가능한 '피닉스법칙'에 기초한 사고방식과 행동의 변화를 요구한다. 단순하게 변화의 중요성을 역설하는 데서 그치지 않고, 모든 회사들이 매일 변화를 만들어갈 수 있는 방법을 설명한다.

물론 우리 모두는 스스로 '변할 준비가 되었어!'라고 믿는다. 어떤 의미에서는 맞는 말이다. 라이트 형제가 첫 비행에 성공한 이래 인류는 66년이 흘러 달에 착륙(평균적인 사람의 인생보다 짧다)하기에 이른다. 이렇게 되기까지 일상에서 사용하는 많은 기술을 고려해 보면, 그렇게 생각하는 것도 무리는 아니다. 우리는 제품을 만들고, 구입하고, 판매하기 위해 세계 어디라도 몇 시간 안에 도착할 수 있고 연락할 수 있다. 현대 의학은 대부분의 소아병을 치료할 수 있고 암에서도 큰 진전을 거두는 중이다. 디지털 기술은 기업인들로 하여금 비즈니스를 변화시키고 대량의 새로운 산업을 발전시킬 수 있도록 했다. 우리는 컴퓨터 본체의 인기와 하락, 미니컴퓨터의 인기와 하락, PC의 성장과 온라인, 일련의 디지털 장치 덕분에 사라진 회사들과 그 수만큼 새로운 기술을 갖추고 등장한 많은 회사들의 탄생을 지켜보았다.

속성상 변화라는 것은, 소비자들로 하여금 혜택을 볼 수 있게 하거나, 내가 아닌 다른 사람의 일 사이에서 발생할 때는 정말 근사한 존재다.

이상하게도 우리는 비즈니스의 생명을 제한하는 것들을 변화시키는 것에 저항한다. 마치 개인용 책상이나 사무실의 물리적인 벽과 같은 심리적 벽이 존재하는 것처럼, 시장이 보내오는 신호에 무감각하다. 또는 이메일에 답변하고 휴대전화로 통화하거나 친구, 동료에게 메시지를 보내는(모두 우리의 손자손녀 시대에는 우스운 기술로 보이게 될) 일에 너무 분주한 나머지 생각할 겨를이 없는지도 모른다. 명백한 사실은 비즈니스를 배우고, 생각하고, 실행하는 일이 과거의 성공방법에 구속되어 있다는 점이다. 또는 과거에 시도해 보지 않은 성공공식이라 하더라도 우리는 여전히 진실을 보지 못한다. 우리 스스로가 변화하지 못한다면 중노동에서 베틀로, 자동화 기기와 기계식 탈곡기로 변화하는 과정을 따라잡지 못하던 선조들처럼 자신의 틀 안에 갇혀 지내게 될 것이다.

코닥과 폴라로이드는 어쩌다가 디지털 필름으로의 변화를 모색하지 못했을까? 소니는 왜 디지털 음악시대로의 변화 시기를 놓쳤을까? 기존의 소형 항공기 제조사들은 어쩌다가 복합재료로 전환하지 못해 파산에 이르렀을까? IBM은 왜 두 번씩이나 소형 컴퓨터로 나아가지 못했을까? 왜 항공사들은 높은 가격을 책정하고 최악의 서비스를 제공하는 자신들의 오류를 계속 되풀이할까?

이 책은 비즈니스 초기의 성공공식에 안주하고, 기존의 상품으로 시장을 방어하고 확장하는 데 골두하는 기업들의 행태를 통렬히 파헤친다. 그리고 새로운 유망주, 심지어 새로운 아이디어를 가진 직원마저도 배척하는 문제점들이 회사를 도산으로 몰아간다고 본다. 이는 학계에서부터 시작된 문제다. 〈포천〉 500대 기업에 대한 조사결과를 보면 10년 동안 여전히 500대 기업 리스트에서 살아남을 확률은 50%에도 못 미친다.

현실이 이러함에도 불구하고 대학에서는 계속 동일한 비즈니스 사고방식을 가르친다. '방어와 확장' 경영방식을 추구하면 7%만 지속적으로 성장하고, 55%는 완전히 도산한다고 지적한다. 그런데도 학계에서는 이 도산을 위한 공식을 계속해서 '성공공식'이라고 버젓이 가르친다.

학계보다는 실제적이어야 할 사업가들도 장님이기는 마찬가지다. 저자는 새로운 성공공식과 경영방식을 무관심과 적대감으로 파괴한 수많은 사례들을 보여준다.

다행스럽게도, 저자는 현 상태를 유지하기 위한 행동들에 대해 비판을 뛰어넘는 혜안을 자세히 제시한다. 그는 지금의 상태를 유지하려는 미묘한 행동에 대해서도 가감없이 지적한다. 또한 과거의 성공경험에 얽매인 사고방식에서 벗어난 사례도 다양하게 제시한다. 이들 사례 중에는 최대한 빠른 속도로 진부해지는 라우터 제작자, 영화사에 들어간 워크스테이션 제조사, 음반사로 들어간 PC 메이커와 커피숍, 항공사로 들어간 음악 업체도 있다.

그 밖에도 많은 사례들이 제시된다. 이 책은 자신의 비즈니스를 창조적으로 파괴하고 시장을 재정비한 회사들의 사례로 가득하다. 덧붙여 구시대적 방식에 얽매인 고객들을 회사가 이끌어가는 방법에 대해서도 친절히 일러준다.

흥미로운 사례들(이것으로도 충분히 가치가 있지만) 외에도 저자는, 모든 회사가 창조적 파괴를 일으키는 생각과 행동공식을 구체적으로 보여준다. 회사는 과거의 전략과 기술을 재탕하고 고수(후자의 경우 수익을 늘리기보다는 원가를 낮추기 위한 노력)하려 해서는 안 된다. 그보다는 창조적 파괴와 발상의 전환, 행동을 변화시키기 위한 전략을 수립해야 한다. 또 현재의 행동이 미래에 가져올 결과에 대해서도 다양한 아이디어를 제공한다. 어떻게 하면 전세계적 소통기술, 생명공학, 나노 기술, 환경 비즈니스, 미국의 인구변화, 중국과 인도의 급성장과 같은 변화에서 유리한 위치를 선점하도록 창조적 파괴를 가능하게 할 수 있을까? 우리가 잘 아는 것 중에서도 내일의 시장을 창조해 나갈 원동력은 있다. 저자는 이 모든 것을 포괄적으로 설명한다.

만약 당신이, 지구는 평평하다는 이론과 동등하게 비즈니스를 가르치거나 지도하고 싶다면 다른 방법을 찾아보라. '항상 해오던 구시대적 방법'이 덜 생산적이지만 더 편하다는 이유로 제조방식을 바꾸기보다는 계속 유지하는 스타일이라면, 역시 다른 방법을 찾아보라. 암탉의 달걀 수확량을 높이기 위해서는 농부처럼 자기 자신을 파괴할 수 있어야 한다. 그것이 수확량을 높여줘서가 아니다. 변화가 필요하기 때문이다. 또는 판매자로서 새로운 제품은 연료와 물 소비를 줄이고 수확량을 높인다는 사실을 농부들에게 보여줄 수 있어야 한다.

판매자는 새로운 상품과 판매방식을 개발하기 위해 자신의 비즈니스를 파괴하며, 경비에 대응하는 방법을 변화시킴으로써 고객을 파괴한다. 이것은 모두에게 이익이 되는 결과다.

이 책은 경영자들에게 창조적 파괴의 프로세스를 보여주기보다는 결과를 도출하는 방법을 알려준다. 단기적인 창조적 파괴로써 장기적 이익을 만들어내는 실질적인 방법을 알려주는 것이다. 저자의 지혜는 현재에 머무르기보다는 내일의 시장으로 나아가고 싶어 하는 모든 경영자들에게 반드시 필요한 방법이다.

콜린스 헤밍웨이

《빌 게이츠@생각의 속도》공저자,

마케팅 컨설턴트

CHANGE
차례 · CONTENTS

PART 2
성공의 재발명

PART 1

Understanding How We Got Into This Mess

혼동 속으로

⚜

고정화는 성장과 효율을 적응력과 맞바꾼다. 공룡은 한때 지구를 지배했다. 환경에 잘 적응하며 작은 동물들을 섭식하며 성공적으로 생존했다. 그러나 환경변화로 최후의 한 마리가 죽을 때 그들의 성공공식도 쓸모없는 것이 되었다. 환경변화는 털이 난 작은 동물들이 적응하기에 더 좋은 추운 환경으로 변했다. 그 결과 작은 동물들은 살아남고 번영했다. 이와 유사하게 거대기업도 작고 새로운 회사들을 먹어치운다. 그러나 환경이 바뀌면 규모만으로 거대기업을 보호할 수 없게 된다. 좀 더 잘 적응하는 새로운 경쟁자들이 번영하고 오래된 경쟁자를 밀어내는 것이다.

CHANGE

슘페터 극복하기

기업은 장기간에 걸쳐 성공을 거둘 수 없다는 슘페터의 주장을 극복하는 방법은 없는가?

슘페터는 누구인가

요제프 슘페터Joseph Schumpeter는 1883년 오스트리아에서 태어난 경제학자다. 그는 처음에는 법률가가 되려고 법률 교육을 받았는데 전형적인 경제학자는 아니었다. 학창시절의 슘페터는 매우 훌륭한 학생이었다고 한다. 36세에 오스트리아의 재무부 장관이 되었고 38세에는 비더만 은행의 은행장이 되었다. 은행에 재직하던 1924년에는 은행이 파산했는데, 이를 계기로 슘페터는 경쟁과 비즈니스의 위험에 관한 개념을 알게 되었다. 이후 슘페터는 1932년부터 1950년에 세상을 떠날 때까지 하버드 대학에서 경제학을 강의하면서 주로 학계에 머물렀다.

교수로서 슘페터는 독불장군과도 같았다. 그는 역사상 가장 뛰어난 경제학자로 평가받는 애덤 스미스의 이론을 신봉하지 않았다. 그보다는 애

덤 스미스의 스승이라 할 수 있지만, 별로 알려지지 않은 프랑스의 경제학자 자크 튀르고Jacques Turgot를 숭배했다. 튀르고는 "사회의 성장 사이클은 보수적 사이클로 인해 황폐해진다"면서 "인간은 자기 자신에 대해 스스로 종말의 씨앗을 심는 방향으로 나아간다"라고 주장했다.

슘페터는 튀르고의 사상을 확대하여 명저《자본주의, 사회주의, 민주주의Capitalism, Socialism, and Democracy》에서 '창조적 파괴'에 관해 설명한다. 그는 기업가를 숭배했다. 그리고 탐욕스러운 자본주의 신봉자와 자유시장이 자본주의 경제에 가장 중요한 요소라고 역설했다. 러시아의 경제학자 콘트라티예프Kondratiev는 50~75년의 주기로 나타나는 혁신의 파동이 경제의 성장을 이끈다고 역설했다. 이른바 '장기파동 주기론long-wave cycles'을 주장한 것이다.

슘페터에 따르면 기업가가 시장에 혁신을 가져오면 경제는 활력을 얻게 된다. 그러다 오랜 시간이 흐르면, 혁신에 곰팡이가 피고 기업가가 줄어들면서 경제는 다시 침체된다. 슘페터에게 기업가는 혁신의 제왕이며 모든 경제적 이익을 가져오는 존재였다.

그러나 슘페터는 이러한 혁신의 과정이 대단히 파괴적이라는 점도 알았기에 창조적 파괴라는 용어를 썼다. 기업가들이 일으키는 혁신은 종종 엄청난 양의 재고와 장비와 기술을 무의미하게 만든다. 새로운 비즈니스는 경제에 활력을 불어넣음과 동시에 기존의 다른 비즈니스를 도산으로 몰아넣기도 한다. 기업가의 창조적 혁신이 다른 경쟁자에게 파괴의 물살을 쏘아대는 것이다. 기업이라는 존재가 장기에 걸쳐 번영하지 못하는 근본 원인이다. 역사적으로 보건대 창조적 파괴는 시장에서 혁신이 이뤄질 때마다 경쟁자들을 소탕해 왔다.

슘페터는 '진화주의 경제학Evolutionary Economics'의 아버지라 불린다. 비즈니스는 환경 안에서 태어나고, 자라고, 성숙하며, 사망한다. 비즈니스에 참여하는 이들은 넓은 환경에 노출되게 마련이다. 따라서 그들은 특별한 존재일 뿐 아니라 환경에 쉽게 적응하지 못하는 역할을 맡는다. 이 같은 비즈니스 진화의 개념은 널리 영향을 끼쳐, 인식하지 못하는 사이에 우리의 사고방식과 사전^{lexicon}에까지 깊숙이 박히게 되었다. 비즈니스 리더들이 계속 다윈을 인용하는 사이 슘페터는 마치 회사가 동물의 한 종처럼 경쟁에서 승리하고, 강하게 성숙하고, 결국에는 사망한다고 말한 것이다. 이 학설은 넓게 퍼졌지만 실제로 회사나 비즈니스 조직에서 이뤄진 적은 없다.

비즈니스는 사람들에게 하나의 목적을 추종하도록 만들어진 추상적 개념일 뿐 애초부터 진화적 사이클이란 것은 없었다. 비즈니스는 태어나지 않는다. 비즈니스는 법률적이고 조직화된 구축물이라 할 수 있다. 성숙의 일정표 같은 것도 없다. '나이를 먹거나' 심지어 '죽을' 필요도 없는 존재다. 그럼에도 불구하고 슘페터의 창조적 파괴라는 사상은 비즈니스의 진화 개념을 발전시키고 비즈니스에 관한 가설들을 많이 만들어냈다.

비즈니스 성공이란 무엇인가

대다수 비즈니스맨들에게 성공이란, 계획한 목표를 성취하는 것이다. 비즈니스 리더들은 매출과 이익을 늘리기 위해 계획을 세운다. 이 계획을 달성한 다음 자신과 투자자, 직원, 공급자, 그리고 고객들에게 성공이라는 평가를 받는다. 미래의 비즈니스 계획을 달성하는 방법은 수많은 경제 관련 저서, 셀 수 없는 업계의 대가들, 대부분의 MBA 과정에서 가르치는 내용과 다르지 않다. 이 방대한 양의 비즈니스 교육 중에서 가장 흔한 테마들을 검토해 보겠다.

- **열심히 일하는 것** : 많은 시간을 투자하여 생산적인 조직을 구축하는 사람은 경쟁력이 있기 때문에 성공 가능성이 더 높다.
- **부지런함** : 중요한 경제지표를 주시하고 성과를 개선하려는 것은 성공을 위한 검증된 특징이다. 토끼와 경주하는 거북처럼 부지런한 사람은 성공의 보증수표로 간주된다.
- **끈기** : 포기하지 않는 자세는 경쟁에서 승리하기 위한 능력의 일부로 간주된다. 열심히, 그리고 오래 일하는 직원만 존재한다면 비즈니스는 성공한다.
- **목표 설정** : 짐 콜린스Jim Collins는 베스트셀러《성공하는 기업들의 8가지 습관Built to Last》에서 기업의 성공을 자극하기 위해 '크고 위험하고 대담한 목표Big Hairy Audacious Goal' 설정에 대해 언급한다. 이 주장에는 많은 논란이 있지만, 성공을 위해 목표에 동기를 부여하라는 관념적인 내용들뿐이다.
- **계획과 실행** : 많은 서적들이 목표 성취를 위해 계획을 세우고 계획을 실행하는 것이 중요하다고 말한다. 경영서는 성공으로 가는 길에 대한 교리로 가득하고, 단지 계획을 실행하라고 주장한다.

비즈니스 성공을 위한 핵심요소로 설정된 이들 리스트에 이의를 제기할 비즈니스 리더는 거의 없다. 그러나 신문에는 성공하지 못한 회사들의 이야기로 가득하다. 또 분기마다 목표를 달성하지 못한 회사들의 긴 목록이 신문지면을 장식한다. 어떤 회사들은 여러 분기에 걸쳐 목표를 달성하지 못하기도 한다.

지난 몇 년 동안, 미국 최대의 기업인 제너럴 모터스(GM)는 시장을 유지하고 수익을 높이는 데 완전히 실패한 모습을 보여줬다. GM의 경영진이 의사결정을 내리고 행동을 취했지만, 결과는 장기적인 성공과는 거리가 멀었다.

1980년대 초 AT&T는 독점에 가까운 장거리 전화 서비스와 함께, 규제가 철폐된 전자통신 시장으로의 진입을 결정했다. AT&T는 어느 경쟁자도 모방할 수 없을 정도의 막대한 자원과 업계에 대한 깊은 지식을 갖고 있었다. 어떤 경쟁사도 인재, 자산, 자본에서 AT&T를 따라갈 수 없었다. 또 오랫동안 AT&T처럼 알려진 회사도 없었다. 그러나 25년이 지난후에 매출은 급감하고 이익은 줄어들었다. 결국은 예전에 독립했던 자회사 SBC에 완전히 매각되고 말았다.

우리는 이런 종류의 이야기에 폴라로이드, 제록스, 포드, 몽고메리 워드, 팬암, 시어스, 패니메, KM마트, 코닥과 같은 회사들의 이야기를 한참 더할 수 있다. 각각의 회사마다 매출과 이익이 감소한 이유에는 나름의 특성이 있다. 그렇다 하더라도 이들 회사가 성공요소를 제대로 이해하지 못해서 일어난 일이라고 치부할 수 있을까?

아니면, 성공의 정의가 앞에서 언급한 것보다 더 복잡하기 때문일까? 겉모습으로 보아, 목표를 성취한다는 말은 성공의 가장 자연스러운 정의라고 할 수 있다. 또한 이 정의는, 경쟁시장 내에서는 우리 모두가 합리적으로 행동해야 한다는 경제적 개념과도 일치한다. 모든 시장 참여자들은 결과를 쟁취하지 못하면, 자신보다 더 나은 성과를 거둔 경쟁자의 손에 제거된다. 경영진이 교육받은 대로 행동하고 결정하더라도 목표를 성취하지 못하는 비극은 계속해서 일어난다. 더욱이 목표를 성취할 수 없게 하는 의사결정과 행동이 반복된다면 '성공'에 대한 새로운 정의가 필요하지 않겠는가. 왜 기업가들이 자신의 결정과 행동이 목표한 결과를 성취할 가능성이 낮다는 것을 알면서도 계속해서 과거 방식대로 하는지 설명할 수 있도록 말이다.

AM사의 비극

AM^{Addressograph-Multigraph}은 매우 성공적인 기업이었다. AM은 인쇄 장비업계의 선구자 역할을 하며 20세기 초에 급성장했다. 산업혁명이 시작되던 당시에 AM은 새로운 인쇄장비와 소모품을 공급했다. 또한 국제적 공급 계약과 신제품개발을 통해 사너에서 사용할 수 있는 인쇄기와 소형 오프셋 인쇄장비 분야에서 대표주자가 되었고 업계의 글로벌 리더로 성장했다.

1950년대에 AM은 해외지역으로 사무소를 확대했다. 회사는 일류 경영학과 법학 출신의 인재들을 고용했다. 맥킨지와 같은 경영 컨설턴트 회사와도 협력했다. 1960년대에 AM은 분석가들로부터 IBM과 비교될 정도로 빛나는 장미빛 기대를 모았다. 마침내 AM은 내로라하는 거의 모든 회사들과 거래하는 글로벌 기업으로 성장했다. 저렴한 가격에 재고관리가 가능한 글로벌 제조와 유통부서를 보유한, 24시간 운용되는 글로벌 비즈니스 조직을 구축한 것이다. 호사의 영업이익률, 총자산이익률, 총자본이익률은 모두 평균 이상이었다. AM은 주가수익률에서도 평균 이상을 기록했다. 제품개발도 활발했고 10년 이상 높은 성장세를 기록하며 시장에서 주도권을 놓칠 기미를 보이지 않았다.

1970년대 초 AM은 처음으로 매출과 순익 전망치에 도달하는 데 실패했다. 주가는 떨어지고 투자자들도 신뢰를 거두었다. 회사는 외부 컨설턴트를 고용했다. 회사를 원상태로 돌려놓기 위해 모든 노력을 다했다. 원가절감을 위해 신속히 행동하고 다음 사항을 포함해 핵심 고객과 시장에 초점을 맞추는 전략을 실행했다.

- 제조를 합리화했다. 몇몇 공장은 문을 닫았고 관리는 통합되었다.

몇몇 공장은 일본과 유럽의 새로운 제휴사에 아웃소싱했다.

- 유통망을 철저히 분석하고 재고를 대폭 정리하고 현금을 풀었다.
- 판매부문을 재정비하고 다수의 영업직을 해고했다.
- 장비 서비스 부서를 재편성하고, 서비스 기술자를 해고하면서 강화된 기술을 신속히 추가했다.
- 간접비 절감을 위해 AM 본사의 회계와 구매부 직원을 감원했다.
- 저성장 기조에 따라 고객의 지속적인 가격인하 압력에 대응하기 위해 신제품개발비를 삭감했다.
- 회사의 브랜드 네임과 시장점유율에 맞추어 마케팅 비용을 대폭 줄였다.
- 업계의 잠재적 수요에 대한 기대치에 따라 전망치를 낮추었다.
- 고객을 분류해 대형 고객을 목표로 집중 판매전략을 세웠다.

결과적으로 AM은 1년 안에 정상 궤도에 올라섰다. 회사의 전망은 밝아졌고 경영진도 중대한 조치를 취했고, 다행히 예전의 주가수익률을 회복하는 데도 성공했다. 투자 분석가 및 언론과의 만남에서 경영진은 회사를 정상 궤도로 진입시켰다는 자신감에 충만해 있었다. 앞으로의 실적도 곧 과거의 실적처럼 좋을 것으로 전망했다.

같은 시기, AM에 관한 전략 보고서를 준비하던 컨설팅 사무소 측에서는 제록스가 시장을 잠식하고 있다는 점을 지적했다. 컨설턴트는 소비자들의 복사기 이용 증가에 따라 인쇄 장비 판매액이 줄어들 것으로 지적한 것이다. 비용과 품질 면에서 어떤 인쇄 장비가 최상인지에 대해서는 논란이 있었다. 하지만 복사기가 사용하기에 편리하다는 사실은 의심의 여지가 없었다. 이렇듯 제록스는 AM의 고객 기반을 빠른 속도로 잠식해 들어오고 있었다.

　AM은 재빨리 일련의 경쟁전략을 수립했다. 새로운 가격정책은 장비 가격을 낮추어 제록스가 제공하는 한 장당 복사 가격과 비슷하게 만드는 것이었다. AM은 원색 인쇄의 우수성과 석판 인쇄의 우월함을 계속 설명했다. 또한 도표를 만들어 전통 인쇄기술이 가격에서도 유리하다는 점을 강조했다.

　그러나 1980년대 들어서자 대부분의 고객들이 사용에 편리한 복사기를 선호한다는 것을 경영진이 알게 되었다. 할 수 없이 AM은 IBM으로부터 복사기를 공급받아 AM의 브랜드를 달고 팔기 시작했다. IBM의 복사기는 제록스에 견줄 만했고 AM은 경쟁사를 따라잡기 위해 고객에게 적극적인 마케팅과 합리적인 가격을 제공했다. 그리고 최고의 경영자를 활용하고 최고의 컨설턴트를 고용하여 전략과 기획에 관한 조언을 받았다.

　그러나 불행히도 AM의 복사기는 성공적이지 않았다. 판매가 기댓값의 10%에도 미치지 못한 것이다. 인쇄 장비와 복사기 양쪽 모두 판매가 부진하면서 AM의 매출과 수익률은 전망치에서 까마득히 멀어졌다. 결국 경영진은 '전략적' 결정에 따라 지급불능을 선언했다. 채권자들로부터 보호를 받게 되면 경쟁력을 회복하리라는 확신 때문이었다.

　그로부터 1년 후 회사는 지급불능에서 빠져나왔다. 대신 회사는 더 작아졌고 비용도 줄었다. AM은 다시 핵심 인쇄시장에 집중하겠다고 발표했다. 곧이어 AM은 신제품개발을 위해 시장에서 현금을 조달하기로 결정했다.

　그럼에도 불구하고 AM은 전망치를 회복하지 못했다. 정확히 말해 매출과 순익에서 전망치를 달성하기도 하고 실패하기도 했다. 경영진은 투자자들에게 "복사기가 시장을 잠식하기 때문에 과도한 성장을 기대하는 건 무리다"라고 말하기에 이른다. 예상순익을 달성하지 못한 가장 큰 원인은 가격 책정이 잘못되었기 때문이라고 판단했다. 만약 경쟁자가 사라지고 가격경쟁력을 회복하면 문제가 해결될 것으로 분석했다. 그러나 새로운 시장은 테크놀로지 솔루션에 민감하고 신속하게 반응한다는 것을 입증했고, AM이 시장에서 확고한 위치를 확보하고 점유율을 높이도록 시간을 허용하지 않았다.

1980년대 후반이 되자 AM은 다시 지급불능을 선언했다. 경영진은 철저히 조사받았다. 새로운 회장과 CEO가 임명되었고, 사내 법률자문과 최고재무책임자CFO도 새롭게 부임했다. 새로운 사업부 사장과 경영팀도 조직되었다. 그리고 일류 비즈니스 스쿨, 경영 컨설턴트, 〈포천〉 선정 50대 기업 출신의 새로운 인재들을 고용했다. 기업의 회생을 위해 상여금과 실적에 맞춘 보수를 약속했다. 실적 개선을 위해 고용 축소와 회사 전체에 걸친 조직재편 작업에 돌입했다.

이 때 많은 개인 투자자들이 파산하고 말았다. 은행 융자도 재조정하고, 현금을 조달하기 위해 '마이크 밀켄Mike Milken'이라는 정크본드도 발행했다. 회사에서 오랜 시간 일해 온 직원들의 은퇴를 유도하기 위해 연금을 회사에 투자하도록 하고, 주식의 절반을 배정해 '종업원지주제도'도 만들었다.

유명한 하버드 비즈니스 스쿨의 마케팅 대가 아서 레빗Arthur Levitt을 비롯해, 애버리 라벨Avery Label과 같이 높은 성장률을 구가하던 회사의 유명 인사들로 새로운 이사회도 가동했다.

1990년대 초 AM은 새로운 회사로 거듭났다. 경영진 중 한 명은 육군사관학교를 졸업하고 스탠퍼드에서 MBA를 취득한 맥킨지 출신이었다. 그는 오전 6시에 출근하고 7시에 회의를 시작하는 리더십의 표본과도 같았다. 회사를 성공으로 이끌어 자신의 커리어를 쌓으려는 젊은 경영자는 오랜 시간 동안 일했다. 무료 커피와 같은 불필요한 경비도 삭감했다. 영업사원과 판매비용도 최소한으로 줄였다. 직원들이 고객들과 점심 미팅

을 가질 때도 각자가 자기 비용을 지불하도록 했다.

매달 열리는 전체 회의에는 직원들도 참여했다. 분기별 회의에서는 영업사원들이 고객의 반응을 보고했다. 팀은 목표를 향해 밀어붙였고, 목표를 이루기 위해서는 회사의 성공만큼이나 개인의 성공이 중요하다며 격려를 했다. 또한 경험 많은 전문가는 상품과 서비스의 질을 개선하기 위해 전사적품질관리Total Quality Management 프로그램을 실행했다.

조직의 모든 부서에도 목표가 정해졌다. 회사는 설비부문뿐 아니라 인쇄 소모품 분야에서도 1위를 차지하겠다는 야망을 키워갔다. AM은 새롭게 떠오른 디지털 인쇄 기술 시장어서 판매와 기술 면에서도 앞서가는 기업이 되고자 했다. AM의 비전은 제록스의 전자복사 방식인 제로그래피 기술을 뛰어넘고, 디지털 인쇄와 재생산 전문지식을 발판으로 신제품과 신기술 양면에서 시장을 이끌어가겠다는 것이었다.

그러나 1990년대 후반의 AM은 절망적이었다. 흑자 전환은 일어나지 않았다. 경영진은 결국 1990년대 중반 또다시 파산보호를 신청할 수밖에 없었다. 처음에는 경쟁상대에게 자산을 넘겼고 이후에는 사모투자회사로 완전히 넘어갔다. 그리고 어떤 큰 조직도 이 회사의 고위급 경영진에게 일자리를 제공하지 않았다. 경영진에게는 직장생활에 마침표를 찍게 된 뼈아픈 경험이었다. 종업원지주제도를 포함해 연금을 주식에 투자한 대부분의 사람들도 파산하고 말았다 회사채 소유자들도 투자금의 극히 일부만을 돌려받을 수 있었다.

또 다른 비극의 쓰나미

외관상으로는 창조적 파괴의 시작으로 볼 수 있고, 슘페터라면 그것이

AM의 운명이라고 말할 것이다. AM이 파산했을 때 제록스와 샤프, 그리고 다른 경쟁사들은 큰 반사 이익을 얻었다. 복사기 시장은 혁신을 가져왔고 대량의 고용창출을 일으키며 눈부신 성장을 거듭했다. 복사기는 레이저 프린터와 같은 컴퓨터 프린팅에 혁신을 일으켰고, 그 밖의 다른 디지털 프린팅 솔루션 덕분에 더 많은 이익과 일자리가 창출됐다. AM이 위태롭던 시기에도 인쇄 페이지 수는 결코 줄어들지 않았다. 오히려 빠른 속도로 늘고 있었다. 전체적인 인쇄 장비 판매의 폭발적 증가와 달리, 전통적인 프레스 인쇄기와 제판기의 판매는 급감했다.

AM의 일화는 아주 널리 회자된다. 좋은 회사, 아니 '훌륭한' 회사의 몰락이니만큼 더욱 그럴 수밖에 없을 것이다. AT&T, 베들레헴 스틸, 폴라로이드, DEC, 컴팩, 화이트 헨 팬트리White Hen Pantry, 브래치스 캔디Brach's Candy, 팬암, 이스턴 항공, 몽고메리 워드, K마트 등도 마찬가지다. 이들 기업은 눈부신 성공의 역사를 가졌음에도 경쟁에서 스러진 패자들의 목록에 지나지 않는다. 또한 수많은 좌절을 겪었음에도 파산에 이르지 않고 생존한 회사의 목록에는 제록스, 코닥, 선마이크로시스템스, 시어스, 트리뷴 등이 올라간다. 이들 모두는 위대한 승자의 반열을 차지했다.

포스터Foster와 캐플런Kaplan은 《창조적 파괴Creative Destruction》라는 저서에서 통계적으로 의미 있는 증거들을 제시했다. 즉 '장기적 성장을 목표로 구축된' 견실한 조직도 시장에서 평균 이하의 성과를 올린다는 것이다.

미국의 거대기업 1,000개를 살펴보면 1962~98년 사이에 상위 1,000사에 포함된 기업 중에 16%만 남아 있다. 1917년에 〈포브스〉가 선정한 미국에서 가장 자원이 풍부하고 자금을 잘 관리한 100대 기업 중에서 1987년까지 생존한 기업은 39개에 불과하고, 18개만이 상위 100대 기업에 남아 있다. 그리고 이들 중 두 회사만이 평균 수익률을 상회하는 성과

를 올렸다. 1987년 이후에는 하나도 남지 않고 모두 파산했다.

1957년(베이비붐이 최고조였던 해)의 S&P500지수에 포함된 기업 중에서 74개 기업만이 1994년까지 생존했고, 단 12개 기업만이 이익을 냈다.

이처럼 당신이 '승자'에게 투자할 만큼의 선견지명을 갖고 있었다면, 당신은 인덱스(지수) 투자에도 미치지 못하는 수익을 냈을 것이다. 투자보다 더 신경 쓰이는 것은 자신이 일하는 동안, 고용주가 끝까지 생존할 것이라고는 아무도 기대하지 않는다는 점이다.

그러나 슘페터의 창조적 파괴를 떠올리면, 경영자는 자기 조직의 미래에 대해 아무것도 말할 수 없다. 왜냐하면 슘페터의 가설에 따르면 '경영자라는 존재'는 변화의 필요성에 대처하는 방법 대신에 어제 했던 일을 계속 반복하는 자동조작 장치이기 때문이다. 회사의 경영진이 무능할까? 거만한 데다가 시장의 목소리에 귀를 기울일 줄 모르는 사람들일까? 근면과 꾸준함이 없는 것일까? 목표를 설정할 줄 모르거나 상세한 계획의 필요성을 모를까? 대부분의 리더들은 성공에 필수적인 특징을 갖고 있다. 따라서 위의 질문에 대한 대답은 비논리적이라고 볼 수 있다. 최고의 비즈니스 스쿨과 최고의 컨설팅 회사 출신인 이 지성인들은 당연히 회사의 성공을 위해 전략과 계획을 서운다.

시장이 급변할 때 외부인들은 명료하고 쉽지만, 중요한 조치를 취해야 한다는 걸 안다. 납득할 수 없는 것은 경영자들이, 우리가 생각하는 중요한 행동을 취하지 않는다는 점이다. 물론 이런 외부인의 단순한 관점은 매우 자기중심적일 수 있다. 왜냐하면 우리는 자신이 그런 난관에 빠질 것이라고 가정하지 않기 때문이다. 그러나 모든 경영자들은 일하는 동안에 한번쯤은 AM이 경험한 문제들을 겪게 마련이다. 또 AM의 경영진이 취한 조치와 전혀 다른 조취를 취하는 사람들도 거의 없다.

다른 무엇인가가 있다. 옳아 보이는 무언가가. 그러나 결과적으로는 만족스럽지 않은 의사결정과 행동을 취하게 된다. 우리가 경영자들의 한심한 행동에 대해 합리적인 이유를 찾을 수 있다면, 아마도 상황을 극복하는 방법도 알게 될 것이다. 자본주의는 투자자, 사원, 고객, 공급자 모두에게 고통을 안겨주는 창조적 파괴를 통해 성립된다는 슘페터의 관점을 지탱해 주는 그 상황을 극복해야 하는 것이다.

무엇을 어떻게 할 것인가

다양한 비즈니스 교육을 받고 승진한 경영자가 떠맡은 활동은 혁신이나 이해, 이행과는 극적으로 다르다.

경제학의 역사는 제2차 세계대전 이후 산업 엔지니어링과 함께 시작되었는데, 더욱 효과적이고 효율적으로 공장을 운영하는 방법에 초점을 두었다. 세월이 흐르면서 재무, 마케팅, 정보기술 등이 경제학에서 중요한 자리를 차지했다. 그러나 여전히 지금까지 해오던 일을 어떻게 하면 더 잘 해낼 수 있을까에 집중한다는 점에는 변함이 없다.

실무교육은 경영 혁신과 대립되는 것으로서 실행의 최적화에 집중한다. 이들 이론은 1940~80년대까지의 비즈니스에는 적합했다. 그러나 이제는 시대가 변했다. 시장은 세계화되었고 통신과 물류에 대한 통상 장벽은 걷히고 기술도 향상되었다. 합병과 지배를 통한 시장 주도권도 점점 더 높아지는 유연성과 자원에 대한 용이한 접근성 때문에 힘을 잃고 있다. 1970~80년에 좋은 결과를 내던 상품들도 이제는 예전과 같은 결과를 이끌어내지 못한다. 지금 필요한 것은 긍정적인 결과를 얻기 위한 새로운 방식이다.

소수의 기업인들은 자신의 길을 착실히 걷거나 경영 혁신을 통해

CEO의 자리에 오르거나 높은 위치에 오르게 마련이다. 또는 전임자보다 더 좋은 경영을 통해 승진한다. 지속적인 성과는 찬사의 대상이 되고 작지만 증가하는 수익도 가치를 인정받는다. 경영자는 팀의 성과를 한층 더 최적화함으로써 승진하게 된다.

이 모든 것이 '방어와 확장경영Defend & Extend Management'으로 이끈다. 사실 방어와 확장경영은 경영자가 가장 먼저 해야 할 일이다. 왜냐하면 현존하는 비즈니스와 업무를 이해하고 지금까지 해온 일을 물려받아 방어하고 확장해야 하기 때문이다. 핵심역량, 핵심고객, 핵심 서비스, 핵심자산, 핵심기능 등 핵심이라고 생각하는 모든 것에 초점을 맞춰야 한다. 그런 다음 가장 먼저 핵심 요소들을 방어한 후 이익을 찾아 그 핵심을 확장해 나간다. 이 같은 정책의 추종자들은 이를 실행하면 성공적인 미래가 보장된다고 믿는다. 비즈니스에서 실수를 피한다는 것은 필수 사항이기 때문이다. 큰 실수를 저지르지 않는 쪽이 기회를 잡으려는 쪽보다 더 성공적으로 보일 수 있는 것이다.

방어와 확장경영의 결과 중 하나가, 실무자는 새로운 혁신에 항상 한발 늦다는 점이다. 시장의 도전에 둔감하기 때문이다. 혁신은 핵심에 대한 위협일 수 있기 때문에, 잠재적 공격에 대항해 방어하는 자세가 중요해진다. 게다가 혁신을 이행하고 적용하는 데는 많은 비용이 소요된다. 그래서 핵심 요소로 다루는 사안에 새로운 것을 약간 더해 비슷한 상품을 만들거나 비슷한 서비스를 만들어내는 것이다. 또는 인접한 유사 시장에 진출하거나 그 비즈니스 자체를 도입하는 쪽을 택한다. 이런 방식은 단순하고 정직하며 비용이 적게 들기까지 한다. 만약 기대했던 결과를 도출하지 못하더라도 손실은 적고 비용절감도 쉽다.

그러나 이는 기업의 라이프사이클 초기부터 실패가 예정된 방어와 확장경영주의를 비즈니스에 적용하는 꼴이 된다. 경영이 기존의 기술이나 현재의 비즈니스 모델을 최적화하는 데 치중되면, 시장에 대해 확실하고 의미 있는 타개책을 조기에 만들어내지 못한다. 이것이 바로 시장 개척자들이 종종 실패하는 이유다. 시장 개척자들은 사업 초기에 방어와 확장을 통해 비즈니스를 키우려 시도하기 때문이다. 또한 경쟁자들은 앞서간 혁신자를 쉽게 모방할 수 있다.

그렇다면 이와 같은 기업의 라이프사이클 후반부는 어떻게 될까. 기술과 비즈니스의 혁신으로 결과를 이끌어내든 않든 간에, 시장의 도전에 무기력해진다. 이 단계의 기업에게 방어와 확장경영은 폭탄의 기폭제와도 같다. 방어적인 행동은 극복할 수 없는 경쟁의 실패라는 기폭제를 향해 천천히 타들어가는 것이다.

AM도 방어와 확장경영의 덫에 빠졌다. 전자 복사라는 시장의 도전을 감지했을 때 회사는 주로 다음과 같은 행동을 취했다.

- 기존의 제품들로 기존 시장의 위치를 방어하려고 함.
- 비즈니스의 구조와 체계를 방어하려고 함.
- 제조와 유통부문의 자산을 방어하려고 함.
- 브랜드와 판매조직을 방어하려고 함.
- 서비스 조직을 방어하려고 함.
- 신규업체가 잠식해 오자 큰 고객을 방어하려고 함.
- 판매지역을 방어하려고 함.
- 전통시장에 신제품을 출시하여 기존의 위치를 확장하려고 함.
- 기존의 사업 모델을 제록스식 장비로 확장하려고 함.

AM은 결과적으로 실패했다. 시장의 역동적 변화를 본질적으로 받아들이지 못했고, 경쟁자가 창조적 파괴라는 혁신을 사용했기 때문이다.

AM은 제록스, 샤프 등의 경쟁사들이 디지털 기술을 활용해 시장에서 쟁탈전을 벌이는 동안에도 최고경영자의 말을 따랐다. 그러나 경영자의 조치는 혁신을 적용하거나 활용하는 것이 아니었다. 기존의 자산만을 방어하도록 하는 것이었다. 결국 기존의 자산은, AM이 고객에게 제공하지 못하는 신기술과 혁명적인 변화 때문에 급속도로 줄어들었다.

방어와 확장경영을 이해하면 '성공'에 대한 첫 번째 영감을 얻을 수 있다. 성공이란, 사람이나 조직이 단지 목표를 달성하는 것이 아니다. 성공은 과거에 완수하던 것을 매일, 매주, 매달 방어하고 확장하는 것이다. 전략적으로 봤을 때 성공은 결과어 관한 것이 아니라 완수에 가깝다. 또한 성공적인 완수란 이미 완수한 것을 연장하기 위해 확장하고 기존의 것을 방어하는 것이다.

독자분들은 회사를 위해 돌파구를 찾아낸 비즈니스 개척자들의 이야기를 들어봤을 것이다. 그런 이야기는 지금도 계속 들려온다. 이런 경영자들은 기대치에 한참 못 미치는 실적을 만들어내는 대신에 회사를 예전과는 다른 방향으로 인도한다. 이들은 목표를 초과하더라도 방어와 확장 전략을 택하지 않는다. 그러나 회사는 이들 경영진의 전략에 감사의 표시와 승진으로 보답하기는커녕 질책한다. 그리고 관습과 구조를 깨트린다고 우려한다. 이뤄낸 성과를 평가하는 것이 아니라 과정을 문제 삼는 것이다. 결국 이들은 방어와 확장을 하지 않았다는 이유로 자리를 잃게된다.

마찬가지로 그다지 큰 성과를 기대할 수 없는 경영자도 있다. 계속해서 평범한 수준을 유지하지만, 이런 경영자는 빛나는 경력을 자랑한다. 이 사람의 능력이란, 행동 기준과 구조적 절차를 준수함으로써 공헌자로 인정받으면서 조직을 방어하고 확장하는 것이다. 그리고 이 사람은 아무런 역할 없는 자신을 발견하게 된다.

대개의 경우 성공은 결과를 두고 하는 말이 아니다. 원하는 결과를 성취하지 못한 경영자나 지사장도 얼마든지 그 자리에 남을 수 있다. 총자본이익률, 순익과 현금 증대에 관여하지 않더라도 아무도 이의를 제기하지 않기 때문이다. 전망치를 달성하지 못하더라도 미미한 징계를 받고, 전망치는 그저 달성 불가능한 것이었다면서 수만 가지 변명을 준비한다.

경영진의 위치에 오른 사람들은 훌륭한 성과를 설명하지 않아도, 보통 그 자리에 올랐다는 사실만으로도 성공한 사람 취급을 받는다. 어떤 회사는 아직 파산하지 않았다는 이유로 성공적인 회사로 평가받는다. 최근 20여 년 동안 판매, 시장점유율, 순익, 총자본이익률이 매우 가파르게 떨어지고 있음에도 글로벌 기업의 최고경영자는 존경받아 마땅하고 해당 기업의 경영진도 같은 평가를 받는다. 그 이유는 성공에 대한 정의가 우리가 찾던 '행동의 결과'가 아니기 때문이다. 대신에 성공적인 행동이란 과거에 해오던 방어와 확장을 하루라도 더(아직은 실패하지 않고) 유지하는 것을 말한다.

무엇이 비즈니스를 성공하게 만드는가에 대한 가설도 이해하기 힘들다. 미국인들은 호레이시오 앨저Horatio Alger의 성실한 노동과 헌신이 마침내 성공으로 이끈다는 이야기를 몹시 사랑한다. 앨저가 소설 속의 주인공인 것을 알면서도 말이다. 성과를 내기 위해 탐구하는 동안 우리는 우리의 가설 속에 스며들어온 근거 없는 이야기들을 경계해야 한다.

포스터와 캐플런의 통계를 뒤집어보면, 그 통계의 반대 항에 속한 회사들은 장기적으로 성공했음을 알 수 있다. 무엇이 그들을 차별화했을까? 이들 회사는 어떻게 방어와 확장경영을 피하거나 빠져나왔을까? 창조적 파괴를 어떻게 극복하고 살아남았으며 심지어 번창하게 되었을까? 장기간 높은 수익을 내는 승리자들에게는 무엇이 있는 것일까? 무엇이

그들을 특별한 존재로 만들었을까?

뛰어난 성과를 낸 이들 회사는 모두 피닉스 법칙을 사용했다. 이들은 반복되는 방어와 확장경영에서 빠져나오기 위해 창조적 파괴와 화이트 스페이스를 이용하고, 항구적으로 뛰어난 성과를 올릴 수 있도록 새로운 성공공식을 찾아낸 것이다.

슘페터는 비즈니스를 실패로 이끄는 혁신의 패턴에 대한 이론을 제시했다. 그러나 슘페터는 결과를 예측할 수 있는 이런 행동을 되풀이하는 우리를 비난하지 않는다. 우리에게는 자신을 실패로 이끄는 행동에 구속되는 이유를 이해하고, 더 나은 미래의 경영방식을 창조하기 위한 대안을 선택할 힘이 있기 때문이다.

불멸의 신화와
라이프사이클의 진실

● ○ ●

자신의 사업체가 영원히 지속될 것이라 믿는가? 그렇지 않다면 우리는 왜 비즈니스가 영원할 것
처럼 행동하는가? 비즈니스 라이프사이클의 진실은 무엇이고, 라이프사이클에 대한 잘못된 믿음
은 어떻게 슘페터의 예측을 실현시키는가?

● ○ ●

비즈니스 라이프사이클의 S곡선 이론

비즈니스 성장에 관한 책을 읽어본 사람이라면 S곡선을 들어봤을 것
이다. S곡선은 생물학적 시스템을 잘 묘사한 것으로도 유명하다. 우
리가 일상에서 접하는 것을 반영한 비즈니스 이론이기 때문에 이해
하기도 쉽다. 그리고 약간의 분석을 더한다면 진실로 믿게 된다. 그러
나 비즈니스는 생물학적 체계가 아니며 경영자가 생물학적 체계인
양 행동할 필요도 없다.

   S곡선에 관한 대부분의 선행 연구는 바이러스의 행동에 대해 연구
하는 생물학자들의 업적이다. 소아마비 백신 개발자인 조나스 솔크

그림 1.1 전통적인 S곡선

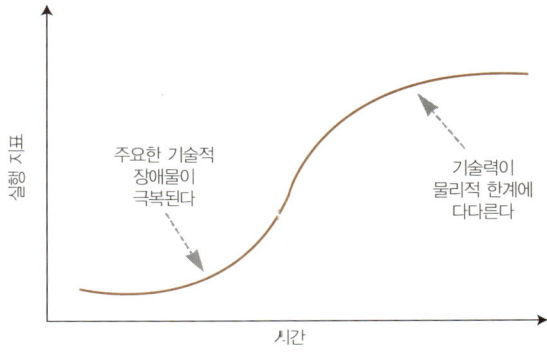

Jonas Salk도 바이러스가 경쟁하고, 번식하기 위해 변이하는 과정을 설명하는 데 S곡선을 이용했다. 이것이 후에 경영학의 기초가 되었는데, 점차 경영전문가들이 경영상의 행동을 S곡선으로 묘사하기 시작했다. 결국 비즈니스 역시 바이러스처럼 번식하려는 욕망을 갖고 경쟁하므로 이 분석은 약간의 진실을 포함할지도 모른다.

S곡선 이론에 따르면, 한 사업체에서 효율성이 나타나기까지 상당한 시간이 걸리므로 처음에는 아주 느리게 성장한다. 초기에는 새로운 비즈니스에 관심을 가진 한두 명의 고객을 찾아야 하기 때문에 성장이 더디다. 그러다 고객들이 다른 비즈니스보다 더 낫다고 판단할 때 그 비즈니스는 폭발적으로 성장한다. 이렇게 되면 짧은 시간 안에 수익이 기대치를 넘어선다. 그러나 경쟁자가 나타나면서 비즈니스의 가치가 떨어지고 이런 급성장은 영원히 지속되지 않는다.

이와 같이 S곡선이 수평에 가까워지기 시작하면 비즈니스는 어떻

그림 1.2 곡선 도약

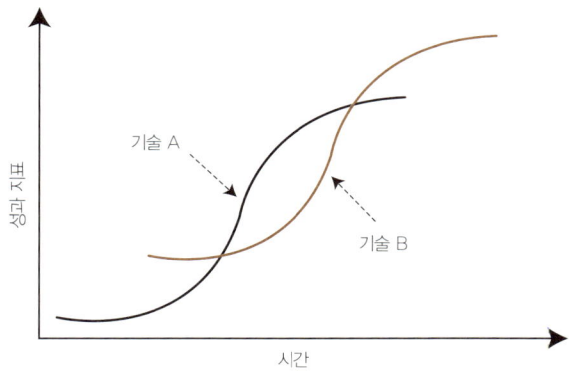

게 해야 할까? 당연히 새로운 것을 내놓아야 한다! 신제품이나 기존 제품의 새로운 버전으로 새로운 곡선을 만드는 것이다. 1세대 솔루션 기반의 새로운 곡선은 수익이 0에서 시작하지 않는다는 것을 의미한다. 그 대신 성장은 계속된다.

[그림 1.2]에서 보여주듯이, S곡선 이론에 따르면 어떤 비즈니스도 도산할 이유가 없다. 제품 교체의 지속적인 흐름을 유지하면서 비즈니스는 끊임없이 성장할 수 있다. 다수의 곡선은 증가하는 수익의 북동방향의 선과 뒤섞일 것이다. 이런 식으로 비즈니스는 영원히 생존할 수 있다!

지난 30년 동안 많은 기사와 관련 서적들이 S곡선을 이용한 경영 가이드라인을 제시해 왔다. 여기에는 여러 가지 이론이 제시되고 연구자들이 S곡선의 개념을 적용하는 방식에 대해 설명한 사례연구도 포함된다. 이론가들은 다수의 곡선을 사용하는 것은 '곡선의 도약'을 허용한다고 주장한다. 이는 수익의 감소를 관찰하기 전에 A곡선에서

B곡선으로 뛰어오른다는 의미다.

불멸의 신화

비즈니스 성장에서 S곡선의 개념은 오랫동안 사용되었고 지금은 교리처럼 받아들여진다. 이는 비즈니스가 도약할 수 있느냐 여부의 문제가 아니다. 어떻게 하면 비즈니스를 도약시킬 것인가의 문제다. 그런데 지난 20년 동안 이런 방식으로 비즈니스를 구축한 사례가 극소수라는 점은 쉽게 받아들여지지 않는다. 결국 이 개념은 물리적 · 생물학적 세계에서 설명되고 있으며 그 분야에서는 납득이 되는 것처럼 보인다. 이 논리는 리더들로 하여금 S곡선의 개념을 극한까지 끌어올릴 수 있고 비즈니스는 영원히 지속될 것으로 기대하게 만든다.

그림 1.3 불멸의 신화

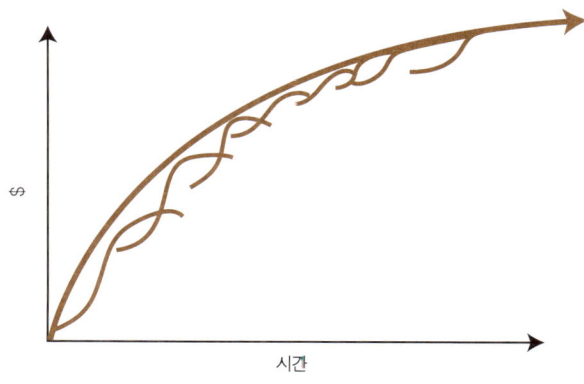

'S' 곡선 라이프사이클 이론에 따르면, 기업은 매 시기 더 빠르게 성장해서 더 많은 곡선을 만들어야 한다. 또한 초기에 새로운 변화와 새로운 제품, 기술을 신속히 출시해야 한다. 이것은 높은 성장률을 유지할 수 있게 한다. 나중에는 의미 있는 상승을 도출함에 있어서 축소된 능력과 필요성의 감소로 변수가 줄어든다. 기술의 차별화가 한계에 도달하면 고객은 적은 제품에도 높은 만족을 느끼며 경쟁자의 수도 줄어든다. 곡선의 수도 줄어들고 성장도 둔해진다. 이렇게 되면 시장에 '폭락'이 일어나고 신제품 경쟁에서 가격경쟁으로 판도가 바뀐다. 규모의 경제의 장점은 저렴한 비용으로 운영이 가능하고 저렴한 가격으로 적절한 수준의 마진을 유지한다는 점이다. 또한 더 크고 더 적은 수의 경쟁자들과 경쟁할 수 있다.

라이프사이클 곡선이 수평에 가까워져도 실적은 악화되지 않는다. 이 이론에 따르면 경쟁업체가 소수일수록, 또 더 큰 기업일수록 시장 안정에 더 많은 기여를 한다. 경쟁자들도 자기 위치를 지키는 방법을 배우고, 경쟁자의 점유율과 수익률을 보호함으로써 경쟁은 줄어든다. 시장에 진입하는 새로운 경쟁자는 더 많이 투자해야 하고, 이런 높은 투자로 인해 새로운 경쟁자에게 만족스러운 이익 달성을 불가능하게 만든다. 기존의 대형 경쟁자들은 새롭게 진입한 경쟁자보다 훨씬 저렴한 비용으로 대량 판매할 수 있는 것이다.

S곡선 라이프사이클 이론은 성장이 더딘 수준에 이르면 투자율도 낮아진다고 한다. 그래서 자산과 지분에 대한 수익률도 받아들일 만한 수준이 된다. 이 시점에서 시장은 '성숙했다'고 볼 수 있다. 이 때부터 경영자들은 점유율 관리와 비용 통제에 초점을 맞추기 시작한다. 또한 기업은 주주에게 인상된 배당금을 지급하거나 투자가치를

높이기 위해 지분을 사들일 수 있다. 라이프사이클 후반에는 큰 수익이 발생한다. 신제품은 훨씬 덜 필요하고, 기술은 더욱 성숙해지며, 시장점유율은 더욱 안정적이고, 대량의 투자를 통해 보호받는다. 이제는 곡선이 상승세를 탔기 때문에 투자자에게 지불할 시기가 된 것이다. 물론 이것이 얼마나 오래 지속될지 확실히 정해진 결말은 없다. 이처럼 매우 성숙한 회사는 많은 현금을 벌어들이고, 그들이 예상한 대로 되었기 때문에, 투자하기에 좋고 일하기에도 좋은 곳이 될 것이다.

학계와 컨설턴트들이 이 이론을 뒷받침하는 많은 연구를 진행했다. 보스턴 컨설팅 그룹은 점유율 측면에서 시장을 선도하는 기업들에 의해 장기간에 걸쳐 만들어진 '비용 우위'에 관한 경험곡선 연구로 유명하다. 경험곡선은 성장률이 낮은 시장에서 높은 시장점유율을 보이는 회사를 '돈 버는 금송아지', 즉 캐시카우cash cows 라고 규정하는 성장ㆍ점유 매트릭스를 만들었다.

1940~70년대에 성공을 위해 이 이론을 추종하던 회사들이 있다. 그 중에서 훌륭한 사례 몇몇을 들자면 GM, AT&T, 폴라로이드, 듀퐁 등이 있다. 이들 회사는 시장을 완전히 지배했었다. 역사적으로 볼 때 거대 기업들은 이런 라이프사이클을 따른 것으로 드러났다.

그러나 앞에서 언급한 대부분의 회사들이 이후 곤란한 상황에 빠진 것은 안타까운 일이다. 그들은 제2차 세계대전 후 엄청난 수요로 인해 빠르게 성장하던 미국 경제에 잘 적응했다. 그러나 시장은 더 큰 경쟁력과 더 많은 차별화, 더 고도화된 정보 콘텐츠를 원하는 쪽으로 변화했다. 그러면서 이들 회사는 영구적인 성공을 위해서는 S곡선이 적절하지 않다는 사실을 깨달았다.

그림1.4 비즈니스 라이프사이클의 현실

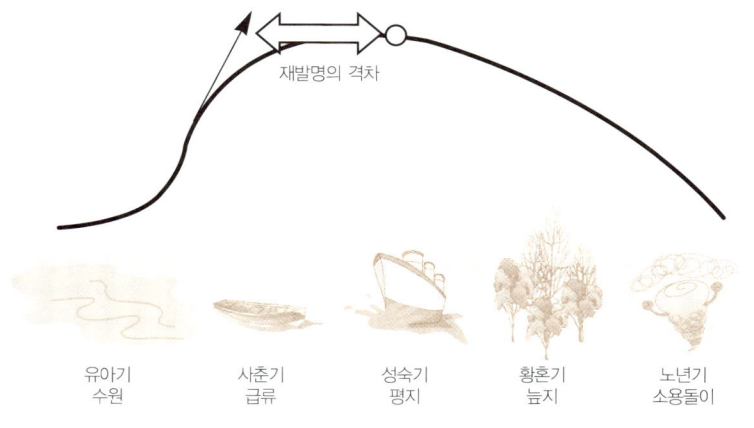

유아기	사춘기	성숙기	황혼기	노년기
수원	급류	평지	늪지	소용돌이

현실에서는 소수의 기업만이 곡선을 도약시킬 수 있다. 대부분의 회사는 [그림 1.4]의 패턴을 따른다. 라이프사이클이라는 강에서는 초기의 급성장 이후 성장률이 감소하고 결국 실패할 뿐이다. 성숙기에서 보내는 시간은 놀랄 만큼 짧은데, 현실의 경쟁환경에서는 더욱 짧아지고 있다. 거대 기업들도 라이프 성숙기에는 사이클의 다른 어떤 부분보다 실패하거나 곡선이 심하게 기울어지는 상황에서 많은 시간을 보낸다.

수원(水源) - 떠다니는 것을 찾아라

비즈니스는 아이디어의 수원에서 시작된다. 기업가의 목표는 어떻게 하면 고객을 찾아내고 이익을 창출하느냐다.

이 기간에 관한 많은 저서가 있지만 이 시기를 얼마 동안 보내야 하는지, 또는 어느 시점에서 다음 단계로 넘어갈지에 대한 여부는 예측이 불가능하다. 벤처 투자자들은 새로운 회사가 수원 단계를 돌파할 확률을 10분의 1에 불과하다고 말한다. 그래서 손실을 최대한 줄이기 위해 분산투자를 하면서 예측 가능한 수익을 얻는다고 한다.

수원 시기에는 대부분 고객 찾기라는 탐험에 초점을 맞춘다. 수원 시기의 회의 내용은 시장 개발이나 점유를 다투는 것이 아니다. 제품을 구입해 줄 고객 한 사람을 찾아내고 나서, 새로운 두 번째 고객을 찾아내는 일이다. 또한 상품이나 서비스 또는 비즈니스 아이디어가 성장할 수 있음을 입증하고, 초기의 고객이 기꺼이 지불 가능한 가격을 설정하고, 거기에서 이익을 내는 것이다.

급류 – 빠르게 노를 저어 물 위에서 버티기

수원 시기에서 빠져나온 회사들은 빠른 성장을 이루는 급류기로 접어든다. 비즈니스는 고객들에게 더 많은 가치를 제공할 방법을 찾고 그 가치를 찾는 많은 고객들이 있다. 높은 성장률은 비즈니스에 대한 허물을 덮어주고, 수익 향상은 긍정적인 현금흐름을 만들어내고, 이 사업에 돈을 던질 만한 투자자들을 불러온다. 비즈니스는 이 돈으로 고객의 요구에 걸맞게 상품과 서비스를 재정비한다.

대부분의 비즈니스는 급류기에 번영을 누린다. 신상품이 속속 개발되어 시장에 출시된다. 또 새로운 서비스를 시작한다. 높은 성장률을 유지하기 위해 대량의 고객 분석을 실시하고 고객이 가장 필요로 하는 요구를 파악한다. 동시에 기술과 제품은 고객가치에 초점을 맞춘다. 기업은 시장을 성장시키고 위치를 확장하기 위한 방법을 계속 찾는다.

언론이나 경제 전문가들은 급류기에 있는 회사의 이야기를 즐긴다. 1920년대의 포드, 1930년대의 울워스$^{Woolworth's}$, 1940년대의 GM, 1950~60년대의 코카콜라, 1960~70년대의 폴라로이드, 1970년대의 K마트, 1980년대 초의 애플 컴퓨터, 1990년대의 시스코시스템과 델, 오늘날의 구글. 이것이 급류기에 사랑받던 회사들의 목록이다. AM은 소형 오프셋 인쇄기와 저렴한 인쇄 소모품의 제작과 판매로 1940~60년대의 급류기를 경험했다. 급류기에서의 삶은 아름답고 풍요하다. 불량품의 발생이나 형편없는 인수합병 등의 잘못된 일이 생겨도 회사는 성장하고 번영한다.

평지―좌초하지 마라

급류의 속도는 보통 경영진의 예측보다 빨리 느려진다. 시장 성장률도 상당히 느려지는 것이 눈에 띈다. 성숙이란 말은 사실 전혀 달갑지 않은 '성장률 저하'를 멋지게 표현한 것에 지나지 않는다.

흔히 평지 시기에는 수원 시기부터 함께해온 경영진 대신에 더 '경험 많고' '프로페셔널하다'고 여겨지는 사람을 새로 고용한다. 이 시기 경영자의 관심은 높은 성장에서 정확한 예측으로, 이익에서 원가로 크게 바뀐다. 이 시기에는 새로운 리더가 충분히 이익을 만들어내지 못한다고 여겨지는 행동을 취하기 시작함에 따라 손익계산 경영도 주목을 받게 된다.

시장의 성장이 느려진 것이라고 말하면서, 경영자는 비즈니스에서 가장 핵심 문제인 수익률 성장이 더뎌졌다는 점을 외면한다. 투자자와 직원은 성숙기가 만족스럽다. 심지어 원하던 바라고 여기기까지 한다. 미래의 생존에 대한 압도적인 걱정을 싹 던져버린다. 불멸의 신화를 믿기 때문에, 즉 성숙기에 원가가 줄고 투자자와 사원들에게 차용증을 날리면서 회사는 흑자로 돌아서리라고 생각하는 것이다. 그러나 경영에 대한 조금 다른 관점, 다시 말해 매출보다는 순익에 집중해서 살펴보면 이 문제의 본질을 쉽게 이해할 수 있다.

회사의 규모는 가장 큰 방패로 여겨진다. 리더는 회사의 몸집을 불려서 경쟁사들로부터 회사를 보호할 것으로 믿는다. 성장세가 느려지고 경쟁은 격해지고 성과는 예전만 못하더라도, 회사의 규모가 방패막이가 된다는 무지막지한 믿음은 S곡선 라이프사이클 이론을 경영진이 신봉한다는 것이다. 지금은 도산해 사라진 회사들도 한때 거대 기업이었다는 사실은, 역사를 슬쩍 훑어보기만 해도 알 수 있는데도 말이다. 규모가 여러 가지 보호막을 제공하기도 하지만 오늘날 인터넷 시대에는 장점만큼이나 단점도 많다.

성숙기가 좋다고, 또는 만족스럽다고 믿는 것은 실패를 준비하는 치명적인 가정이다. 낮은 성장률이 생산비용을 낮춤으로써 상쇄되리라고 가정하는 것은 전체 비즈니스를 위험에 빠뜨리는 바보짓이다. 경영진이 원가절감 정책으로 돌아서면 '집중'이라는 말은 더 큰 중요성을 갖는다. 비즈니스는 대형 고객들에게만 시간을 쏟고 일반 고객의 수를 줄이는 것이 목적인 것처럼 줄어든다. 전체 공정 라인, 어떤 때는 괜찮은 틈새시장마저 대형 고객에 대한 판매가 만족스럽지 못하면 없애기도 한다. 예측 가능한 일관된 수익을 내기 위해 더 낮은 판매 이익으로 기존 고객과 거래하는 것이 새로운 고객을 찾는 일보다 더 중요해진 것이다. 또한 기존의 상품에 투자하는 것은 새로운 상품개발보다 중요하다. 둘 다 전자 쪽이 훨씬 비용이 저렴할 뿐 아니라, 회사가 이미 해온 것을 방어하는 것이 새로운 기회를 찾는 일보다 낫다고 생각하기 때문이다.

예를 들어, 19세기에는 기름 램프 사용 때문에 고래기름 시장이 대단히 호황이었다. 포경업자들은 큰돈을 벌었다. 그러다가 원유 정제 방법을 이용해 등유라는 라이벌이 등장했다. 등유는 만들기도 훨씬 쉽고 상당히 저렴했으며 조명 연료에 대한 수요는 기하급수적으로 늘어났다. 포경업자들은 고래기름 시장이 이미 성숙해 하강기에 접어들었다고 판단되자 단 한 군데도 사업을 계속하지 않았다. 이들 회사도 연료시장에 참가할 생각은 해봤을 수 있지만, 그들이 정의하는 시장은 이미 포화상태에 이르렀다고 받아들였다.

AM의 이야기로 다시 돌아가보자. 인쇄시장은 1970년대에 폭발적 성장을 보여줬고 이후에도 두 자릿수의 성장세를 기록했다. 이 때까지 인쇄시장은 성숙하지 않았던 것이다. 석판 인쇄업 시장의 성장이 둔해지자 손익을 개선하기 위해 일련의 원가절감 정책이 시행되었다. 이는 AM이라는 배에 줄줄이 구멍을 뚫는 것과 같았다. AM은 건식 인쇄술과 같은 새로운 인쇄 솔루션을 평가하는 데 안이한 기준을 들이댔고, 신기술로 인해 생긴 시장의 변화에 대한 대응은 더더욱 느렸다. 그들의 첫 반응은 성숙화를 위한 경영, 즉 불멸의 신화를 좇는 것이었다. 그리고 원가를 절감하면서 수익률이 저하된 것은 기꺼이 받아들였다.

비즈니스가 평지에 들어서면 '재창조를 통한 격차'를 만들어내기 시작한다. 이 격차는 시장이 원하는 것과 비즈니스의 판매 사이에 일어나는 실제적인 간격이다. 시장은 계속 빠르게 성장하는데, 비즈니스는 여기에 동참하지 않는 것이다. 경영자는 신기술, 신제품과 새로운 서비스, 또는 기존의 솔루션을 대체할 존재를 재빨리 인정하기보다는 과거에 투자한다. 미래보다는 과거의 영광을 다시 손에 쥐려는 것이다. 경영자가 방어와 확장방식을 길게 끌고 갈수록 재창조에 따른 격차는 더욱 커진다. 당연히 간극이 커질수록 비즈니스가 이를 극복하고 제자리를 찾을 가능성도 희박해진다.

많은 비즈니스 리더와 투자자는 평지를 좋아한다. 그러나 이는 구식 라이프사이클 이론에 기초한 신화를 신봉함으로써 일어나는 일이다.

영구성의 신화를 믿는 경우 경영진은 기존의 판매력과 유통망, 브랜드 이미지, 서비스 기술, 전문 서비스, 제조 물량, 잘 구성된 공급업체, 기타 자사의 다른 능력들을 새로운 경쟁자의 도전을 막는 '진입장벽'으로 여긴다. 비즈니스 결정은 이런 진입장벽을 방어하려는 차원에서 이뤄진다.

진입장벽은 하버드 대학의 마이클 포터가 1980년의 저서 《경쟁론 Competitive Strategy》에서 소개한 매우 중요한 개념이다. 당시 산업시대를 되돌아보면 대기업들은 성공적으로 진입장벽을 만들고 방어했다. 그러나 지식경제시대에는 진입장벽을 세우기도 힘들고 방어하기도 힘들다. 컴퓨터와 인터넷 자원은 널리 사용될 뿐 아니라 값싸기까지 하다. 이를 활용한다면 극복할 수 없는 진입장벽은 존재하지 않는다.

과거의 경쟁자에 대항해 고객을 늘리고 위상을 높이려는 노력 때문에 격차는 기업에 의해 완전히 국살된다. 가장 두려운 신규 경쟁자에 대해서는 대부분의 경우 언급조차 안 된다. 비즈니스가 과거의 대형 고객에 대해서만 점점 더 관심을 가질수록, 여전히 성장하고 있는 시장은 볼 수 없게 된다.

진입장벽 극복하기

- 오늘날 전세계적으로 연결된 금융기관은 막대한 재정자원을 저렴하고도 **빠르게** 접근할 수 있도록 해준다.
- 재정자원에 대한 접근이란, 저렴한 노동력과 규제가 덜한 나라에 공장을 세울 수 있는지의 여부를 쉽게 '비교해 볼 수 있다'는 뜻이다.
- 곡선효과에 대해서는 모든 사람이 즉시 접속 가능한 인터넷 지식 데이터베이스를 통해 공부할 수 있다. 따라서 경쟁자들은 적은 비용으로도 신속히 학습할 수 있다.
- 대형 판매 · 유통조직은 웹사이트를 통한 대량판매 가격설정으로 선수를 칠 수 있다.
- 서비스 조직의 지식은 소형 배급업자나 고객이 이용할 수 있는 온라인 서비스 매뉴얼과 교육으로 대체가 가능하다.

1980년대 플로리다에 위치한 IBM 소속의 작은 개발팀이 개인용 컴퓨터를 개발했다. PC는 곧 유명 제품이 되었고, 1982년에는 〈타임〉의 표지를 장식하기도 했다. 하지만 IBM은 주된 고객인 데이터 센터 관리자들만 상대하면서, 정작 높아져 가는 PC의 수요를 인식하지 못했다. 데이터 센터 관리자들은 자신들이 사용하는 IBM 전용 본체와 중형 컴퓨터 시스템의 소프트웨어와 하드웨어를 개선해서 공급하라는 요구를 계속했다. 그러면서 '정보 시스템 디렉터Information Systems Directors' 계획을 무산시키려고 PC를 시장에 출시했다면서 IBM을 맹비난했다. 이들 대부분이 PC를 적극적으로 반대했다. 결국 IBM은 막대한 이익을 안겨주는 컴퓨터 사업에서 PC는 그다지 중요하지 않다고 판단한 끝에 PC를 경시하는 우를 범했다. 10년이 채 되지 않아 IBM은 PC시장에서 가장 먼저 이탈하게 된다.

그림 1.5 치명적인 비즈니스 정체

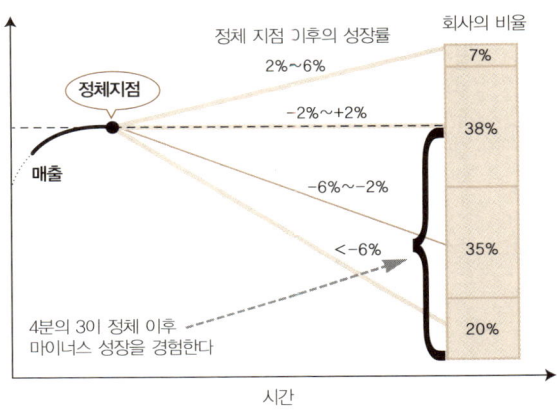

지속적인 성장 추락

정체 지점 기후의 성장률

회사의 비율

정체지점

매출

2%~6%   7%

-2%~+2%   38%

-6%~-2%

<-6%   35%

4분의 3이 정체 이후
마이너스 성장을 경험한다   20%

시간

그림 1.6 경제적 가치의 파괴

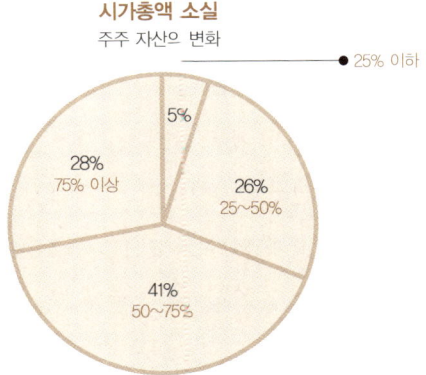

시가총액 소실
주주 자산으 변화

● 25% 이하

5%

28%
75% 이상

26%
25~50%

41%
50~75%

70%가 정체 지점 이후 시가총액이 절반 이상 감소

AM도 제록스가 시장에 진입했다는 사실은 애써 무시하려고 했다. 그러나 복사기는 타자기를 사용하는 사람들에게 불티나게 팔려나갔다. AM은 제록스의 판매량을 추적해 보려 하지도 않았는데, 그 이유는 인쇄시장에서 제록스를 경쟁자로 인정하지 않았기 때문이다.

경영자는 급류 시기의 재정적 모델로 전망치를 예상하기 때문에 대부분의 가정이 잘못되었다는 사실을 인식하지 못한다. 오히려 성장이 낮은 시기에 이익을 내는 쉬운 길을 택해야 하지만 가격과 고객유지, 경쟁비용 때문에 만성적인 고통에서 벗어나지 못하는 것이다. 조달 및 유통 전문가가 아무리 신경을 써도 적은 물량으로는 단위당 원가가 높아질 수밖에 없다. 또한 남아 있는 라이벌 중에서 좀 더 규모가 큰 강력한 경쟁자는 단위당 가격을 낮춤으로써 가격을 유지할 수 없게 만든다. 그래서 결국 전망치 달성 실패는 일상적인 일이 된다.

이 평지 시기에는 다양한 문제와 위험이 불거진다. 그럼에도 불구하고 비즈니스 리더들이 이런 상황에서 경영을 떠맡으려 하는 걸 보면 참으로 충격적이다. '컨퍼런스 보드(미국의 비영리 민간 조사기구)'에 따르면 매출 정체는 기업 운명에 치명적인 증상이다. 상장기업의 경우 평지 시기를 지나면서 10개사 중에서 7개사의 시가총액 중 절반이 사라져 버렸다. 7%만 연간 2% 정도의 성장세를 회복하고, 40%는 치명적인 수준으로 떨어져 전혀 회복하지 못한다. 더 심각한 일은 55%의 회사들이 마이너스 성장을 한다는 점이다!

포스터와 캐플런의 저서 《창조적 파괴》에 따르면, 거대 기업조차 비즈니스를 유지할 수 있는 가능성은 그다지 높지 않다.

- 1957년(베이비붐이 최고조에 달한 해)의 S&P500지수에 포함된 기업 중에서 1998년에는 74개사만이 생존했다(15%).
- 이 중 12개사만이 지수에 계속 남아 있었다(2.5%).

- 1962년의 미국 내 1,000대 기업 중 160개사(16%)만이 동일 지수에 남아 있었다.
- S&P500지수에 포함된 회사의 3분의 1도 안 되는 기업만이 25년을 생존했다.

늪지에서 벗어나라

비즈니스 리더들을 인터뷰해 보면 거의 대부분은 자신들의 사업이 평지에 있다고 말할 것이다. 이들도 스스로가 급류기에 있지 않다는 것을 알지만 늪지에 있다고는 생각하고 싶어 하지도 않는다. 그러나 솔직히 말해 대부분은 늪지에 있다.

늪지는 성장이 제한된다는 특징을 갖고 있다. 성장이 없다는 것은 물의 흐름이 없음을 의미한다. 모든 전진 운동은 노를 저어야만 앞으로 나아갈 수 있다. 그런데 불행히도 늪지에는 당신의 배와 당신을 잡아먹으려고 끊임없이 시도하는 악어와 같은 경쟁자들로 가득하다. 뿐만 아니라 새로운 경쟁자들도 당신의 비즈니스에서 피를 빨기 위해 모기처럼 분주히 날아다닌다.

현대의 기업은 낮은 성장률을 숨기는 데 쓸 수 있는 도구를 많이 갖고 있다. 상장기업에서 가장 손쉬운 방법은 자사주를 매입하는 행위다. 경영진은 자사주를 매입하기 위해 현금 또는 국공채(보통 낮은 등급의 휴지)나 분할 판매로 생긴 자금 또는 자산을 사용한다. 그런 다음 경영진은 주당순익Earning Per Share : EPS에 초점을 맞추기 시작한다. EPS가 올라가는 것은 소득이 증가해서가 아니라 주식 수가 줄어들기 때문이다. 그 결과 회사가 늪지에 있다는 약점을 은폐할 수 있다.

또 다른 좋은 은폐경영 기술에는 인수합병이 있다. A기업이 B기업의 일부를 매입한다. 인수 전 A기업의 매출은 500만 달러이고 B기업의 매출은 400만 달러다. 1년 후 A기업은 750만 달러의 매출을 발표하고 50%의 매출 신장을 선언한다!

이런 기술은 불멸의 신화를 믿는 리더들에게 아주 유용하다. 불안한 기업들은 경쟁자를 합병해서 비용을 절감하고 수익을 낼 것이라는 가정을 강화할 수 있기 때문이다. 또한 감소하는 성장률을 감출 좋은 방법이기도 하다.

공시된 재무실적을 수정하기 위해 '인정 회계원칙(보통 GAAP 회계라고 부름)'을 이용할 기회는 매우 많다. 특정한 해에 대해 비용을 올해 또는 작년, 내년으로 수정하면서 장부에 기입할 세금에 대한 처리를 간단히 바꿀 수 있다. 또는 연금에 대한 회계를 바꿈으로써 소득을 쉽게 조정하거나, 연금 계획에서 자금부족으로 처리하거나, 자산을 매각함으로써 연금을 위한 재무상태를 훨씬 더 양호하게 보이게 할 수도 있다.

늪지에서 사용되는 또 다른 재무상의 음모들은 단기수익을 개선하기 위해 자본 항목 안에 비용을 넣는 것이다. 또는 손익계산서의 순익에서 그 위의 이익 선까지 분석하도록 하기 위해 경영 보고서의 초점을 바꾸기도 한다. 그런 다음 비용 문제는 '비순환 비용' 부분으로 끌어내리는 술책을 쓴다. 이런 것들은 추측건대 단 한 차례의 술책일 수도 있겠지만, 과거에 올리던 순익 수준으로는 결코 되돌리지 못한다. 현재의 실적 악화를 논할 때 종종 경영자들은 수익 개선과 비용절감을 목적으로 '상승효과'를 의미하는 '형식적인(또는 예측)' 숫자들을 나열한다. 물론 외부인들에게는 이들 상승효과를 추적할 방법이 전혀 없다. 그리고 대부분의 학술 보고서들도 이 같은 상승효과를 좀처럼 발견할 수 없다고 한다.

물론 이런 모든 조작은 재무제표의 각주에 명확히 기술해야 한다. 하지만 각주는 경영을 평가할 때 주로 보는 곳이 아니다. 분석가들과 투자자들, 고객들과 업체들 및 고용인들은 손익계산서에만 초점을 맞추기 때문이다. 각주 페이지, 그리고 재무상의 음모는 관심의 대상이 아닌 것이다. 불멸의 신화를 믿는 사람들에게 이런 행동은 회사의 장점을 극대화하기 위해 동원 가능한 모든 효과적인 도구를 활용하는 현명한 경영진의 훌륭한 결정으로 보일 수 있다!

한편 늪에 깊이 빠진 기업이 좋아하는 도구 중 하나는 지급불능 선언이다. 리더들은 비즈니스에는 아무런 문제가 없지만, 일종의 예상치 못한 상황(물론 예상할 수 없다. 만약 예상했다면 경영이 그 문제들을 다루었다고 가정할 것이니까!) 때문에 회사가 임무를 다할 수 없다고 선언한다. 결과적으로 '기술적' 지급불능 상태에 있다는 것이다.

예를 들어, 2000년 이후 유나이티드 항공사를 포함한 미국 대형 항공사들은 채무 불이행을 선언하면서 노조와 합의한 특별조항 탓으로 돌렸다. 리더들은 자신들이 결코 돈을 벌 수 없을 것 같고, 경쟁의 충격에 대처할 수 없는 나쁜 비즈니스 모델을 갖고 있다는 점을 고백하지 않았다. 경영에서도 비용 대비 적절한 가격을 책정하지 못한 잘못을 인정하지 않았다. 대신에 파산이 임박했음에도 자신들의 낙관적인 가설을 이용하고, 그 잘못된 가설을 이용해 경영한다는 사실을 알게 된 노조와의 협약에 조인하여 이용당하고 말았다는 사실을 인정하지 않았다. 결국 파산을 초래한 문제는 노조협약, 재무협정 때문이므로 은행과 노조에 의해 해결되어야 할 '기술적인 문제'라고 설명한다.

물론 지급불능 선언은 항공사를 지키기 위한 '전략적' 결정이었다. 이렇게 전략적이라고 특징을 지음으로써 현명하고 분별력 있는 경영자의 행동으로 받아들여졌다. 재정적 실패를 '전략적'이라고 선언하는 것은 전혀 이해할 수 없다.

놀랍게도 항공 여행에 대한 수요는 규제완화 이후로 해마다 성장했다. 유나이티드와 다른 회사들이 파산 법정에서 심리를 받는 상황에서도 수요가 충분했던 것이다. 그런데 어떻게 된 일인지 사우스웨스트는 이런 문제들을 모두 피해갈 수 있었다. 따라서 지급불능의 원인은 업계 차원의 문제가 아니었음을 알 수 있다. 그 대신 늪지에 빠진 특정 회사들과 직접적으로 관련됐다는 것을 의미한다.

파산이 선고되더라도 경영이 실패한 것으로 묘사되지는 않는다. 채권자가 큰 손실을 보는 것, 공급업자가 완전히 지불받지 못하는 것, 사원들의 급여가 줄어든다는 것은, 경영진이 오랫동안 하고 싶어 했지만 법률적 제한 때문에 이행할 수 없었던 '전략'의 일부인 것이다. 경영진은 너무 많은 부채 또는 너무 높은 이자율이 문제라고 은행을 비난한다. 또는 노조 때문에 사원들의 요구가 너무 비현실적이라고 비난하거나 규제가 심해 성과를 올리지 못했다고 항변한다.

실제로 파산은 건강하고 성장하는 회사가 사용할 도구는 결코 아니다. 단지 늪지에서 빠져나오지 못하는 회사들이 스스로 파산 법정을 찾는 것이다.

소용돌이－미친 듯이 노를 저어라

결국 경쟁은 매우 격화될 뿐이다. 수원지 또는 경쟁적인 급류 시기에서 태어난 새롭고 독창적인 솔루션은 재난을 막으려는 회사들의 시도를 무력화한다. 회사의 상품이나 서비스는 비용이 너무 높거나 효과적이지 못해 이익을 유지할 수 없게 된다.

비즈니스는 다시는 빠져나오지 못할 소용돌이에 휘말린다.

어떤 회사들은 폴라로이드처럼 남은 자산을 청산하고 파산 법정에서 간단히 사라진다. 그러나 이런 극적인 경우는 드물다. 그 대신 기업들은 이스턴 항공, 몽고메리 워드, 또는 왕^{Wang}과 같이 장기에 걸쳐 자산을 헐값에 매각하는 일관된 길을 걷기 시작한다.

자산을 매각할 때마다 매번 회사는 좀 더 오랜 시간 동안 연명할 수 있는 약간의 돈을 조달한다. 하지만 결국 아무것도 남지 않고 기업이 사라질 때까지 느리게 청산이 이뤄진다. 브랜드, 상품, 고객, 기술, 디자인, 지적자산, 그리고 장비는 계속되는 매각을 통해 조금씩 수많은 회사들에게 넘어간다.

어떤 기업들은 합병되기도 한다. 컴팩이 PC 시장에서 고전할 때, 또 다른 경쟁사이며 깊은 늪지에 빠진 디지털 이퀴프먼트는 문제가 심각한 기업들을 인수했다. 인수된 기업들은 몇 달 안에 시장에서 사라진다. 이와 유사하게 사모 펀드나 매수할 기업을 담보로 한 차입금으로 기업을 매수하는 일도 일어난다. 이 때 사모 펀드는 실패한 기업을 인수하여 예상할 수 있는 모든 경비를 제외한 다음, 또 다른 어딘가에 투자하기 위해 모든 현금을 빨아들인다. 이런 방법이 에디 램퍼트가 지난 몇 년 동안 회장이자 CEO로 있으면서 K마트와 시어스에서 한 일이다.

같은 사이클 유지하기

라이프사이클의 강은 많은 사례들을 충분히 고려해 볼 수 있기 때문에 모든 비즈니스맨들에게 익숙하다. 그러나 벗어나야 할 사이클에서 아무런 선택도 않고 같은 경영을 되풀이한다면 성장하다 감소하고, 마침내는 파산할 것이다. 경영 전문가들과 학자들이 하나의 'S'에서 다른 '곡선으로 도약'하는 것에 관하여 말하는 동안에도 그런 일은 자주 일어나지 않기 때문이다.

기업들이 급류기에서의 삶을 즐기는 동안 아주 소수의 회사들만이 평지에 다다른 다음 다시 급류로 돌아온다. 실제로 늪지에서 급류로 가는 경우는 거의 없다(IBM과 애플 컴퓨터의 흑자 전환처럼, 이런 일이 자주 일어나면 어마어마한 관심을 받게 된다). 결과적으로 우리는 정해진 운명처럼, 비즈니스가 실패할 것이라는 슘페터의 예측에 낙천적으로 된다.

대부분의 경영자들은 자신의 회사를 회생시키려는 의지를 갖고 있다. 그들은 세계정세에 밝고, 열심히 일하며, 똑똑하다. 성공의 유산을 남기고 싶어 안달이 나 있고 자신의 의지를 증명하려고 한다. 또한 해고와 급여 삭감, 경영진의 특권 축소, 원가절감, 일선 영업사원의 감원 등 어려운 선택을 해야 했던 자신의 희생을 알리고 싶어 한다. 그들은 이런 선택이 옳다고 믿어 의심치 않으면서, 장기적으로 봤을 때 더 나은 기업이 되기 위해서는 고통을 감수해야 한다고 언급한다.

이런 리더들 중 대부분은 외부에 도움을 요청한다. 법률 전문가, 회계 전문가, 투자 은행, 경영 컨설턴트에게 기업 감축, 외주제작, 전략 등을 묻는다. 그럼에도 불구하고 거대 기업들은 다시 급류기로 돌아가지 못한다. 이들이 평지에 있다는 사실을 깨닫게 되면 50년 전에 개발된 라이프사이클 경영이론을 생각해 내고, 수백 개의 폴라로이드사를 양산해 낸 바로 그 행동들을 하게 된다.

이제 왜 기업이 여러 가지 권고사항들을 받아들이기 어려운지 알아볼 시간이다. 지금부터 성공공식을 어떻게 개발하는지 살펴보도록 하자.

2/ 성공공식의 가치와 효과

● ○ ●

기업은 어떻게 해서 훌륭한 성과를 만들어내는가?
왜 일부의 기업들만이 평균 이상의 수익을 내고 급성장하는가?

● ○ ●

자신만의 성공공식

우리 모두는 고유의 성공공식을 갖고 있다. 성공공식은 우리의 행동과 결정에 자신감을 부여하고 성공적으로 항해할 수 있게 돕는다. 또한 성공공식은 목표에 도달하기 위해 일정한 행동을 반복하면서 빠르고 효율적으로 움직이도록 돕는다. 사람은 누구나 자신만의 성공공식을 갖고 있고, 회사들도 그들만의 성공공식을 갖고 있다. 산업계도 고유의 성공공식을 갖고 있다. 심지어 경제조차 성공공식 위에 구축된다.

그렇다면 성공공식이란 무엇인가? 성공공식은 '비즈니스 모델' 그 이상이다. 성공공식은 다음과 같은 내용의 조합으로 구성된다.

- 정체성—우리는 누구인가
- 전략—무엇을 하는가
- 전술—어떻게 할 것인가

성공공식은 비즈니스 초기에 원하는 결과를 얻기 위한 행동과 가설로 이뤄진 자기 강화 사이클이다. 비즈니스 모델의 창시자들은 전략에 대해서는 가끔 논하고, 대부분은 전술에 초점을 맞춘다. 정체성은 전략과 전술에서 중요한 역할을 하지만, 성공공식에서 가정하기에 가장 어려운 부분이어서 거의 다뤄지지 않는다. 그러나 정체성과 전략 및 전술은 서로 연결되어 있다. 그리고 라이프사이클의 초기에 목표에 대한 긍정적인 결과를 얻을 수 있도록 도와준다. 이렇게 연결된 정체성과 전략 및 전술은 계속해서 더 좋은 결과를 이끌어내면서

그림 2.1 성공공식 피라미드

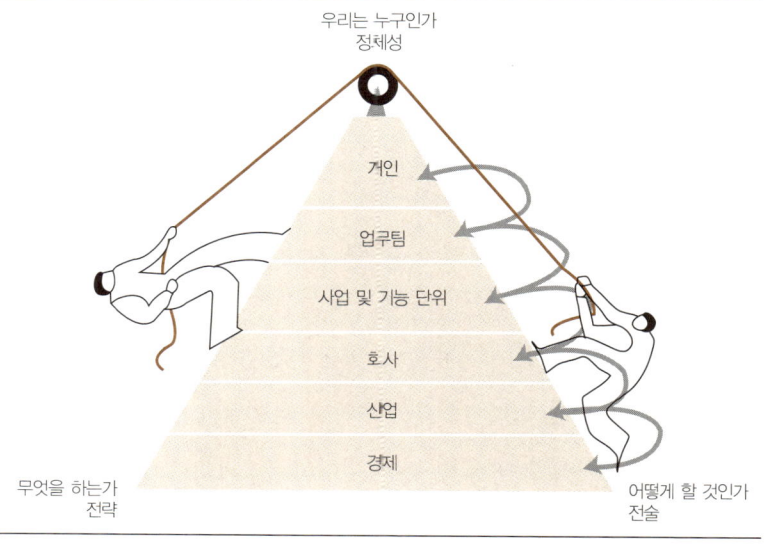

우리는 누구인가
정체성

개인

업무팀

사업 및 기능 단위

호사

산업

경제

무엇을 하는가
전략

어떻게 할 것인가
전술

자기 강화를 하게 된다.

"우리는 누구인가?" 굳이 말로 하지 않더라도 비즈니스에서 가장 먼저 자문하게 되는 질문이다. 어떻게 하면 고객을 매료시키고 돈을 끌어들일지를 결정하기 전에, 설립자는 자신의 개인적 경험을 토대로 어떤 비즈니스를 할지 결정해야 한다. 반면 정체성은 호불호에 대한 다양한 가정이자 일생에 걸쳐 만들어진다. 이런 과정을 거쳐 정체성에는, 무슨 일을 하고 무슨 일을 하지 않을지에 대한 강력한 신념이 담기게 된다.

그러나 정체성을 논하는 전략적 기획이나 운영적 실행에 관한 서적은 사실상 거의 찾아보기 어렵다. 정체성은 이미 존재하는 것으로 가정되지만 실제로는 개발해야 하는 것이다. 원래부터 공기 속에 존재하는 것이 아니기 때문이다. 리더들은 회사가 어떤 산업과 어떤 시장에 속하고, 어떤 활동을 해야 하며, 해당 비즈니스의 적임자는 누구이며, 개인은 어떻게 행동해야 하는지에 대해, 오랜 시간 동안 가정들을 반영하여 주의 깊게 정체성을 만들어간다.

앞에서 말했듯이 비즈니스는 법률적 추상체에 지나지 않는다. 따라서 정체성은 초기 비즈니스의 경계를 확립하는 조건이 된다. 또 어떤 전략을 개발하고 어떤 전술을 실행할지의 범위를 결정한다.

선 마이크로시스템스의 예를 들어보자. 이 회사는 유닉스라는 새로운 운영체계를 사용하고 '분산 컴퓨팅 아키텍처'의 장점을 채택한 기술자가 설립했다. 이 아키텍처는 당시 솔루션 경쟁자라고 할 수 있는 IBM이나 디지털 이퀴프먼트, 왕 워드 프로세서의 소형 컴퓨터나 메인 프레임 컴퓨터보다 훨씬 더 저렴하고 강력했다. 선 마이크로시스템스의 솔루션은 특히 엔지니어링 작업이나 그래픽, 그 밖의 컴퓨터 기반 작업에서 뛰어났다. 그러나 결과적으로 이 회사의 유닉스 기반 슈퍼컴퓨터는 아주 저렴한 가격에 다양한 기능을 제공하는 크레이Cray 사 등의 제품들로부터 강력한 도전을 받게 된다.

선 마이크로시스템스는 비즈니스에 내부 네트워크와 외부 광대역 네트워크를 구축하고 더 나아가 인터넷을 적용함으로써 네트워크 컴퓨팅을 확산시킬 수 있었다. 이 회사는 같은 시기에 메인 프레임 데이터 센터 시스템이 광대역성 컴퓨팅으로 바뀌면서 일어난 변화의 주된 수혜자였다. 1990년대 중반 이 회사는 새로운 소프트웨어 언어 자바Java를 개발했는데, 이는 인터넷 소프트웨어 솔루션 개발자들에게 매우 가치 있는 것이었다. 이 새로운 언어는 많은 기능을 활용할 수 있게 했으며, 인터넷을 더욱 가치 있는 비즈니스 도구로 만들어주었다. 그 결과 선 마이크로시스템스는 소프트웨어 개발자들과 인터넷 전문가들 사이에서 절대적인 명성을 얻게 되었다.

이 회사의 초창기 직원 스콧 맥닐리Scott McNealy는 빠른 속도로 CEO를 거쳐 회장직에 오르게 되었다. 그의 다채로운 경력을 떠나 선 마이크로시스템스가 어떤 회사인지 묻는다면, 맥닐리는 하드웨어 판매에 관하여 이야기할 것이다. 실제로 선 마이크로시스템스는 컴퓨터 하드웨어 판매 회사였다. 이 회사는 라이프사이클의 초기 단계에서 강력한 명령어축약형계산Reduced Instruction Set Computing : RISC 칩을 개발해 냈다. 이를 통해 마이크로프로세서 업계에서 시장을 선도하기도 했다. 그러나 이 칩은 자사의 컴퓨터에서만 사용할 수 있는 한계를 갖고 있었다. 이렇게 분산 컴퓨팅 업계에서 선도적 위치를 자랑하는 동안 맥닐리와 경영진들은 컴퓨터 하드웨어 판매에만 열중했다.

타사가 개발한 하드웨어를 사용하는 컴퓨터에 자사 개발 소프트웨어를 대거 탑재한 것이다. 이런 소프트웨어에는 OS와 각종 어플리케이션 소프트웨어, 네트워크 소프트웨어 등이 포함된다. 또한 소프트웨어 전문 부서를 만들어 선소프트SunSoft라 명명하고 수백 명의 엔지니어를 고용했다. 그러나 선소프트의 제품을 따로 구입하는 고객은 거의 없었다. 선소프트 매출액의 95% 이상이 하드웨어 부문을 담당하는 선 마이크로컴퓨터에 의한 것이었다. 선소프트의 소프트웨어를 사용하기 위해서는 고객들이 실질적으로 선 워크스테이션이나 서버를 구입해야 했기 때문이다.

자바를 개발한 후에는 어떻게 하면 이 제품으로 돈을 벌 수 있을지 고민했다. 하지만 자바는 반드시 필요한 것이 아니었다. 그래서 이전에 워크스테이션과 서버를 판매한 몇 안 되는 회사와, 급성장하는 인터넷 시장을 지원하기 위해 거의 무료로 제공하다시피 했다. 자바는 자사의 하드웨어를 사용하지 않더라도 이용에 전혀 문제가 없었기 때문이다. 인터넷 초기의 위대한 혁신 상품 중 하나였던 자바를 거의 무료로 제공할 수밖에 없었던 이유는, 컴퓨터 서버 판매자라는 자사의 정체성에 부합되지 않았기 때문이다.

선 마이크로시스템스의 초기 성장기와 1990년대 후반 인터넷 서버 판매가 폭발적으로 성장하는 동안, 맥닐리는 자사가 '강철 덩어리'를 판매한다고 말하는 걸 좋아했다. 그는 선 마이크로시스템스의 '강철 덩어리'를 디트로이트의 머슬 카에 비유하기도 했는데, 아이러니하게도 맥닐리는 자동차 회사 경영자의 아들이었다. 맥닐리는 가문의 정체성을 따르기라도 하듯, 선 마이크로시스템스의 정체성을 크고 빠른 '하드웨어'를 판매하는 것으로 정리했는지도 모른다.

2000년 이후 이 회사는 매출 성장이 멈추면서 어려운 상황에 빠지게 되었고 회사의 가치도 가파르게 떨어졌다. 또한 선 마이크로시스템스의 가장 큰 위협은 MS사의 OS(마이크로소프트를 지원하는 어플리케이션과 같이)의 인기상승과 리눅스의 출현이었다. 리눅스는 분산 컴퓨팅, 다양한 네트워크 기능과 프로그램, 다양한 제조사의 하드웨어 활용을 뒷받침할 수 있는 OS였다. 유저들이 저렴한 하드웨어에서도 사용할 수 있는 소프트웨어로 갈아타면서 선 마이크로시스템스의 소프트웨어 매출은 급전직하했다.

하드웨어 판매에 고정된 선 마이크로시스템스의 정체성은 경영진의 시야를 현저하게 제약했다. 이 회사의 소프트웨어는 독립적으로 판매할 수도 있었고 다른 하드웨어에서도 사용할 수 있었다. 하지만 스스로를 소프트웨어 또는 (시스코 시스템과 같은) 네트워킹 회사로 보는 것은 정체성에 부합되지 않는다며 거부했던 것이다.

● ○ ●
정체성에서 비롯되는 전략과 전술

성공공식은 정체성을 기반으로 전략을 개발한다. 전략이란 비즈니스가 무엇을 할지를 결정하는 것이다. 전략은 정체성과 시장을 연결한다. 월마트의 경우 저렴한 가격이라는 뚜렷한 정체성을 갖고 있었다. 샘 월턴Sam Walton은 아칸소의 시골에서 사업을 시작했는데, 기존의 상점들보다 더 저렴한 가격을 책정하는 방법으로 마을을 하나씩 장악해 나갔다. 유통망 경영에 초점을 맞춘 전략이었다. 최고의 전략 중 하나는 공급망 전문가에게 맡겨 저렴한 가격이라는 정체성을 실현할 수 있도록 했다는 점이다.

전략이 설정되면 그 다음은 전술이 성공공식 안의 적절한 장소에 위치하도록 하는 것이다. 맥도날드의 예를 살펴보자. 레이 크록^{Ray} Kroc은 맥도날드 형제로부터 독특한 햄버거 음식점을 사들이고 햄버거 판매에 초점을 맞췄다. 그는 한정된 몇몇 종류의 음식만 파는 것이 회사의 가치를 높이고 수익을 높인다고 판단했다. 크록은 원래 밀크 셰이크 기계를 만드는 회사의 영업사원이었다. 하지만 맥도날드 음식점은 시작할 때부터 햄버거와 수많은 점포수, 수익 창출을 정체성으로 삼았다.

또한 맥도날드는 빠른 성장을 위해 프랜차이즈 전략을 개척했다. 프랜차이즈 전략은 맥도날드의 급성장에 일등공신이었고, 규모 면에서 어느 누구보다 빠르게 많은 점포를 확대할 수 있게 해주었다. 맥도날드는 프랜차이즈 점포를 본사가 일괄적으로 관리하는 전략을 통해 언제나 변함없는 품질을 제공한다는 전술을 폈다. 언제, 어디에서나 똑같은 음식을 만드는 것은 맥도날드를 전세계로 아주 빠르게 확장할 수 있게 해주었다. 이 같은 성공공식은 맥도날드를 1900년대 음식점 운영의 최고의 성공사례로 만들어주었다.

정체성과 전략, 전술은 서로 긴밀하게 연결된다. 이 세 가지는 비즈니스 성공을 위해 서로를 돕는 '성공공식'의 조건이기도 하다. 각 요소들은 정체성이 전략을 이끌어내고, 전략은 전술의 도움을 받으며, 전술은 정체성을 충족시키는 식으로 서로를 강화한다.

기업 비즈니스에서 많은 사람들이 전략과 전술의 중요성을 강조함에도 불구하고 성공공식은 수원기에 탄생하지 않는다. 수원기의 비즈니스에서 정체성은 매우 불분명한 상태에 머문다. 따라서 이 시기에는 초기의 고객을 찾아 판매를 한 다음, 거기에서 수익의 전환을 기대하면서 성공공식을 찾는다.

　비즈니스는 고객들에게 가치를 전달하면서 급류기^{Rapids}로 이동한다. 급류기의 비즈니스는 성공공식을 규정한다. 전략과 전술은 비즈니스의 정체성을 충족시키고, 회사의 위치를 고정하며, 성장 목표를 달성하도록 돕는다. 이처럼 전략과 전술은 급격한 성장기에 필요하기 때문에 급류기에 보다 명확해진다.

● ○ ●
승자의 성공공식

급류기에서 성공공식은 가치 있는 도구로 자리를 잡아간다. 정체성, 전략, 전술은 더 분명해지고, 이로써 비즈니스는 급성장을 맞는다. 리더는 새로운 직원을 고용하고 점점 더 많은 신규 고객을 확보하게 된다. 이렇게 되면 설립자나 CEO는 더 이상 판매와 제품개발을 동시에 처리할 수 없게 된다. 그리고 성공공식은 기업으로 하여금 어떤 고객과 거래하는지 분명히 알 수 있게 해주어야 한다. 투자자는 자신이 왜 이 회사에 투자하는지를 알 수 있어야 한다. 직원과 공급업자들도 새로운 기회에 신속히 대응할 수 있어야 한다. 이렇듯 성공공식은 성장의 길잡이 역할을 한다. 비록 조정이 필요함에도 불구하고, 확실한 성과를 올리고 급류기에 잔존하고자 하는 회사들은 이 같은 성공공식의 도움을 받는다.

　델 컴퓨터를 예로 들어보자. 마이클 델은 대학생 신분으로 회사를 설립했다. 재고품으로 조립한 저가 PC를 텍사스의 소형 회사에 납품하는 회사였다. 컴팩과 같이 거대 컴퓨터 제조회사가 판매망을 장악하고 있었기 때문에 델 컴퓨터는 전화를 이용해 직접 판촉활동을 펼쳤다. 델 컴퓨터는 라이벌 컴팩이나 AST보다 높은 생산성과 저렴한 가격을 책정하고 더 빨리 배송했다. 델 컴퓨터는 과격할 정도로 직배송 전략만을 고수했다. 기존의 조직을 파괴함으로써 비용을 절약하고, 저가 PC 공급업자라는 정체성을 강화해 나갔다.

곧, 모든 전략이 직배송 서비스에 대한 홍보와 판촉을 통해 활기를 불어넣는 것에 모아졌다. 얼마 후 델 컴퓨터는 기존의 제조회사와 판매업자를 추월하고 조립 컴퓨터 부문에서 업계 1위에 등극했다. 델 컴퓨터는 인터넷 판매와 홍보계의 얼리어답터(초기 사용자)였고 저가 부품 대량공급에 표준화를 이끌어냈다. 또한 자사의 연구개발 부서를 폐지하고 다른 회사가 만든 것을 조립하는 일에 집중했다. MS사의 OS와 어플리케이션 소프트웨어를 최대한 활용하고 거의 모든 고객의 요구에 부응했다. 컴퓨터가 조립되자마자 팔려나가면서 유통망 전략은 회사의 가장 중요한 부분을 차지하게 되었다. 그 결과 재고를 거의 0에 가깝게 유지할 수 있었다.

PC 수요가 급상승함에 따라 델 컴퓨터도 급성장했다. 델 컴퓨터의 성공공식은 판매와 마케팅에서부터 신제품개발과 조달에 이르기까지 회사의 모든 부문에 가이드라인을 제공하는 것이었다. 고객과 새로운 직원, 판매자는 모두 델이 지향하는 바를 알았고, 이들의 성공공식은 PC 판매와 노트북 판매에 이르기까지 델을 1위의 자리로 올려놓으면서 급성장을 한층 더 가속화했다.

그러나 성공공식은 새로운 것이 아니었다. 다우존스 지수의 고정회원사라고 할 수 있는 듀퐁은 200년 전 독립전쟁 당시 델라웨어 강 둑에 화약 제조공장으로 사업을 시작해서 해마다 신제품을 개발하기 위해 화학자들을 고용하면서 급성장했다. 장기적인 성장을 달성하는 동안 듀퐁은 제조공정에서 일어나는 사고를 방지하기 위해 안전성을 강화하는 문화를 확립했다. 신제품을 개발하기 위해 자체 연구개발을 통한 성장전략과 안전성을 중시하는 전술은 다년간 아주 좋은 성과를 이끌어내는 매우 일관된 문화를 정착시켰다.

이 같은 성공공식은 지금도 여전히 듀퐁을 지배한다. '삶을 위해, 화학을 통해 더 나은 것을'이라는 슬로건은 1980년대 들어 '삶을 위해 더 나은 것을'이라는 문구로 바뀌었다. 오늘날 듀퐁의 슬로건은 '과학의 기적'이다. 이는 화학과 함께하겠다는 듀퐁의 확고한 정체성과 신제품개발을 위해 연구개발에 힘을 쏟겠다는 지배적 전략을 한층 강화해 준다.

또한 듀퐁은 안전에도 매우 중점을 둔다. 화약 공장을 폐쇄하고, 대부분의 제조공정은 깨끗한 실내에서 흰 가운을 걸친 사람들에 의해 이루어진다. 모든 사원들은 많은 시간을 할애해 안전교육을 받는다. 재무부서와 마케팅 부서 직원들도 안전교육을 받고 안전성의 정도를 기록한다. 시장과 제품과 고객은 200년의 세월 동안 대부분 바뀌었지만, 이들의 성공공식은 여전히 듀퐁에서 일어나는 일을 지배한다. 듀퐁의 성공공식은 초기의 성장을 촉진하고, 산업시대에 듀퐁을 미국 최고의 위치에 올려놓은 성공법칙이었다. 이는 오늘날에도 여전히 듀퐁의 행동 메커니즘을 이끄는 중이다.

그러나 정체성의 원천이 항상 분명한 것은 아니다. 얼 터퍼^{Earl Tupper}는 1907년 생으로 30세 이전에 부자가 되고 싶어 하는 패기 넘치는 젊은이었다. 그는 여러 번 모험을 시도했지만 성공하지 못했다. 1937년 터퍼는 듀퐁에 취직해 플라스틱에 대해 배운 후 1938년 회사를 차려 독립했다. 터퍼의 회사는 주로 듀퐁을 위한 제품을 만들거나 전쟁 물자를 공급했는데, 그럭저럭 성공적으로 평가할 수 있었다. 그는 여러 번 닫아도 변형되지 않는 뚜껑을 비롯해 여러 가지 신종 플라스틱을 개발하고 특허를 취득했지만 제품이 생각처럼 판매되지 않았다.

1940년대 후반 터퍼는 각각 다른 두 사람이 유별나게 제품을 잘 판매한다는 사실을 깨달았다. 그 가운데 한 명이 스탠리 가정용품사의 세일즈맨으로 일하던 브라우니 와이즈Brownie Wise로서 플로리다에 사는 싱글 맘이었다. 터퍼의 제품이 기존의 소매시장에서 맥을 못 추는 동안 와이즈는 주부들을 직접 대면하는 방식으로 판매하고 있었다. 터퍼 자신도 10세 때 제법 용돈을 벌어보았는데, 집집마다 돌아다니며 판매하는 방식이 효과를 발휘한다는 점을 알고 있었다. 즉 회사의 성공은 플라스틱 자체가 아닌, 판매방식에 달려 있었던 것이다. 1951년 와이즈는 판매 수당을 받는 회사를 설립했고, 터퍼웨어의 제품은 100% 각 가정에 팔리게 되었다.

이렇듯 터퍼웨어의 정체성은 직접 판매라고 할 수 있다. 와이즈와 터퍼는 터퍼웨어를 급류기로 이동시켰다. 두 사람이 직접 판매만을 믿은 건 아니었지만 이를 통해 역경을 이겨내고 인생의 목표도 달성할 수 있었다. 최초의 플라스틱 가정용품과 기타 많은 형태의 상품들을 개발하여 직판조직에 독점적으로 상품을 제공하는 전략을 결합시킨 것이다. 전술은 가정 부문을 통해 더 많은 매출을 창출하는 직판 영업사원들을 도울 수 있도록 모두 연결시켰다.

앞에서 언급했듯이 성공공식은 수원기가 아닌 급류기에 형성된다.

성공공식은 비즈니스를 창조하는 데 가치가 있고, 신속히 성장 궤도에 진입시키고, 성장을 유지하는 활동을 반복할 수 있게 해준다. 성공공식이 없으면 어떤 회사도 사람들의 주목을 끌 만한 급성장을 이루지 못한다.

● ○ ●
수직적 성공공식의 정렬

성공공식은 회사나 비즈니스 차원에만 있지 않고 피라미드의 위아래로 연결되어 있다. 성공공식은 개인, 업무 팀, 기능집단, 회사를 한데 아울러 서로 수직적으로 뒤얽혀 있다. 또한 회사의 성공공식은 업계뿐 아니라 경제와도 연결되어 있다. 성공공식은 피라미드 전체, 즉 시장, 경쟁자, 공급자, 동료, 작업 등 하는 일에 따라 사람들을 한데 묶는다.

급류기에 비즈니스를 성공시키려면 성공공식이 시장의 요구와 맞아 떨어져야 한다. 게다가 업계와 경제의 성공공식과도 어울려야 한다. 성공공식이 수직적으로 피라미드의 위아래로 잘 정렬되어 있을 때 비즈니스는 급성장하고 주목할 만한 결과를 낸다.

그러나 하나의 비즈니스가 급류기에 급성장을 이루었다고 해서 다른 곳에서도 똑같이 성공적이라는 보장은 없다. 지난 120년 동안 우리는 농업경제에서 산업경제로, 또 정보경제로 변화해 왔다. 농업경제에서 토지 소유자는 성공하게 마련이었다. 19세기의 '지주계급'이라는 단어는 지주들이 가진 부의 창조 능력과 직결되는 표현이었다.

장기간에 걸친 기술 변화의 물결은 생산수단으로서의 토지 소유에서 산업경제로 이동하는 가치전환을 이뤄냈다. 이 시대에는 공장과 공산품을 제조하거나 소유함으로써 막대한 부가 창출되었다. 이 시기에 헨리 포드, 사이러스 매코믹, 코넬리우스 밴더빌트와 같은 거대 기업과 카네기 멜론, 록펠러와 같은 대부호들이 나타났다. 농업에서 공업으로의 이동은 부를 창조하는 원천도 이동시킨 것이다.

최근 들어 경제는 또다시 전환을 맞이했다. 오늘날은 정보의 흐름과 창조를 활용한 경영이 막대한 부를 창조하는 시기다. 현대의 황제는 MS와 구글, 마이스페이스MySpace, 유튜브, 페이스북Facebook 과 같은 회사의 소유자들이며, 공산품의 가치는 떨어지고 있다.

각각의 업종은 서로 다른 성공공식을 갖는다. 토지에서 제조업으로, 가장 최근에는 정보로서 설명할 수 있는 정체성을 지닌다는 것이다. 토지 사용의 극대화에서부터 제조업의 생산성 향상, 정보의 창출과 이동 및 이용까지 서로 다른 전략들이 성공으로 이끌었다. 이렇듯 크게 다른 전술들이 세 가지 유형의 경제시대를 거치면서 전략의 실행을 지원했다.

모든 성공공식은 하위 계층으로부터 부를 물려받는다. MS는 공업경제시대에는 결코 성공하지 못했을 것이다(IBM도 그랬다). 또한 더 강력하고 더 작고, 더 저렴한 컴퓨터 개발을 도운 다수의 부품 공급자들도 존재하지 못했을 것이다. 좋은 결과를 가져오는 성공공식은 경제와 잘 맞아떨어진다. 현재의 경제 상황에 맞지 않는 비즈니스는 급류기에 들어서지 못하거나, 들어섰다 하더라도 회사를 유지할 수 없다. 시장 상황에 비해 너무 일찍, 또는 너무 뒤늦은 아이디어는 새로운 것이라 해도 좋은 결과를 도출해 내지 못하기 때문이다. 따라서 오늘날의 정보화 시대에 적응하지 못하는 비즈니스에서는 번영하겠다는 기대를 버려야 한다.

산업이 성장하려면 경제의 성공공식과도 보조를 같이해야 한다. 미국 철강산업은 1900년대의 산업경제와 잘 맞아떨어졌기 때문에 큰 성공을 거둘 수 있었다. 경제가 성장함으로써 철강 사용량이 폭발적으로 증가한 것이다. 산업전략은 산업경제의 성공공식을 반영하고, 엄청난 생산성 증가를 위해 수직적 통합을 통해 확대되었다. 물량에 초점을 맞춘 전술은 철강 공급자들의 성장을 도왔다. 그러나 오늘날은 시대가 완전히 전환되어 강력히 설계된 정보 집약적 공급망이 한층 더 중요해졌다. 또한 수직적 통합도 그 가치를 상실함으로써, 조립이나 고철 재생공장처럼 민첩한 공급업자들이 공룡과도 같이 오래된 회사들보다 더 성과를 내고 있다.

기업의 성공공식이 경제 및 업계의 여건과 잘 호응하면 기능적인 측면을 맞추는 것도 중요해진다. 상품을 중시하던 산업시대에는 상품생산을 늘릴 수 있도록 필요한 직원을 뽑는, 인적자원에 대한 성공공식이 중요했다. 생산량에 따라 보상하고 필요할 때 직원들을 출근하게 하는 방법은 훌륭한 인적자원 관리의 표상이었다. 그러나 경제가 정보시대로 이동하자, 사원들의 출근시간 또는 생산된 상품에 따른 보상은 그다지 중요하지 않게 되었다. 그보다는 기술이나 정보를 활용해 새로운 통찰력을 찾고, 그 통찰력을 활용해 고객에게 영향을 주고 가치를 끌어올리는 것이 더 중요해졌다. 인적자원에 관한 성공공식도 좀 더 근본적인 성공공식의 요구에 걸맞게 재정비될 필요가 생긴 것이다.

업무 팀과 개인에게도 성공공식은 있다. 이 또한 피라미드의 하부와 잘 조화를 이뤄야 한다. 사람들은 회사에 취업할 때 "내가 여기에서 무엇으로 성공할 수 있을까?"라는 자문을 하게 마련이다. 이는 회사의 성공공식을 이해한 다음 자신과 맞추려는 것이다. 훌륭한 사원은 정체성과 전략 및 전술을 회사와 공유하기 때문이다. 팀과 개개인이 서로에게 신속히 맞춰갈수록 기대에 합당하는 결과를 이끌어내고 사원 개인의 기여도도 커진다.

AM의 경우를 다시 떠올려보자. 이 회사는 산업경제가 막대한 물량에 빠른 인쇄를 필요로 했을 때 급류기에 있었다. 인쇄 산업계는 저렴한 가격에 개선된 커뮤니케이션 요구를 충족할 수 있는 소형 오프셋 인쇄기술에 대응했다. AM은 자기 회사의 정체성을 소형 저가 오프셋 인쇄기와 저가부품 제조로 묶어두었다. 전술은 기능성과 개선된 이용성을 추가함으로써 제조비용을 절감할 수 있었고, 대량의 물량전략은 기업을 번영하게 만들었다. 또한 AM의 모든 기능집단은 더 많은 오프셋 제품의 판매(특히 자사에서 제조한 기계)와 공급, 제조능력 확장에 초점을 맞췄다. 노동력은 기계 제조와 유통의 최적화, 오프셋 인쇄 전문가들로 넘쳐났다. 이렇게 정렬된 성공공식이 AM을 일시적으로 급성장시켰다.

● ○ ●

성공을 규정하는 성공의 공식

급류기에 진입하려는 회사라면 반드시 성공공식을 갖고 있어야 한다. 잘 정렬된 성공공식이 없다면 기업은 투자자나 경영자, 사원을 위해 확고한 가치를 창조하지 못하는 수원기에 남아 있게 된다. 가령 한두 곳의 고객을 통해 초기에 성공을 거두었다 하더라도, 성공공식이 없으면 급류기에서 성장을 지속하기 어렵다. 비즈니스가 결정적인 수익의 강에 진입할 수 있도록 좋은 결과를 도출하고, 실행을 조정하는 성공공식을 즐기는 것이 바로 급류기에서의 멋진 삶이라고 할 수 있다.

또한 급류기에서의 성공공식은 '성공'의 정의를 변화시킨다. 한번 급류기에 접어들면 대부분의 회사나 사원들은 '성공'을 단지 목표의 달성만으로 정의하지 않는다. 성공공식이 만들어진 후의 '성공'이란 성공공식을 운영하는 것이다. 또한 좋건 싫건 간에, 성공공식을 이용해 도출된 결과를 성과라고 한다. 아이러니한 것은, 경영진이 성장을 자신의 공으로 돌리더라도, 성장은 더 나은 결과를 이끌어내기 위한 성공공식에 맞춰져 있다는 점이다. 반면 성장이 낮아지는 것 역시 성공공식 탓이다. 결과에 상관없이 경영자는 성공을 성공공식의 활용과 동일시하는 것이다.

성공공식을 정의하고 나면 경영자는 가능한 한 모든 에너지를 성공공식의 운영에 열중해야 한다. 사실 리더들이 성공공식을 이행하려 열심히 일한다는 걸 스스로 안다면, 성과가 좋지 않아도 불안해할 필요는 없다.

그러나 경영자는 성공공식이 초기에 올렸던 성과를 급류기에서도 창출할 수 있고, 예전의 수익률을 달성하면 단기적인 문제들도 자연스럽게 사라질 것으로 가정한다. 이 때 성공공식의 운영에 관한 행동과 성과를 달성하고자 하는 의지 사이에서 단절이 만들어진다. 그리고 이 단절은 '재발명의 격차Re-invention Gaps'를 만들어낸다.

3 / 고정화의 힘

○ ○ ●

 '고정화'는 비즈니스가 신기술로 이행하는 것을 방해하고, 비즈니스 모델은 신기술로 이행할 수 있게 한다는 슘페터의 주장을 뒷받침한다.

 경영자들은 라이프사이클 안에서 비즈니스가 순조롭게 진행됨에도 불구하고 성과를 올리지 못한다는 사실을 깨달은 후에도, 왜 알려진 문제들에 효과적으로 대처하지 않는 것일까? 경영진으로 하여금 항상 하던 일을 반복하게 만드는 이유는 무엇일까?

● ○ ●

비즈니스 성공공식과 '고정화'

고정화는 경제학에서 유래되었다. 고정화는 예상수익을 달성하기 위해 행동, 구조적인 방식, 원가요소 등의 입장을 명확히 하는 것이다. 예를 들어 건설회사가 항상 같은 콘크리트 공급업자를 이용할 경우를 가정해 보자. 회사는 주문한 콘크리트의 유형과 운송에 사용될 트럭, 운송의 신뢰도, 콘크리트를 적재적소에 운송하는 운전기사의 능력, 청구될 비용 등을 미리 알 수 있다. 계약자는 콘크리트 공급업자에게 '고정화'되는 것이다. 이는 이익이 된다.

 이와 비슷하게, 기업의 정보기술[IT] 부서도 단일 플랫폼에 고정화한다. 1990년대의 많은 IT 기업들은 모든 사원들에게 MS의 운영 시스템과 비즈니스 어플리케이션이 장착된 PC를 사용하도록 했다. 단일 플랫폼을 사용함으로써 IT 업체들은 장비 원가와 소프트웨어 구입 원가, 사용자 지원 비용 등을 낮출 수 있기 때문이다. 또 단일 플랫폼 사용의 극대화를 통해 MS의 제품을 더 잘 이해할 수 있고, 저렴한 가격에 더 빠르게 비즈니스 역량을 개선할 수 있었다. '윈텔(윈도+인텔)' 플랫폼을 고집함으로써 IT 업체들은 좀 더 효율적으로 변했고 개정 및 업그레이드 관리 능력도 향상되었다.

914복사기를 출시했을 때 제록스는 전통적인 사무 장비와는 다른 방식으로 가격을 책정했다. 고객은 기계를 저가에 구입하고, 복사기를 사용할 때마다 제록스에 요금을 지불하는 방식이었다. 그래서 사용자들은 복사 카운터에서 찰칵거리는 소리를 따서 '클릭 요금^{click fees}'이라고 불렀다. 고객은 장비를 저렴하게 구입한 후 사용할 때마다 지불하는 방식을 좋아했다. 즉 고객은 서비스와 토너, 장비 등을 패키지로 제공하는 제록스의 가격 모델이 좋았기 때문에 제록스 914복사기를 고집할 수밖에 없었다.

사람은 누구나 고정화를 이용한다. 고정화는 잠재적 선택과 의사결정 처리속도, 그리고 비용을 낮춰준다. 우리는 과거의 분석과 결과에 고정화하여 똑같은 결정을 반복함으로써 성과를 향상시킨다. 또한 고정화는 결정을 내릴 때마다 매번 새롭게 분석해야 하는 수고를 덜어주기도 한다. 우리는 어떤 결정을 내리기까지 많은 잠재적 선택지 때문에 고민하지만, 대부분은 최선의 결과를 가져온 과거의 결정(이전의 분석과 방식)을 따르게 된다.

개인적인 고정화

누구나 외국을 방문해 보면 개인적으로 고정화되어 있다는 사실에 직면한다.

- 일본인은 아침 식사로 생선과 쌀밥을 먹는다.
- 인도나 스페인에서는 대체로 점심시간을 오후 2시 이후로 생각하고, 저녁은 보통 오후 10시 이후로 생각한다.
- 유럽에서는 개를 데리고 식당에 간다.
- 아시아와 인도의 구식 화장실은 '푸세식'이다.
- 프랑스나 이탈리아의 청소년들은 저녁식사 때 부모와 함께 와인을 마시는 일이 흔하고, 독일 청소년들은 부모와 함께 맥주를 마신다.
- 독일에서는 황금시간대에 전라의 성인물과 적당한 수준의 포르노 영화를 텔레비전에서 보여준다.
- 미국 외에는 판매 가격에 부가세가 거의 붙지 않는다.

이런 차이는 미국인들의 기대에 고정화되어 있다!

고정화도 성공공식만큼이나 좋은 것이다. 고정화가 없으면, 효율은 떨어지고 '표준운영절차'도 만들지 못한다. 고정화는 모든 일에서 생산성을 높이는 자동화의 제1단계인 것이다.

고정화는 성공공식을 지원한다. 우리는 안 좋은 결과를 낳는 것은 고집하지 않으며, 목표달성에 도움이 되는 것만 고집한다. 성공공식을 만드는 목적은, 전술이 전략과 정체성을 지원하고 반복을 활성화하는 메커니즘을 확인하기 위함이다. 이런 고정화 메커니즘은 무엇을 하려는지, 왜 하려는지 등을 재분석하게 하지 않고 성공공식을 계속 운영할 수 있게 해준다. 성공공식은 마치 길에서 벗어나지 않도록 유도하는 가이드 레일과도 같다.

성공공식이 제대로 작동할수록 우리는 더욱 더 고정화를 따르게 된다. 반면 안 좋은 결과를 내는 선택들은 제거해 나간다. 성공공식은 함부로 건드리면 효과가 떨어지기 때문에, 이전과 다르게 결정하기 위한 재검토는 줄어든다. 다시 말해 결과가 좋으면 그 결과를 더 많이 성취하려고 성공공식을 더 많이 실행한다. 그래서 우리는 반복적으로 행동하는 것을 고집하고 다른 선택들을 제외한다.

조직에 새로운 사람들이 유입되면 경영진은 고정화를 강화하기 위한 작업을 한다. 왜냐하면 고정화가 강해질수록 기업은 새로운 사람에게 성공공식을 더 빠르게 주입할 수 있기 때문이다. 또한 기대하는 성과를 높이기 위해 생산적인 공헌자로 더 빨리 만들 수 있다. 기업들은 급성장하는 급류기에서 성공공식을 정의하기 위해 열심히 일하고, 거기에 고정화하는 방법을 깨닫는다. 리더들은 높은 성장세가 유지되기를 원한다. 이를 위한 가장 효과적인 방법은 강력한 고정화 메커니즘을 통해 직원과 공급자들에게 조직의 비즈니스 방침을 주입하는 것이다.

다시 AM의 경우를 떠올려보자. 경영진은 과거의 경험을 고정화하기 위해 몇 가지 기술을 사용했다.

- AM은 인쇄공 훈련 부서를 유지했다. AM의 모든 직원은 석판 인쇄술에 집중하고 다른 인쇄술은 두시했다.
- 그러나 판매 커미션은 프레스기 가장 높았고, 프레스 인쇄 소모품이 다음이었고, 석판인쇄 제품이 제일 낮았다.
- AM은 일선 상인들에게 자사 제품의 판매 커미션을 타사보다 훨씬

높게 배려했다.

- 매출이 줄어들자 감가상각을 적용하고, 연금계획에 대한 회계를 변경하고, 세금을 조정하여 소득을 늘렸다.
- 몇 년에 걸쳐 회사의 직원들은 대부분 인쇄에 대한 지식을 갖게 되었다. 사람들은 '혈관에 잉크가 흘러…' 라든가 '손톱 밑에 잉크가…' 라는 말을 자주 했다. 인쇄 전문가가 된 직원은 눈에 띄는 승진 기회를 보장받았다.
- 모든 투자는 위험조정 ROI 프로세스를 통과해야 했다. 공장 이용률을 높인 프로젝트는 신속히 승인되었다.
- 연구개발과 신제품개발은 오로지 회사가 그 동안 혁신하고 개량해 온 석판인쇄에만 집중하도록 했다.

AM도 급류기의 여느 회사들과 마찬가지로 '현상유지 방안'을 선택하고 모든 지출과 투자를 엄격히 관리했다. 가격정책에서부터 신규 고용이나 마케팅 프로그램까지, CFO의 승인이 없으면 이행하지 못하게 했다. 그리고 모든 평가는 추가수익 창출을 위해 자사의 공장에서 제조된 인쇄 장비와 용품의 판매에만 집중되었다.

석판인쇄 장비의 판매를 떨어뜨린 신제품은 구형 인쇄장비 판매에서 기대할 수 있는 수익에 손실을 가져왔다. 그래서 이에 대한 배상으로 '잠식 벌금cannibalization charges'을 물렸다. 재무부서는 새로운 기술 교육자의 고용도 달가워하지 않았다. 기존의 석판인쇄술을 가르치는 것이 새로운 교육 프로그램을 도입하는 것보다 수익 면에서 유리했기 때문이다. 이렇듯 재무부서의 의사결정 시스템은 AM의 석판인쇄 장비의 제조와 판매에만 초점이 맞춰졌다.

구조적으로 고정화된 성공공식

고정화는 조직이 빠르게 성장하는 데 이용되고, 목표를 효율적으로 달성하게 하며, 과거에 하던 일을 효율적으로 완수할 수 있게 도와준다. 그러나 모든 고정화에는 위험도 따른다.

조직을 고정화하는 몇 가지 방법

조직을 행동적 관점에서 성공공식 안에 고정화하는 몇 가지 방법은 다음과 같다.

- 역사적으로 정의가 끝난 시장에 대한 견고한 고정
- (보통 눈에 보이지 않는) 신성한 소sacred cow
- '우리 회사에서 발명한 게 아니다' 라는 심리
- 탐험가에게는 벌을 주고 농부에게는 상금을 부여하기
- 계급
- 재무적 책략

시장에 대한 견고한 고정

역사적으로 정의가 끝난 시장을 고집하는 것은 고정화에서 자주 사용되는 방법이다. "지금 _____ 판매를 하고 있어." 우리는 이 빈 칸에 상품을 채워 넣으라는 질문을 많이 들을 수 있다. 기업이 상품이나 서비스만으로 정체성과 성공공식을 정의하면 다른 정의는 거의 남지 않는다.

맥도날드의 경우를 살펴보자. 맥도날드는 햄버거를 중심으로 비즈니스를 정의했다. 이런 고정화는 회사가 표준을 개발하고 빠르게 성장할 수 있게 해주었다. 상품 군을 간소하게 유지하는 것은 맥도날드가 하는 일을 모든 사람(공급자에서부터 고객에 이르기까지)이 정확히 알 수 있게 도와주었다. 그리고 이 상품의 고정화는 맥도날드가 세계 최대의 외식 업체로 성장하는 데 기여했다.

그러나 비즈니스를 햄버거로 고정화했기 때문에 기념비적인 도전은 다른 상품에서 이뤄졌다. 회사는 빅맥이나 쿼터 파운더를 자랑스럽게 생각했지만, 광우병은 비즈니스를 어렵게 만들었고, 고객들은 다른 제품을 선택하게 되었다. 이 때문에 맥도날드는 햄버거 이외의 것을 찾아야 했다. 가장 최근에 맥도날드는 새로운 고객을 끌어들이기 위해 샐러드 제품에 도전하는 중이다. 하지만 샐러드는 주로 가족 가운데 한 사람이 햄버거를 원하지 않을 때 가족 전체를 잃는 것에서 벗어나 햄버거 비즈니스를 보호하기 위한 방어적 차원의 움직임이었다.

신성한 소

신성한 소를 유지한다는 것은 성공공식에 비즈니스를 고정화하는 것이다. 흥미로운 사실은 자신의 신성한 소를 아무도 깨닫지 못한다는 점이다.

리더들도 신성한 소들을 한결같이 직시하지 않으려는 태도를 유지한다. 그러나 우리 모두는 이미 신성한 소를 갖고 있다. 즉 신성한 소는 경영자들이 볼 수 없을 뿐 이미 존재하는 것이다.

신성한 것에 대한 개인적 경험

인도 여행길에 나는 회의 시간에 상당히 늦어버렸다. 몇 마일이나 정체를 일으키는 난데없는 소떼의 출현 때문이었다. 답답한 나머지 택시 운전기사에게 물어보았다. "인도는 한창 번영 중인데, 왜 도로변에 울타리를 치거나 동물들이 길에 들어오지 못하게 하지 않는 거죠?"

그가 난처한 표정으로 나를 쳐다보며 물었다. "왜 그런 일을 해야 하죠?"

나는 다시 말했다. "차가 밀리지 않도록 말이죠."

그러자 운전기사가 대꾸했다. "무슨 말을 하는 건지 이해할 수 없네요."

나는 '신성한 소'가 진정으로 의미하는 것이 무엇인지 이해할 수 있었다. 택시기사는 소를 신성하게 여기기 때문에 내 질문을 이해하는 것이 불가능했다. 그 소는 길 위를 돌아다닐 권리를 갖고 있었던 것이다. 신성한 소를 통제하려는 나의 아이디어는 성공 가능성이 전혀 없었다. 운전기사에게는, 소를 울타리로 막거나 길에 오르지 못하도록 물리적으로 방해한다는 것은 상상할 수 없는 일이었다. 나의 목표는 원활한 교통 흐름이라는 또 다른 목표를 지향하는 동시에 소를 보호하는 것이었지만, 내 선택은 고려될 여지가 없었다.

나는 신성한 소를 창조하는 대안에 무지했던 것이다. 신성한 소를 갖고 있는 사람들은 대안을 고려하지 않는다. 신성한 소는 눈에는 보이지만 문제의 요인으로 인식되지 않기 때문이다.

신성한 소는 넓은 범위로 확산된다. 안전성에 대한 듀퐁의 신념은 외부인에게 아주 하찮게 보일 수 있다. 하지만 듀퐁의 노력은 회사의 모든 사람들을 안전하게 지켜주는 중요한 성공공식이었다.

한편 다른 신성한 소는 완벽히 지배적일 경우도 있다. 크래프트 Kraft 사는 벨베타와 같이 전설적인 브랜드를 통한 치즈 판매를 공표했다. 다른 상품이나 브랜드가 더 많은 이익을 남기고 있음에도 불구하고 회사의 '신성한 소'를 강조한 것이다. 그들은 "미국은 치즈를 K−

R-A-F-T로 철자합니다"라고 말함으로써 신성한 소에 대해 관심을 끌어내려고 했다. 그러나 고객의 입맛을 바꾸지는 못했다. 결국 크래프트는 벨베타에만 초점을 맞추면서 알토이즈와 같은 고성장 브랜드는 매각해 버렸다.

변화가 신성한 소를 방해한다는 이유로 기업은 가끔씩 전진을 멈춘다. 또 다른 예로 제록스는 랜^{LAN}으로 컴퓨터에 연결하는 데스크탑 프린터 때문에 시장이 잠식되고 있음을 알았다. 또한 자사의 연구소인 제록스 파크^{Xerox Parc}에서 핵심기술이 개발되었음에도 불구하고, 자신들의 신성한 소라고 할 수 있는 장당 가격제 복사기 판매에만 초점을 맞췄다. 레이저 프린터와 보조장비에도 도전하지 않고 914의 강화형으로 평가받는 도큐테크^{Docutech}를 출시했다. 하지만 데스크탑 프린터는 말할 것도 없이 914의 근처에도 가지 못했다.

우리 회사가 발명한 게 아니라는 심리

이 심리는 기술과 제품, 시장, 판매자, 고객 등과의 관계에 조직을 엄격히 고정화시킨다. 듀퐁은 윌밍턴과 델라웨어에 최고의 실험설비를 갖춘 연구소를 설립했다. 그러나 충분한 지원과 좋은 연구원들에도 불구하고, 지금까지의 연구분야 및 기존의 비즈니스 때문에 새로운 개발은 방해를 받았다. 듀퐁은 지속적으로 연구소에 투자함으로써 모든 것을 만들어낼 수 있다고 믿었다. 나일론, 테플론, 케블러 등의 제품은 실제로 성공공식의 기반이 되기도 했다. 비록 10년에 한 번 정도 개발될 혁신제품을 만들어냈지만, 이 혁신적인 기술도 곧 구식이 되어버렸다. 영화 '졸업'을 생각해 보라. 더스틴 호프먼이 장래를 고민할 때 누군가가 "플라스틱이야!"라는 조언을 하지 않던가. 요즘 입학생들에게는 결코 훌륭한 조언이 되지 못할 것이다.

모토로라는 수십 년 동안 탁월한 전자공학 회사로 알려졌다. 자동차와 가정에서 사용되는 라디오에서부터 경찰과 소방서에서 사용하는 양방향 무전기에 이르기까지 성공적인 제품을 개발해 많은 수익을 냈다. 모토로라는 인텔의 칩보다 몇 년을 앞선 디자인이라는 평가를 받았고, 애플 맥킨토시에 사용되는 마이크로프로세서 중앙제어장치를 비롯해 많은 부품을 개발했다. 모토로라는 단말기에서부터 하부조직에 이르기까지 휴대전화 개발의 선구자였다.

그러나 직접 개발을 고집함으로써 모토로라는 큰 손실을 입게 되었다. 회사는 애플에서 마이크로소프트 플랫폼으로 고객들이 이동하고 있음을 뒤늦게 깨달았다. 16비트 기계의 70%와 전체 시장의 20%를 차지하던 인텔의 마이크로프로세서 점유율이 한 자릿수 아래로 떨어지는 비극을 지켜보고 있어야 했던 것이다. 결국 회사는 자사가 개발한 위성전화 시스템인 이리듐에 푹 빠져 수십억 달러를 날리고 말았다. 아날로그 단말기에 대한 고정화가 디지털 단말기 시장으로의 진입을 가로막은 결과, 1990년대에 모토로라의 규모는 대폭 축소되고 말았다.

탐험가에게는 벌을, 농부에게는 상금을

이런 행동유형은 성공공식을 유지하기 위해 사람들을 고정화한다. 어떤 리더들은 영업사원에게 새로운 고객을 찾으라고 요구한다. 동시에 기존의 고객들에게 전년도만큼 팔아야 한다는 급여체계를 유지한다. 새로운 고객유치나 신제품 판촉에 투자하는 것보다 낫기 때문이다. 그러나 신제품 판매를 위해 새로운 고객을 찾느라 매출목표를 달성하지 못하면 매출에 대한 압박을 가할 뿐 아니라 '재평가' 받는다. IBM 복사기를 OEM 방식으로 판매하던 AM의 영업사원들도 프레스 인쇄기의 매출이 줄어들자 급여도 깎이고 말았다.

　새로운 국제시장 등 구식제품에 대한 용도를 새롭게 찾아낸 사람들은 보상을 받는다. 그러나 신제품을 옛 고객에게 판매하는 영업사원들은, 노력의 결과가 매출의 잠식으로 나타나면서 질책을 받는다. 자크 나세르Jacques Nasser가 포드의 최고경영자에 올랐을 때, 그는 유럽에서 수익을 증진시킨 능력을 인정받았다. 미국 소비자들이 관심을 보이지 않던 소형차(평균적인 미국 자동차 또는 소형 트럭보다 싼 가격으로 판매함)를 개발해 유럽인들에게 어필했기 때문이다. 결과론이지만 포드는 유럽에서 소형차로 획득한 명성을 미국으로 가져오지 못했다. 그리고 지금은 하이브리드 카에서도 시장을 이끌지 못하고 있다.

계급

계급은 급류기에 머물기 위해 반드시 필요한 요소다. 기업은 비즈니스의 방향을 이끌고, 좀 더 많은 사람들을 관리할 수 있는 직급제도가 실현되어야 수원기에서 급류기로 이동할 수 있다. 계급은 빈틈없이 성공공식을 따르도록 해야 한다. 직급을 관리하는 사람들도 올바른 방향으로 가고 있다는 확신을 주어야 한다. 계급은 국가안보가 필요할 때 군대를 신속히 동원할 수 있게 해준다. 계급은 또한 군인들에게 엄격한 운영방법을 주입함으로써, 명령이 떨어졌을 때 자신들의 역할과 적절한 행동이 무엇인지 신속히 이해할 수 있게 해준다.

이런 장점에도 불구하고 계급은 성공공식에 고정화되어 조직의 변화를 저항하게 만든다. 그래서 회사의 발전을 위해 새로운 전술을 개발하고, 비전을 실행하려는 리더들은 계급질서 때문에 실망하고 만다. 조직은 과거의 성공공식을 이행하도록 만들어져 있기 때문에, 새로운 결정에 따라 쉽게 앞으로 나아가지 못하게 한다. 또한 계급 안에서는 개인을 잘 파악할 수 없고, 한 발짝 떨어지거나 한 발짝 앞에 서야만 이해할 수 있다. 결국 구성원들이 구식의 성공공식을 떠나 자신만의 방식을 새롭게 구축한다는 것은 불가능해진다. 계급은 그런 일들이 일어나지 않도록 하려는 분명한 의도로 만들어졌기 때문이다! 계급이 많으면 많을수록 성공공식은 더욱 엄격히 감시되고 완벽히 고정화된다.

1997년 제록스는 과거 IBM 경영진이었던 리처드 토먼^{Richard Thoman}을 CEO로 영입했다. 토먼에게는 데스크탑 프린터와 소형 복사기로 인해 축소 일로를 걷던 제록스의 대형 복사기 매출을 예전으로 되돌리라는 임무가 주어졌다. 토먼은 내부 제조공정에 대한 의문을 갖고 외주에 더 많은 양을 할당했다. 또한 제록스 파크의 기술력을 통해 소형 제품의 판매도 확대했다. 불행히도 그는 이 과정에서 계급을 무시하게 되었다. 토먼은 2001년 어이없게도 제록스에서 해고되고 말았다. 그는 계급에 대항하는 비전을 가진 희생양이었고 이는 계급의 명백한 승리였다. 역사적으로 산업시대의 위대한 모든 회사들은 목표 달성을 위해 계급을 만들고 활용한 전문가들이었다. GM, 포드, 크라이슬러, 베들레헴 스틸, IBM, 코닥 시어스 등은 군대를 모델로 삼아 성공공식을 따르도록 강력한 계급조직을 구축했다.

재무적 책략

재무적 책략은 성공공식 고정화를 위한 최상의 도구다. 각각 다른 업계에 인정된 회계원칙^{GAAP}을 적용하면, 회계사나 투자 분석가들은 그 차이를 쉽게 설명할 수 있을 것이다. 왜 이런 차이가 존재하는 것일까? 서로 다른 업계나 기업들은 왜 각각 서로 다른 감가상각을 필요로 하는 것일까? 왜 서로 다른 자본화 규칙과 분할상환 계획이 필요한 것일까? 수익 향상과 지출 억제에 왜 서로 다른 정책이 필요한 것일까? 절세나 연금결산에서 왜 서로 다른 방식이 필요한 것일까?

업계와 회사는 각각의 성공공식을 갖고 있다. 그리고 회계 시스템은 각각의 성공공식을 보호하는 데 사용된다. 회계가 달라지는 원인은 투자자나 고객과 같은 외적 요인에서 기인하지 않는다. 진짜 이유는 경영진이 자신들의 성공공식 위에 쌓아올린 재무적 성과를 근사하게 보여주고 싶어 한다는 것이다.

조직의 구조적인 고정화 메커니즘

행동 기반 고정화뿐 아니라 고정화를 지원하고 전달하는 다음과 같은 구조적 메커니즘이 많다.

- 전략적 편향
- 결정의 크기를 전략적 가치에 연관시키는 것
- 인재 숙련
- 아키텍처
- 최고의 실행

- 자원배분

전략적 편향

전략적 편향은 비즈니스를 성공공식에 고정화한다. 결정이 필요할 때 분석가는 모든 선택지를 동등한 차원에서 다루지 않는다. 과거의 데이터를 활용하는 쪽으로 치우치는 것이다. 이 과거의 데이터가 기존 가정을 지지해 주기 때문에 잘 알려지거나 잘 만들어진 서류는 더 관심을 끌게 된다. 그러나 데이터는 과거의 역사에 불과하다. 데이터의 양이 많으면 더 좋은 결정이 나올 것이라는 개념을 강화하지만, 대부분의 데이터는 과거의 가정에 기반을 둔 추론의 산물일 뿐이다.

급변하는 세상에서 데이터는 미래의 결과에 대해 아무런 보장도 해주지 않는다! 더 많은 데이터가 조금 더 나은 의사결정을 도울지 모르지만, 대부분의 데이터는 실제로 과거의 결정을 연장선상으로 기울게 한다.

두 명의 경영자가 신제품을 개발하기 위해 융자를 받으려 한다고 가정해 보자. 한 사람은 과거의 제품을 변형했다. 이 경영자는 과거의 판매실적을 근거로 수익성 향상을 예측했다. 그리고 이전 제품의 가격 구성요소를 활용하고 물량을 하향조정함으로써 원가를 산정했다. 그리고 기존에 알고 있던 숫자들을 인용했기 때문에 자신의 수익 전망치를 확신한다.

두 번째 경영자는 잘 알려진 고객문제에 대해 새로운 솔루션을 찾아냈다. 그러나 시장 규모를 확신할 수 없기 때문에 매출 예상치는 추측 수준이었다. 신기술을 이용한 이 솔루션의 예상 원가도 다른 회사의 원가와 유통업자들의 의견에 기초해서 만들었다. 물론 신기술의 효과에 대해 고객과 시장을 통해 사전조사를 마쳤다 하더라도 수익은 확정적일 수 없다. 어느 쪽이 융자를 받을 수 있을까?

알려진 제품의 연장선에서 내부 데이터만을 사용하는 것은 전혀 가능성이 없다고 볼 수 있다.

더 나쁜 경우는 최우선의 비즈니스 전략에 '집중'을 포함하고, 의사결정 기준으로 '핵심역량'이나 '핵심시장'을 사용하는 것이다. 이같은 변수를 잘 이해하는 금융 전문가는 '핵심'을 지지할지 여부에 따라 융자 기회를 정의한다. 그리고 '핵심'과 '집중'을 정의한 다음 핵심적이지 않은 기회는 검토조차 않는다! 고정화를 돕는 것만이 '핵심'으로 간주되고 승인받을 잠재적 기회를 갖게 되는 것이다.

짐 콜린스는 《성공하는 기업들의 8가지 습관》과 《좋은 기업을 넘어 위대한 기업으로》에서 이 '집중'이라는 개념을 한층 더 진전시킨다. 두 저서에는 '위대한' 회사의 목록들이 나온다.

그는 전사적 차원에서 '크고 위험하고 대담한 목표^{Big Hairy Audacious} ^{Goal : BHAG}'를 채택하고, 이 승인된 프로그램을 실현하려면 "모두를 버스에 태워야 한다"라고 역설한다. 그가 책에서 '위대하다'고 정의한 회사들은 명백한 성공공식과 설명 가능한 고정화를 갖고 있었다.

하지만 이들 회사의 전략은 '코티지 치즈를 씻어내는' 것과 마찬가지였다. 이는 살을 빼기 위해 자전거 타기에 몰두하는 어떤 남자가 문자 그대로 코티지 치즈를 씻는 장면을, 콜린스가 비유한 것이다. 콜린스는 식이요법 차원에서 하나의 핵심 전략만 남겨두고 모두 없애라고 조언한다.

슬프게도 콜린스의 '위대한' 기업들은 그의 저서를 통해 조명을 받긴 했지만 평균 이상의 성과를 올리지 못했다. 왜 이들 기업의 최근

실적이 콜린스의 분석과 일치하지 않은 것일까? 그 이유 가운데 하나는 경쟁환경이 달라졌기 때문이다. 현대의 모든 전략은 급변하는 경쟁환경에 대비할 수 있어야 한다.

콜린스는 기업을 스포츠에 곧잘 비유하곤 했다. 그러나 스포츠는 비즈니스와 달리 규칙이 분명히 정해져 있고 경쟁하는 동안은 규칙이 바뀌지 않는다. 그리고 주어진 규칙 아래에서 최고의 기량을 발휘하는 사람이 승리한다. 그러나 비즈니스 규칙은 마라톤, 자전거 레이스, 농구경기와 달리 규칙이 없다. 새로운 상품이나 개선된 상품이 속속 등장함으로써 경쟁환경이 수시로 바뀐다. 또한 경쟁자도 마음대로 규칙을 바꿀 수 있다. 콜린스가 정의한 위대한 기업들은 '집중'을 적용했다. 그 결과 더욱 효과적으로 경쟁력을 높여줄 대안을 고려할 시장변화와 기회를 놓치게 만들었다.

결정의 규모와 전략적 가치

결정의 규모를 전략적 가치에 연결시키는 것도 고정화다. 쉽게 정의하자면, 규모가 큰 투자는 성공공식과 연결되어 있다. 인수합병도 언제나 성공공식과 연결되게 마련이다. 대형 연구개발과 신제품개발을 위한 투자도 과거 기술의 연장이다. 대규모 자본투자는 공장 확장이나 공장 신설에 집중된다. IT업체의 경우는 기존의 비즈니스에 더 나은 경영을 하기 위해 대규모 투자가 이뤄진다.

그러나 이 같은 기존의 고정화된 성공공식을 기술적으로 최적화하려는 것은 좋은 방법이 아니다. 오히려 '전략적'으로 큰 오류를 범하는 편이 더 좋은 성과를 낼 수 있다. 진정한 '전략적' 결정은 거대한 기념물을 짓는 것이 아니라 성공공식을 수정하는 것이다.

JP모건 체이스 은행이 뱅크원Bank One을 인수했을 때 사측과 언론은 이 거래를 '전략적'이라고 평가했다. 그러나 이는 체이스 은행을 미국 중서부라는 새로운 시장으로 확장한 것일 뿐이었다. 이것이 정말 전략적 결정인지에 대해서는 큰 의문이 든다.

인재 숙련

정책과 교육은 고정화 조직으로 하여금 인재를 매우 효율적으로 다룰 수 있게 해준다. 종종 인사부 책임자들은 일을 잘 할 것으로 판단되는 사람을 '제대로 된 사람'이라고 정의한다. 이런 정의는 교육적 배경과 업계의 경험을 성공과 연관시키는 것이다. 그 결과 비즈니스에는 비슷비슷한 사람들로만 채워진다. 이런 상황에서 어떻게 새롭고 색다른 기회가 개발될 수 있겠는가?

1980년대 후반 듀폰은 다년간 인쇄와 엑스레이에 사용되는 아날로그 화상용 폴리머 필름 판매로 성공가도를 달리는 중이었다. 듀폰의 카리스마적인 생산부 책임자는 디지털 화상에 큰 기회가 왔다는 사실을 알게 되었다. 그러나 이 책임자는 필름의 미래가 컴퓨터를 이용한 캡처와 디스플레이로 인해 위협받을 것으로 예상했다. 그래서 전자제품과 장비판매 업계에 종사하던 사람들을 고용하기 시작했다. 그리고 GE에서 새로운 사업본부장을 영입해 왔다.

얼마 지나지 않아 투자와 관련하여, 영입된 디지털 화상 사업본부장과 경영진 사이에 문제가 생겼다. 시간이 지나면서 갈등은 더욱 심해졌다. 화가 날 대로 난 경영진 중 한 사람이 디지털 화상 사업본부 측에 "우리는 화학자들이오. 우린 화학에 대해 말하는 사람은 이해할 수 있지만 당신들은 이해할 수 없소!"라며 비판했다. 듀폰의 경영진은 새로운 직원들의 배경이 몹시 불편했던 것이다. 얼마 지나지 않아 사업본부는 매각되었다. 부서가 해체되자 사업본부장도 회사를 떠났다. 그들은 듀퐁에 맞지 않았던 것이다.

고용과 승진은 기업이 고정화되는 근원적인 이유이며, 채용을 엄격히 하고 승진을 통제함으로써 HR의 기능을 현상유지로 돌려놓는다. 또한 고용과 승진은 신입사원이나 '잠재력이 높은 직원'을, 회사의 성공공식을 정의하는 데 일조하고, 회사 안에서 성장한 사람들과 유사한 인재로 만든다. 행동 기준에 잘 순응하는지에 대한 재검토를 포함해 직원을 평가할 때 평가 시스템은 고정화 메커니즘을 따르고, 결국 성공공식의 진전을 확신하는 사람들만 생존한다. 생존자와 승진 대상자, 급여인상 대상자를 결정할 때에도 그 사람이 회사에 '적합'한지를 평가해야 한다. 동시에 할당된 성과를 추적함으로써 고정화를 측정한다. '평판'이 성과달성만큼의 무게를 가질 때 성공공식의 고정화도 강화된다.

아키텍처

아키텍처는 지난 10년 동안 성공공식의 고정화에 특히 효과적인 도구였다. 오랫동안 급여대장이나 외상 매입금 등의 서류 자동화에서 많은 IT 기술들이 사용되었다(IT를 DP, 즉 데이터 프로세싱이라고 부르던 시절을 기억하는가?). 하지만 1990년대 초부터 '기업 자원관리'와 같은 기업 어플리케이션이 의사결정 도구로 사용되고 있다. 오늘날 오라클과 SAP는 거대 기업들의 IT 소프트웨어 예산을 지배하다시피 하고 있다.

성장하는 회사들은 성공공식을 고정화하는 방법 가운데 하나로

ERP 시스템을 선택하기 시작했다. 이 어플리케이션은 데이터의 사용과 의사결정을 위한 선택의 과정을 엄격히 통제했다. 경영자들도 이 프로그램이 제공하는 추적 및 일관성 있는 의사결정을 좋아했다. 그래서 결국 비싼 가격과 운영상의 번거로움에도 불구하고 많은 회사들이 이 시스템을 구입해 사용하게 되었다.

데이터 처리는 CFO에게 보고되었고, 오래된 매뉴얼 방식의 비용을 절감하기 위한 좋은 도구였다. 그러나 강력해진 성능과 어플리케이션의 IT가 등장하고, 고성능 네트워크에 연결된 저렴한 초강력 컴퓨터가 나옴으로써 지출은 기하급수적으로 늘어났다. 그래서 많은 CFO들은 급격한 IT 지출과 투자수익 평가에 대한 어려움을 호소했다.

그러나 ERP 프로그램은 비싸지만 확실히 달랐다. CFO들이 이 프로그램을 의사결정 도구로 활용해 직원들의 행동을 통제할 수 있기 때문이다. ERP 시스템은 통상적인 절차와 행동, 그리고 사전에 설계된 결정을 수행하도록 한다. ERP 시스템을 사용하면 마케팅 관리자는 새로운 잡지에 몰래 광고를 낼 수가 없다. ERP 시스템이 재검토를 지시할 것이기 때문이다. 구매부서도 공급업체에 대해 검토하지 않고서는 새로운 발주가 불가능하다.

충분히 검증된 ERP 시스템은 계획보다 시간이 오래 걸리고(보통 몇 개월 또는 몇 년이 걸림), 예상보다 비싼 경우도 많다(어떤 경우는 프로젝트 예산의 몇 배가 된다). 그럼에도 불구하고 많은 CFO들이 고정화된 성공공식을 확인하고 이행을 촉진하는 도구로서 ERP 시스템을 사용한다.

고정화된 명령을 추종하는 경영자들은 ERP든 조달이든, 회계 또는 공급망 어플리케이션이든 간에, 큰 틀의 '핵심' 시스템만을 사용한다. 따라서 큰 조직 내에서 시작되는 작은 비즈니스조차 직원 교육에 이와 같이 복잡한 어플리케이션을 사용해야 하고, 고비용 운영방식의 적용을 강요받는다.

일반적으로 인수된 회사도 이런 시스템을 신속히 채택하도록 강제된다. 이는 최초의 목적이 무언가 새로운 것을 시작하기 위한 것이었다 하더라도, 구식의 성공공식에 고정화하기 위한 도구로 사용된다.

최고의 실행

최고의 실행은 또 하나의 효과적인 구조적 고정화다. 최고의 실행을 추종하는 사람은 다른 사람이 행한 방식을 따름으로써 결과도 같기를 기대한다. 그러나 최고의 실행방법을 적용한 회사는 경쟁사에 뒤지게 된다. 왜냐하면 진정한 최고의 실행을 만들어내지 못하고, 다른 사람들이 3년 전에 거둔 좋은 결과를 기대하기 때문이다. 최고의 실행방법을 사용하는 사람들은 자신의 노력이 성공공식을 유지시키기를 원한다. 하지만 그게 가능할까?

중요한 지식이 소수 집단 안에 머물거나 이동하지 못할 때도 고정화된다. 이렇게 되면 최고경영자나 핵심 관리자는 직급이 낮은 직원에게 압력을 가하는 데 자신의 지식을 사용한다. 또는 자원을 분배받고 고정화를 고수하기 위해 지식에 의존한다. 지식에 의존하여 의사결정을 함으로써 이 박식한 사람들은 현상유지를 하게 된다. 이들은 스스로가 고수하는 성공공식으로 검증하지 못하면 승인을 보류한다.

듀퐁에서 영업 관리자는 종종 신제품에 대한 아이디어를 생각해냈다. 그리고 경쟁을 위해 신기술 또는 신제품을 채택하거나 적용해야 한다는 사실을 깨달았다. 하지만 듀퐁에서 신기술에 대한 투자는 경험이 풍부한 연구개발 조직의 실험실에서 세심한 검토가 이뤄졌다. 그리고 이 연구개발 조직에서 '전문가'로 대우받는 유능한 기술자와 과학자들은 대부분의 투자에 대해 반대의사를 표명했다. 이는 외부의 기술과 상품이 듀퐁 제품의 일부가 되는 것을 실질적으로 불가능하게 만들었다.

한 개인이나 소수 인원의 팀은 작업에 필요한 지식에 접근하고자 할 때 자신들의 역할에 고정화한다. 이들은 성공공식 자체에 영향을 끼칠 능력은 없으며, 그저 실행에 한 발을 내디딘 것뿐이다. 결과는 사람이 아닌 작업 방식이나 계급에 의존하게 된다. 비즈니스의 위험을 줄이려는 것도 고정화 방식이다. 작업방식도 성공공식에 고정화된다. 결국 이것은 많은 기능과 사람들에게 영향을 미치고, 프로세스 전체를 바꿔야만 비로소 성공공식도 바꿀 수 있다.

자원배분

자원배분은 가장 강력하고 구조적인 고정화 도구 중 하나다. 재정학자들은 매몰비용^{sunk cost}(과거의 투자)은 의사결정과는 아무 관계가 없다고 말할 것이다. 학자들에게 중요한 것은 미래에 사용될 비용이기 때문이다. 더 많은 비용을 써야 할지 말아야 할지를 결정할 때, 이미 얼마를 사용했냐는 중요하지 않다. 그러나 거대한 제조공장을 갖고 있고, 심각한 감가상각의 부담을 짊어진 회사의 경영자라면 그런 사람을 당장 해고할 것이다!

회사가 대형 공장이나 유통 센터를 짓고 대형 IT 프로그램을 구입하면, 그 후에는 이런 자산이 활발히 활용되지 않더라도 전혀 신경

쓰지 않는다. 이렇게 큰 자산에 대한 투자는 의도적으로 고정화된 계획을 만든다. 그리고 다른 무언가를 할 수 있도록 하는 유연성을 제한한다.

고정비 투자는 급류기의 수익에 도움이 된다. 물량과 수익이 더 높아질 것으로 예상함으로써 변동비를 낮추고 고정비를 더 부담하는 것은 좋은 생각이다. 동시에 수익이 성장하는 것만큼 비용을 부담할 수 없기 때문에 변동비가 상승하면 수익 증가는 지연된다. 이 비용의 지연cost lag이 급성장기에 이익과 추가수익을 창출한다. 그리고 고정비 투자를 통한 고정화 비용도 수요가 증가하면서 확대된다. 이익이 늘어나면 규모도 커진다.

유통 센터를 설립하고 나면 경영자들은 지출한 돈이 생각나서 관리자에게 "유통 센터를 좀 더 유용하게 활용할 방법이 없을까?"라고 묻는다. 자산을 사용함에 있어서 추가되는 원가는 낮다. 새로운 유통 센터를 정당화하기 위해서는 반드시 많은 물량이 필요하다. 그리고 많은 물량은 성공공식의 운영에도 필요하다. 이렇게 되면 조직은 고정비 쪽의 공헌이익에 고정화되고 물량을 추구할 때 성공공식에 더 깊숙이 말려든다. 즉 시간이 지나면서 수익은 떨어지고, 고객의 요구에 맞추는 것이 아니라 비생산적인 자산을 통한 공헌이익에 초점을 맞추게 된다!

비즈니스와 자원배분 방식에서 비정상적일 정도의 원가계산은 성공공식에 고정화되지 않는 그 어떤 것에도 돈을 사용할 수 없게 한다. 성공공식을 유지할 수 있도록 계획된 경비만 승인한다. 현상유지 방안(보통 재무부 직원)은 비승인 비용을 추궁하고 고위 상사의 검토를 위해 보류된다. 만약 비승인 지출이 발견되면 사직을 포함해 무거운 벌이 가해진다.

　마찬가지로 거대 유통망이나 외주도 성공공식에 고정화된 자원배분을 돕는다. 그리고 이런 강력한 통제 아래에서 이뤄지는 거래는 장기에 걸쳐 이익을 발생시킨다. 장기간에 이룩한 합의는 여러 해에 걸쳐 비즈니스 운영에 필요한 상당한 양의 물량을 커버해 준다.

　성공공식의 고정화를 촉진하는 기념물이 모두 명확한 것은 아니다. 본사 건물, 경영자 사무실, 경영진의 특권(전용 비행기나 업그레이드된 항공권) 등은 이 성공의 상징을 성취하고 유지하는 노력을 고정화하도록 경영자를 유혹한다. 이런 것들은 회사의 성공공식과 아주 밀접히 연결된 개인의 정체성으로서 사원과 경영자에게 신성한 소가 될 수 있다.

● ○ ◗

현상유지에 대한 이해

앞에서 언급했듯이 모든 조직은 현상유지 방안을 갖고 있다. 현상유지 역할은 성공공식을 강화하는 것이다. 현상유지는 가장 강력한 고정화이며, 중요한 결정을 내릴 때 그 결정이 성공공식을 따르는지를 확인하게 해준다. 현상유지 요원들은 변화를 최소화하며 위험부담을 최소화하는 것이 자신의 역할이라 생각한다.

　현상유지를 확인하려면 성공공식의 가장 중요한 요소를 찾아보아야 한다. 사실 현상유지는 이들 요소의 보호자이기도 하며, 성공요소에 영향을 미치는 결정에 대해서는 독재권을 휘두르기도 한다. 어떤 사람이건 어떤 제안이건 또는 어떤 절차건 간에, 성공공식과 상충될 때는 이 현상유지라는 난관을 넘어서지 못한다. 이들은 자신을 보호하기 위해 방탄복을 입고 총까지 들고 서 있는 것과 같다.

IT가 1980년대에 피자헛에서 그런 역할을 했다. 피자헛은 급여장부를 비롯해 IT를 100% 활용했다. 급여장부는 본사의 모든 직원들에게 발행되었고, 전세계의 각 매장에도 이튿날이면 통보되었다. 경영자가 직원을 고용하면 해당 직원은 이 시스템에 신속히 익숙해져야 한다. 매장 지점장이 공급업체로부터 페퍼로니를 구입하고 싶으면 공급업체의 판매자도 시스템에 올려놓아야 한다. 지역 관리자가 새로운 점포의 전기세를 지불하고자 할 때도 시스템에 올려야 한다. 컴퓨터 시스템에 올려놓기 전에는 어떤 결정도 이행할 수 없는 것이다. 이 때문에 IT는, 모든 결정이 성공공식에 부합하는지 확인할 수 있게 해주는 강력한 현상유지 방안이었다.

1980년대 중반 피자헛은 새롭게 부상한 라이벌 도미노 피자를 평가하기 위해 소규모의 팀을 구성했다. 이 팀의 임무는 도미노를 격파하기 위해 무엇이 필요한지를 알아내는 것이었다. 그러나 피자헛의 경영진은 배달 서비스의 시행을 동의하기 전에 이 프로젝트를 따져보기로 했다. 몇 사람이 선택지로 실험하고 싶어 했기 때문이다.

가정배달 팀은 점포평가 개념을 개발하고 거기에 큰 기대를 나타냈다. 경영진도 이 아이디어를 좋아했지만 배달 서비스를 시행할지 여부는 결정하지 못했다. 그러나 도미노가 급성장하는 모습을 지켜본 경영진은 포기하고 싶지 않았다. 배달 서비스 팀이 새로운 직원의 급여명부를 시스템에 올리려고 IT팀에 '배달부'라고 기입하면 되느냐고 물었다. 그러나 IT 책임자는 "배달부라는 항목을 추가하라는 승인을 받지 못했다"라고 대답했다. 결국 모든 프로젝트는 기존의 앉아서 먹는 레스토랑의 성공공식을 보호하려는 현상유지를 위해 몇 주 동안 연기되고 말았다. 경영진은 '예스'나 '노'라고 대답하지 않고 그저 프로젝트가 연기되도록 내버려두었다.

또 다른 예로, 새로 고용된 듀퐁의 전자화상 사업부서장은 운영예산을 포함한 성장 플랜을 개발했다. 논쟁 끝에 예산은 승인되었다. 예산에는 성장에 꼭 필요한 새로운 관리자와 기술자를 고용할 자금도 포함되어 있었다. 그러나 사업부서장이 예산을 쓰기 위해 인사부를 찾아갔을 때 인력 충원 숫자에 대한 승인은 내려온 바 없다는 대답을 들었다. 예산은 적절히 준비되었지만 인력 충원 숫자에 대해서는 승인되지 않은 것이다. 현상유지 역할을 맡은 인사부는 예산과 상관없이 듀퐁의 성공공식에 대항할 수 있는 새로운 고용을 허락하지 않았다.

AM의 영업 책임자는 매출과 수익 목표를 달성하고 싶어했다. 하지만 재무부서는 판매를 위한 품목별 예산을 그대로 유지했다. 예를 들어 영업 책임자가 전체적인 목표를 맞추더라도 수익이 부족하면 보너스를 삭감하는 식이었다. 여기에서 재무는 현상유지 그 자체였고, 영업사원은 성공공식과 부합되도록 상품을 팔아야 한다는 것을 확인시켜 주었다.

모든 회사는 현상유지 방안을 갖고 있다. 제조 책임자들은 고객이 무엇을 원하는지 상관하지 않고 제품개발, R&D, 신제품에 사용할 기술을 지시하고 자신들이 선호하는 기술을 고집한다.

제조 책임자는 어떤 공급자에게 공급받든 간에, 지역적 요구 및 고객요구와 관련된 상품 또는 공장을 지시할 수 있다. 또한 제조 책임자는 공급망 안에서 성공공식이 유지될 수 있도록 비용 목적까지 지시할 수 있다. 조달 책임자는 가격이나 유효성과는 관계없이 성공공식에 순응하라는 명령에 따라 공급자에게 지시할 수 있다.

급류기에 바람직한 고정화

고정화는 성공공식을 반복적으로 활용하고자 할 때 신중하고 계획적인 경영기법이다. 급류기에서 고정화는 좋은 방법이다. 성공공식이 돈을 벌어들일 때, 고정화는 긍정적인 수익을 만들고 확대하면서 성장을 돕는다. 성공공식을 최적화함으로써 고정화는 최소의 노력으로 최대의 이익을 얻게 해주기 때문이다.

그러나 고정화는 성공공식 밖에서 일어나는 일을 알 수 없게 하는 눈가리개를 만들기도 한다. 즉 성공공식의 이행에 그다지 중요하지 않은 활동을 하게 하는 것이다. 최적화를 위한 노력과 효율성을 고수하는 것은 성공공식 밖에서 일어나는 일에는 신경을 쓰지 않겠다는 목표다. 이는 고정화 조직이 성공공식의 성과를 위협하는 환경변화와 떠오르는 경쟁자 및 기술을 파악하기 어렵게 만드는 이유다. 고정화는 회사가 급류기에 있을 때 성장을 돕기 때문에 좋지만, 급류기 이외의 시기에는 성장에 방해가 되고 회사의 눈을 가리는 존재가 된다.

미래가 과거와 가까워질수록 고정화는 비즈니스의 효율적인 성공을 돕는다. 경영자들은 환경이 변하지 않으면 실적도 변하지 않을 것으로 예상한다. 이런 상황에서 경영자들은 현재의 환경 속에서 성장을 개선하고, 과거에 성과를 내던 방식을 최적화하기 위해 성공공식으로 되돌아간다.

그렇다면 환경이 변할 때 무슨 일이 생길까? 생물학적 시스템에서

고정화된 성공공식 때문에 간과된 기회

- 애플은 자사가 뉴턴을 개발해 개척한 PDA 시장을 맥킨토시 판매에 고정화되어 잃고 말았다.
- 제록스는 자사의 R&D 부서에서 개발한 제품이 데스크탑 프린터에서 큰 역할을 하고 있는데도, 대형 복사기 판매에 고정화되어 있었기 때문에 데스크탑 프린터 시장을 잃고 말았다.
- IBM은 개인용 컴퓨터 업계에서 실질적인 개척자 역할을 했다. 그러나 자사의 메인프레임과 중범위 컴퓨터 판매에 고정화되어, PC가 데이터센터 고객의 요구와 상충한다고 생각하고 포기해 버렸다.
- AT&T는 유선 장거리 통신회사로서의 정체성에 고정화되어 있었기 때문에 휴대전화와 데이터 네트워크 시장을 보지 못했다.
- 코닥은 디지털 사진 기술 및 제품의 선구자였지만 필름 시장에 고정화되어 있었기 때문에 디지털 화상 시장에 매우 늦게 합류했다.
- 선 마이크로시스템스는 네트워크 컴퓨터 시장을 선도하고 인터넷을 위한 핵심 소프트웨어인 JAVA 언어를 개발했다. 하지만 네트워크 소프트웨어, 하드웨어, 서비스 시장을 놓쳤다. 자사의 워크스테이션과 서버 판매에 고정화되어 있었기 때문이다.

환경변화로 인해 가장 큰 피해를 보는 것은 기존의 환경에 최적화되어 있는 회사들이다. 말 그대로 가장 성공적인 기업이 환경변화 때문에 가장 피해를 입는 것이다. 왜냐하면 아주 작은 변화조차 기업의 행동과 환경은 강력히 연결되어 있기 때문이다. 오늘날 지구 온난화(원인은 차치하더라도)로 인해 가장 피해를 보는 것은 북극의 기후와 얼음에 최적화되어 살아가는 펭귄과 북극곰들이다.

비즈니스가 회사의 성공공식에 고정화된다는 것은, 곧 성공공식을 구축한 토대가 된 환경에 고정화된다는 말과 같다. 산업 모델, 세율, 용인할 수 있는 경쟁, 가격 책정, 비용, 수익 예측, 리더십 기술,

고정화의 징후

- 다가오는 분기별 예상 수익을 달성하기 위해 새로운 고용과 외판영업이 중단되었다.
- 대부분의 경영진이 유사한 분야에 종사했고 같은 학교를 나왔고 10년 이상 회사에 재직했다.
- 신규채용 공고에 자사 업계에서 일한 경력을 요구한다.
- 새로 고용된 대부분의 관리자나 경영진을 경쟁사에서 데려왔다.
- 이사회가 5년 동안 변하지 않았다.
- 내부 회계규칙이 연금기금과 세금 조정, 감가상각, 분할상환 등을 포함하는 내용으로 바뀌었다.
- 소득은 지난 3년 동안 거의 변함이 없다.
- 당기손익에 따라 미래의 조직 재편성이 좌우된다.
- 회사가 특별 영업 보고서를 요구한다.
- 특허보호를 받지 못한다는 이유르 경쟁력 있는 기술을 무시한다.
- 설비의 성능, 자재비 또는 생산성에 대해 업계의 다른 회사들을 벤치마킹하지 않는다.
- 작은 경쟁자는 성장률이 뛰어남에도 불구하고 무시당한다.
- 경영진이 회사의 성장보다는 얼마나 거대한지만을 이야기한다.
- 새로운 회계 시스템을 설치한다.
- 경영진이 가격을 인상하거나 고객 서비스를 줄이라고 요구한다.
- 전략적 결정이라며 공급자를 정리한다.
- 경쟁사를 합병하는 것에 M&A를 집중한다.
- 지난 3년 동안 자산을 조금도 팔지 않았다.
- 최고의 성장은 외국시장 진입이다.
- 대부분의 신제품은 기존 제품의 변형이다.
- 연구개발 예산이 줄어들었다.
- 판촉과 광고 예산이 과거 제품에 집중된다.

팀 관행 등 모든 것은 성공공식에 둘러싸이는 것이다. 성공공식은 더 좋은 결과를 내면 낼수록 환경과 어울려 더 많이 고정화되고 더 밀접해진다.

고정화는 성장과 효율을 적응력과 맞바꾼다. 공룡은 한때 지구를 지배했다. 환경에 잘 적응하며 작은 동물들을 섭식하며 성공적으로 생존했다. 그러나 환경변화로 최후의 한 마리가 죽을 때 그들의 성공공식도 쓸모없는 것이 되었다. 환경변화는 털이 난 작은 동물들이 적응하기에 더 좋은 추운 환경으로 변했다. 그 결과 작은 동물들은 살아남고 번영했다. 이와 유사하게 거대기업도 작고 새로운 회사들을 먹어치운다. 그러나 환경이 바뀌면 규모만으로 거대기업을 보호할 수 없게 된다. 좀 더 잘 적응하는 새로운 경쟁자들이 번영하고 오래된 경쟁자를 밀어내는 것이다.

모든 비즈니스는 환경의 변화로 인해 노화될 위험을 갖고 있다. 성공공식이 만들어지던 초기 상태에 머물러 있기 때문에, 초기 상태로 변해가는 것은 치명적인 일이다. 초기 상태에서 오랜 시간이 흘러도 고정화는 조직을 초기 상태에서 하던 대로 행동하게 한다. 오래 전 슘페터가 설명했듯이, 사실 취약한 초기 상태로 변해간다는 것은 비즈니스의 빈약한 실적을 말해 줄 뿐이다.

● ○ ●

환경의 급변

제1장의 머리말에서 언급했듯이 러시아의 경제학자 콘트라티예프는

1925년에 경제의 이동은 50~75년의 간격을 두고 기술 이동과 함께 이뤄진다고 주장했다. 또한 제2장의 '성공공식의 가치와 효과'에서 살펴보았듯이 그의 이론은 20세기 초 농업경제에서 공업경제로, 최근의 정보경제로 이동한 것을 잘 설명해 준다. 학자들 간에 언제 정보경제로의 이동이 정확히 이루어졌는지에 대해 논란이 있겠지만 이미 이동이 이루어졌다는 사실에는 이의가 없을 것이다.

공업경제는 오늘날 거의 모든 비즈니스 리더들이 사용하는 경영기법에 의해 떠받들어졌다. 헨리 포드의 조립 라인, 프레더릭 테일러의 시간과 동기를 활용한 과학적 관리법 연구, 앙리 파욜Henry Fayol 의 근대식 경영(계획, 조직, 명령, 조정, 통지), 생산성 향상에 관한 하버드 경영대학원의 호손 연구 등 모든 경영학적 발전은 공업경제에 기반을 둔다. 이 시기는 경영대학원이 유망했고 공업경제는 교과과정까지 지배하며 큰 성과를 거두었다.

그러나 우리는 정보경제 시대로 완전히 진입했고 성공공식과 경영도구를 바꿔야 할 때가 되었다. 업계, 기업, 비즈니스 단위, 기능집단, 그리고 개인의 성공공식은 변화의 요구에 맞춰 개조되어야 한다. 하지만 불행히도 너무 많은 회사들이 이 변화를 견뎌내지 못한다. 리더들도 계속해서 더 이상 우월하지 않은 경제적 가정과 성공공식으로 구속하려 애쓴다. 최근의 비즈니스 기후는 몹시도 불안정하고 불확실하다. 40세 이상의 비즈니스맨들에게는 현대가 너무 고통스러운 것이다.

옥수수의 경제적 가치에 대해 고려해 보자. 19세기에는 토지 소유자에게 가치가 있었다. 이 시기에는 미국 인구의 50% 이상이 농업에 종사했다. 두 사람 가운데 한 사람이 토지 소유자를 위해 일하고 저임금을 받는 것이 상식이었다. 미국의 위대한 서부 개척은 땅을 찾는 사람들을 통해 이뤄졌다.

공업경제로의 이동은 다른 가치를 만들어낸다. 사이러스 매코믹이나 존 디어 Johen Deere 처럼, 생산을 개선한 사람들은 옥수수에서 엄청난 가치를 획득했다. 그 후 80여 년 동안 토지 소유자들이 기계화된 더 넓은 농장에서 가치를 찾아 이동하면서 미국의 '가족형 농장'은 급감했다. 고도로 기계화된 대형 농장만이 1970~80년대 사이 지방 경제의 폭락에서 살아남을 수 있었던 것이다. 2000년에는 1% 이하의 미국인이 농업에 종사하고 있을 뿐이다. 그 동안 장비 제즈업은 크게 번창했다.

오늘날의 곡물 경제는 시카고의 선물거래 시장에서 만들어진다. 땅도 없고 제품 생산수단을 가진 것도 아닌 상인이, 나중에 실제로 곡물을 거래하겠다는 계약서를 제시하는 것만으로도 수백, 수천만 달러를 만들어낸다. 가치의 이동으로 인해 이들 상인은 옥수수 재배자나 토지 소유자들, 또는 옥수수에 관한 정보를 필요로 하는 사람들에게 장비를 제공하고 막대한 부를 챙긴다.

이렇듯 성공공식이 진화하면서 앞선 경제의 성공공식이 만든 가치는 대부분 상실되고 만다. 가치가 새로운 경제를 기반으로 하는 성공공식으로 이동하는 것이다. 물론 농업에 종사하는 사람들이 전혀 벌지 못한다는 뜻은 아니다. 그러나 이 시대의 경제에서 경쟁하기 위해서는 성공공식의 변화가 필요하다.

현대의 농부는 토지를 소유하고 기계화되어 있을 뿐 아니라 세세한 정보까지 관리할 줄 알아야 한다. 또한 이들은 종자나 비료, 토지와 장비를 고르는 것과 마찬가지로 선물거래에도 능숙해야 한다. 장비 제조자들도 정보 유통망에 능숙할 뿐 아니라 철강이나 다른 원자재의 계약에도 능숙해져야 한다. 높은 소득을 올리려면, 자산을 소유하고 생산성 있게 이용해야 하고, 정보 활용에도 더욱 능숙해져야 한다.

대부분의 사람들은 진화의 힘을 1차원으로 생각한다. 그러나 이제는 그렇지 않다는 것을 알아야 한다. 많은 경쟁적 상황이 오랜 시간, 수년 또는 수십여 년 간 안정되어 있다가 어떤 일이 극적으로 벌어진다. 환경은 쉽게 순응하도록 서서히 단계적으로 변화하지 않는다. 갑자기 요동치기 시작한 환경은 극적으로 이동하면서도, 어느 한쪽으로 이동하지 않고 전체적인 균형을 유지한다. 그런데 갑자기 강이 이 '중단된 균형'에 경로를 바꾸는 것이다.

경제의 대가들은 정보경제로의 전환이 '새로운 표준'이라고 말한다. 이 말은 경영자들에게 갑자기 드라마틱한 환경변화의 도래를 알리는 것이다. 한때 평범했던 것은 더 이상 존재하지 않고 '새로운 표준'이 만들어진다. 1995~2005년의 기간 중 공업경제의 삶에서 정보경제로 이동하는 동안 중단된 균형은 아주 새로운 경쟁환경을 만들어냈다.

모든 산업의 성공공식도 이제 변화해야 한다. 피라미드의 기반은 바뀌었고, 고정화된 성공공식은 더 이상 효과를 발휘하지 못한다. 따라서 모든 성공공식은 수정되어야 한다. 그렇지 않으면 결국 슘페터의 '창조적 파괴'에서 말하는 희생물로 전락할 것이다.

4/ 성공의 이면 : 방어확장경영

● ○ ●

왜 경영자들은 수익이 용인될 수 없는 수준일 때조차도 성공했다고 주장하는 것일까? 도대체 왜 그렇게 도산하는 기업이 많은 것일까? 기존의 경영방식이 납득할 만한 결과를 내지 못한다는 사실을 알면서도 경영자들은 왜 경영방식을 바꾸지 않는 것일까? 좀 더 장기적인 성공을 위해 사업체를 더 잘 경영하는 방법을 왜 깨닫지 못하는 것일까?

1980년대까지만 하더라도 미국에서 대학을 졸업한 대부분의 사람들은 한 직장에서 평생 근무할 수 있을 것으로 생각했다. 하지만 이런 암묵적 고용계약은 이제 영원히 다시 찾아볼 수 없게 되었다. 기업이 변화하는 시장에 적응하게 되었기 때문이다. 사기업의 노조 참여율은 1980년대 이래로 50% 이상 감소했고, 블루칼라든 화이트칼라 노동자든 관계없이 구조조정은 어디에서나 진행 중이다. 오늘날 경제신문에는 거의 매일같이 구조조정에 대한 기사가 실리기 때문에, 더이상 경기 침체기에만 나타나는 희귀 현상이라고 보기도 어렵다.

(이는 근로자만의 문제는 아니어서) 사실 어떤 고용주도 일반 근로자의 평균 노동 연한인 40여 년 이상 살아남기 어렵다. 《창조적 파괴》에서 나온 통계를 다시 인용해 보자. 포천 선정 500대 기업이 10년이 지나

그림 4.1 포천 선정 500대 기업이 1,000대 기업으로 생존할 확률

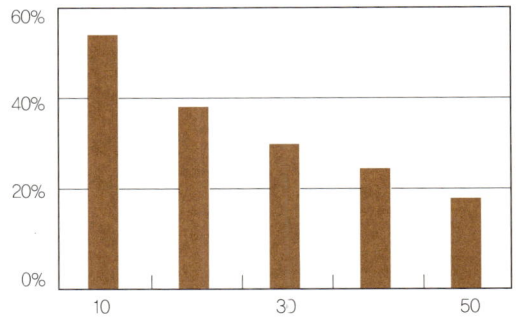

그림 4.2 상장기업들의 도산 건수(1985~2003년)

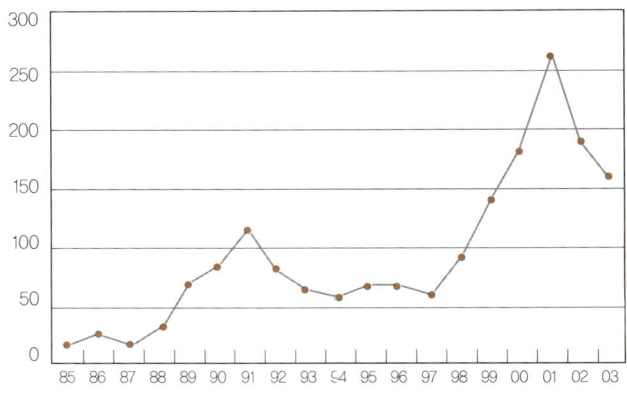

는 동안 1,000대 기업 안에 다시 진입할 확률은 반 정도밖에 되지 않는다. 왕성하게 직원을 고용하는 것으로 보이는, 거대하고 명백히 가장 안정적으로 보이는 500대 기업들도 10년 정도의 반감기를 거쳐 침체기를 걷게 되었다는 뜻이다. 한편 20년 동안 1,000대 기업 안에 여전히 남을 가능성은 40% 미만이며, 40년 동안 생존 가능성은 단지

25% 정도다. 직업 안정성이 점차 떨어지는 것은 노동자의 기술이나 능력 또는 기대가 줄었기 때문이 아니다. 기업의 수명 자체가 점점 더 줄기 때문이다.

주식시장에 공개된 기업들이 파산하는 경우가 드문 시대도 있었다. 하지만 1990년대 후반 정보화 경제시대로 진입하면서 이제 그 파산 기업의 수는 치솟고 있다. 1980년대부터 평균적으로 25개 회사 정도가 파산을 신청했지만, 1990년대 초 그 수는 세 배가량 뛰어올라 75건에 이른다. 1990년대 말쯤에는 도산 신청 건수가 급격히 증가했고, 2001년에는 한 해 동안 250건이 넘었다. 21세기 초에는 150건을 아주 가뿐히 넘어섰다. 불과 20년 만에 도산 건수가 6배로 늘어난 것이다.

대기업의 경우를 더 살펴보자. 1985~87년 사이 10억 달러 이상의 자산을 보유한 주식회사 가운데 파산을 신청한 기업은 6곳이었다. 하지만 2001~2003년 사이 그 수는 105건으로 껑충 뛰어올랐는데, 20년 만에 1,750%라는 경이적인 상승기록을 보였다. 역사적으로 기록될 만한 10건의 거대 도산 사건 중에서 8건이 2001년과 2002년 두 해에 걸쳐서 일어났다.

1990년대쯤부터 MBA 학위 소지자들은 더 좋은 일자리를 찾아 나서야 했다. MBA 학위는 취업의 가능성을 높이고 싶어 하는 인문학 전공자들이 선택하는 상급학위가 더 이상 아니었다. 모든 분야의 학부 졸업생, 심지어 회계, 법학, 의학을 전공한 전문직 종사자들이 대거 MBA에 진학하기 시작한 것이다. 다양한 역할을 맡고 있는 중년의 관리자급 인사들도 MBA 학위를 취득하기 위해 경영대학원의 문을 두드렸다.

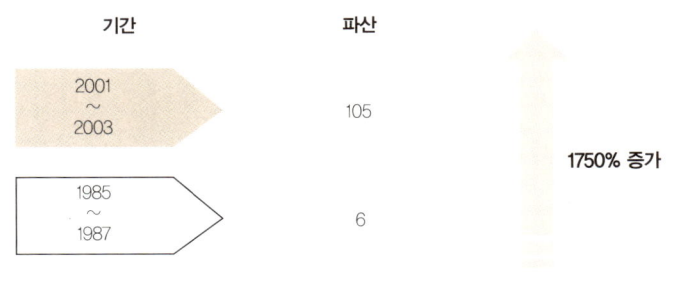

그림 4.3 10억 달러 이상 자산을 보유한 기업들의 파산

그러나 기업들의 실적을 보면, 과연 MBA가 무엇인지에 대해 실망감을 감출 수 없다. 호사가들은 'MBA 출신 고위 경영자의 시대' 라는 말을 하기도 하고, 최초로 MBA 학위자가 대통령이 되기도 했다고 말한다. 하지만 모든 리더들이 그 이전보다 경영을 더 잘 하고 있는지에 대해서는 분명하지 않다. 높은 기업 도산율과 구조조정 추세뿐 아니라 장기적 고용 전망과 연금에서 나타나는 변화의 추이를 살펴보면, 장기적 기업가치창출을 나타내는 지표들은 40년 전에 비해 훨씬 더 나빠졌다.

경영대학원이 자랑스럽게 내세우는 수많은 승진, 그리고 경영대학원에 투자되는 그 엄청난 돈을 따져보면 의문이 생길 수밖에 없다. 정작 왜 뚜렷한 성과는 나타나지 않는 것일까? 의학과 기술 분야에서 인간의 지식이 쌓이면서, 생명을 구하는 일에서부터 교통 및 건설에 이르기까지 모든 것을 이전보다는 확실히 더 잘 하고 있다는 것을 알 수 있다. 이런 분야의 교육은 평균 수명을 늘리고, 더 먼 거리를 여행하면서도 사고율은 현저히 낮출 수 있으며, 더 높은 건물을 더 빠르고 더 안전하게 지을 수 있게 한다. 그러나 유독 경영의 영역에서만큼은 오늘날 경영이 예전보다, 즉 경영 수업에 그토록 많은 투자가 이뤄지기 전보다 장기간의 기업 생존을 담보하는지, 더 높은 수익률을 내는지, 장담할 수가 없다.

우리가 여기까지 오는 동안 잘못된 길로 들어선 것일까?

● ○ ●
방어확장경영의 초점

앞에서 설명했듯이 오늘날 대부분의 경영 신조들은 산업경제에 참가한다는 것을 전제로 만들어졌다. 또한 대부분의 경영교육 역시 성공공식을 정의하고 고정화를 밝히는 데 초점을 둔다.

경영학과에서 하게 되는 전략에 관한 가장 최초의 질문은 "우리는 어떤 비즈니스에 종사하고 있는가?"다. 모든 CEO와 경영자들이 반드시 대답해야 하는 가장 핵심인 이 질문은, 결국 기업의 성공공식이 무엇인지를 정의하라는 요구다. "어떤 것이 효과가 있는가? 어떤 사업이 고객에게 먹혀들었는가? 무엇이 더 효율적으로 경쟁 능력을 나타내는가? 어떤 비즈니스에서 돈을 벌고 있는가?" 이런 질문들은 비즈니스를 시작하는 기업에게 성공공식을 써내려 가도록 돕는다.

'핵심'에 초점을 맞추는 최근의 서적들은 계속해서 성공공식을 정의하라고 재촉한다. 프라할라드와 게리 하멜의 유명한 저서 《미래를 위한 경쟁Competing for the Future》에서는 경영자들로 하여금 핵심역량이 무엇인지 찾아내라고 한다. 그런 다음 어떻게 하면 지렛대 효과를 이용해 그것을 활용할 수 있을지 알아내라고 요구한다. 또한 경영자들에게 성공공식의 핵심요소들이 무엇인지 알아내라고 요구한다. 최근에는 제프리 무어가 자신의 저서 《금지선 위에서 살아남기 Living on the Fault Line》에서 경제적 가치창출에 대해 다음과 같이 정의했다. 즉 기업의 핵심역량이 무엇인지 알아내고 초창기 고객이 필요로 하는 가치를 만들라는 것이다. 그는 핵심역량에 기업 내부의 모든 힘을 다 쏟아 붓고, 나머지는 모두 아웃소싱하라고 조언한다. 이런 방식은 경영자에게 성공공식이 무엇인지 알아내고 그 공식을 고정화하도록 돕는다.

그 후 경영교육은 성공공식을 최적화하는 방향으로 돌아섰다. 성공전략에 초점을 맞추고 최적화하는 것은 짐 콜린스나 마이클 해머 Michael Hammer, 예일대 경영대학장인 제프리 가튼 Jeffrey Garten 등의 비즈니스 대가들이 집필한 인기 있는 경영서의 핵심 주제였다. IBM의 회생에 대해 이야기한 루 거스트너는 자신의 저서 《코끼리를 춤추게 하라 Who Says Elephants Can't Dance》에서 하니웰의 전 회장이자 CEO였던 래리 보시디가 자신의 저서 《실행에 집중하라 Execution》를 통해 주장했듯이 집중의 중요성을 강조했다. 이들은 자원을 좀 더 큰 시장에서 사용할 수 있는데도 불구하고 소규모 시장에서 수익을 좇는 것은 자원의 낭비라고 주장했다. 비생산적인 기술과 서비스를 잘라내는 것은 고객수요를 완전히 이해하지 못했을 때는 사리에 맞는 것이다.

가지치기는 주로 급류기에서 일어난다. 경영자들이 아직 충족되지 않은 고객의 요구를 충족시키기 위해 자원을 쏟아 부어야 하기 때문이다. 자원이 부족할 때는 종종 선택지 역시 제한된다. 평지기가 되면 대부분의 경영자들은 가지치기를 계속하는 것이 사리에 더 맞는다고 생각하게 된다. 가지치기 전략이 고거에 주효했으며, 앞으로도 계속해서 가치를 창출하리라는 결론에 도달하는 것이다. 그들은 맨 처음 성공공식을 고정화하기 위해 가지치기를 하고, 비용을 줄이고 줄어든 비용을 유지하기 위해 계속해서 가지치기를 더 하는 것이다.

대부분의 경영자들은 성공공식 틀 안에서 비즈니스를 운영하기 위해 '선택과 집중'이라는 사고방식에 적응하도록 교육과 경험을 통해 훈련받아 왔다. 중간 관리자들은 고정화에 도전하지 않으면서 가지치기와 비용절감을 잘 하면 승진할 수 있다는 것을 알게 된다. 만약 중간 관리자가 고정화나 성공공식에 도전한다면 그는 무익한 사람으로 간주되기 쉽다. 정말로 뛰어난 성과를 내더라도 그렇게 보인다. 이들은 위험을 너무 많이 감수하려 하고 예측 불가능한 사람으로 보이기 때문에 '경영진의 일원'이 되기에는 부적합한 사람으로 간주되는 것이다.

IBM에서 윈텔 PC를 만든 팀은 그 드라마틱한 혁신방법을 조직에 도입한 지 얼마 지나지 않아 조직을 떠나야 했다. 그들은 '잠재력이 뛰어난' 관리자로 인정되지 않았다. 그들이 개발한 PC는 놀라운 성공을 거뒀다. 하지만 기존의 틀 안에서 개발된 것이 아니었기 때문에 조직 어느 곳에도 쉽게 녹아들어갈 수 없었다. PC를 개발한 그 팀이 거둔 경이로운 성공은 조직의 정상으로 올라가는 길이 아닌 것으로 판명됐다. 오히려 조직을 떠나게 만든 지름길이 되어버렸다.

비용이나 ROI 분석과 같은 재무적 기술을 능수능란하게 활용할 줄 아는 것은 종종 고위 경영자들이 반드시 갖추어야 할 조건처럼 보인다. 이들은 현상 유지 감시자의 역할을 하기도 하고 조직 내에서 이미 지배적으로 자리잡은 전략을 실행하기 위해 재무적 지식을 활용한다. 이는 최고경영자들이 지녀야 할 핵심 능력이다. 선택지를 줄이고

'위험한' 프로젝트를 취소시킬 줄 알아야 '숙련된' 사람으로 여겨진다. '터프한' 이라는 말은 아웃소싱과 구조조정 등을 포함한 가지치기 전법을 잘 구사하는 유능한 경영자를 지칭하는 긍정적 형용사다.

집중하고, 최적화하며, 가지치기 전법을 잘 구사하는 것이 결국 방어와 확장경영 방식이다. 역사적으로 보면 방어와 확장은 비즈니스의 도전과 위협에 대응하는 방법이었다. 방어와 확장을 고수하는 경영자들은 빠르게 수익을 증진시키기 위해 고정화를 활용한다. 그런 다음 기존의 성공공식을 통해 경영상의 문제를 모두 해결하려고 시도한다. 문제를 모두 외적인 것으로 간주하고, 모든 해결책은 성공공식을 잘 운영해 조직 내부에서 찾을 수 있으리라고 기대한다. 즉 성공공식이 문제의 근원이라고 생각하지는 않고, 단지 문제를 해결하는 방식이 될 것으로 확신하는 것이다.

한편, 대부분의 경영자들에게 방어와 확장방식은 개인을 성공으로 이끄는 지름길이었다. 방어와 확장방식은 채용단계에서부터 구사된다. 고용을 원하는 지원자들이 지원할 때부터, 고용주의 성공공식을 보호하기 위해 어떤 방식으로 서약하는 것이 좋을지를 고민하기 때문이다. 지원자들은 성공공식이나 고정화 또는 현상유지 방안에 도전하지 않는다. 이렇게 방어와 확장방식의 경영은 계속 강화되고 또 널리 권장된다. 그리고 결과가 어떻든 상관없이 그 방식을 고수했다는 이유만으로 연봉이 올라간다.

방어와 확장경영이 가져다주는 문제로 인해 사내에는 각종 정치행위가 만연해진다. 성과를 측정하는 기준이 결과 위주에서 고정화와 성공공식을 보호하는 쪽으로 변할 때, 모든 사람은 영향을 받을 수밖에 없다. 각 팀과 개인은 나름의 성공공식을 갖고 있게 마련이다. 그

행복한 해리를 계속 고용하는 이유

만약 어떤 기업체의 직원들이 모두 '뛰어난 자질'을 갖고 있지 않다고 가정해 보자. 조직은 어떤 기준으로 승진 리스트에 올릴 사람들을 골라내는 것일까?

행복한 해리는 비즈니스의 성공공식, 자신의 직능 그룹, 팀, 그리고 리더의 속성에 대해 잘 이해하기 때문에 성공한 조직원이다. 그는 고정화를 잘 안다. 행복한 해리는 이런 것들 중 어느 것 하나도 바꾸려 하지 않았다. 비록 그의 업무성과가 뛰어나지 않더라도(아마도 그의 성과가 좋을 가능성도 거의 없지만) 그는 '성실하고 충직한' 직원으로 인식되며, 어느 누구도 그가 작성한 성과 보고서에 대해 트집을 잡지 않는다. 행복한 해리는 조직에 딱 '들어맞는' 사람이며 주변의 모든 사람을 편안하게 해주기 때문에, 조직에서 계속 살아남을 수 있을 뿐 아니라 승진까지 한다.

하지만 그는 조직이 사용하는 비용을 조작하다가 현장에서 걸릴 수도 있다. 또는 회사의 정책을 의도적으로 어길 수도 있다. 그러나 그는 자신의 행위가 엄격히 말하면, 규칙을 위반한 것일지는 몰라도, 결국은 성공공식을 고수하기 위해 행해진 일이라고 설명할 것이다. 그러면서 회사 측의 가벼운 질책 정도만 듣고 상황을 모면하며 잘 빠져나갈 것이다. 결국 회사는 고정화로 인한 덫에 걸려든 것이다. 조직이 이런 '행복한 해리'로 가득차면 조직의 리더들은 왜 성과가 개선되지 않고 결과도 좋아지지 않는지 궁금할 것이다.

런데 성과 측정의 기준이 성공공식을 얼마나 잘 방어하고 확장하느냐로 바뀌면, 방어와 확장방식을 고수하려는 관리자는 결과와 상관없이 보수를 올려 받거나 승진할 것이다. 결국 성공공식을 보호하기만 하면 보수를 올려 받거나 승진이 가능하다는 사실을 알게 되고 성과에는 신경을 덜 쓸 수밖에 없다. 직원 개인의 성공은 결국 '방어와 확장'을 고수하느냐의 여부에 따라 달라지기 때문에 승진제도와 연봉등급제는 정치화한다.

우리 사회는 그 동안 이런 방식으로 방어와 확장경영을 고수하는 경영자들을 길러냈고, 또 그들에게 보상해 왔다. 그래서 이런 관행이 오늘날 경영의 가장 핵심적인 방법으로 자리잡은 것은 그리 놀라운 일이 아니다.

● ○ ●

방어와 확장경영으로 가는 길

모든 사업체는 고정화가 성장에 유리하다고 본다. 그러나 성장이 둔화되고 방어와 확장방식이 더 이상 원하는 결과를 낳지 못할 때에도, 왜 계속해서 고정화를 활용하려고 하는 걸까?

잘 훈련받은 경영자들도 종종 방어와 확장방식을 모든 환경에서 다 활용 가능한 방식으로 간주하는 경우가 많다. 방어와 확장에 기초한 교육을 받으면서 전문경영인으로서의 삶을 보냈다면, 그가 어떤 스타일이든 고정화에 편안함을 느끼고 이를 보호하며, 결과가 어떠하든 간에 방어와 확장만이 바람직한 경영방식이라고 간주할 것이다. 고정화는 단지 급성장 단계에서만 유리한데도 대부분의 경영자들은 기업이 어떤 단계에 처했든 상관없이, 성과를 올리기 위해 기존의 성공공식을 고수하려 든다.

고정화가 기업의 초기 성장을 돕는다는 것을 실제로 목격한 경영자들은 결국 고정화에 묶여버려 선택 가능한 다른 선택지를 제한한다. 그들은 복종과 자동화를 바람직한 것으로 여기는데, 이 두 가지

아르마딜로 현상

아르마딜로는 매우 단단한 껍데기를 갖고 있는 동물인데, 그 껍데기는 몸을 보호하는 데 아주 유용하다. 아르마딜로는 공격당하면 딱딱한 껍데기로 몸을 보호하기 때문에, 상대가 아무리 강하게 공격해도 자신을 보호할 수 있었다. 이 전략은 잘 먹혀들어가는 듯했다. 적어도 텍사스 서부의 도로를 한밤중에 건너려고 할 때까지는 말이다. 캄캄한 어느 날 밤 아르마딜로는 도로를 건너려다 시속 100킬로미터로 질주해 오는 자동차를 보았다. 아르마딜로는 지금까지 늘 사용하던 과거의 고정화 방식에 의존하여 그 자리에 몸을 감싸고 주저앉았다. 그러나 빠른 속도로 달려오느라, 어두운 도로 위의 아르마딜로를 알아보지 못한 운전자로 인해 처참하게 죽고 말았다.

아르마딜로에게 좋은 성공공식으로 비친 그 방법이 실은 자신의 목숨을 위협하는 것이었다. 위협에 대한 아르마딜로의 대응방식은 그 방법이 이전에 얼마나 잘 먹혔었는지에 의존하고 있었을 뿐이다. 지금 직면한 그 특정한 위험에 얼마나 효과가 있을지를 전혀 고려하지 못한 것이다. 누군가 아르마딜로를 보고 있었다면, 얼른 그 길에서 벗어나도록 조언했을 것이다.

전략이 더 나은 결과를 낳을 것으로 생각하기 때문이다. 따라서 고정화는 항상 좋은 것으로 여겨진다. 당연히 고정화를 방어하고 확장하는 것은 가장 중요한 임무라고 여긴다. 그들은 새로운 해결책을 찾는 것이 성과 향상을 위해 반드시 필요한 것으로 보일 때일지라도 선택지를 제한하는 것이 '현명한 경영' 이라고 본다.

이렇게 되면 가지치기 전법은 규칙 없이 마구 진행된다. 방어와 확장방식의 경영자들은, 장기적인 성공은 결국 단기적인 관점에서 가지치기를 얼마나 잘 하느냐에 달려 있다고 본다. "단기적인 성과에 주목하라. 그러다 보면 장기적인 성공은 자연히 따라올 것이다"라는 것이 이들이 갖고 있는 관점이다 또한 고정화가 모든 문제를 해결해 준다고 보기 때문에 가능한 모든 것을 다 줄이고 잘라내려 한다. 이런 가지치기가 가져다주는 혜택은 끝이 없다고 본다. 이런 가지치기가 끝없이 계속 이뤄져서 결과적으로 단 하나의 고객, 단 하나의 상품, 단 하나의 종업원만 남게 되어도 상관없다는 식이다.

너무 많은 경영자들에게 방어와 확장전략, 고정화의 힘이 강력해서 그 공식을 사용하지 않을 수 없게 되어버렸다. 그들은 급류기에 들어가기 전인 수원기에 있을 때부터 이미 성공공식을 정의하고 고정화를 확인하려 한다. 급류기에 머무는 동안에는 시장이 자연적으로 고정화 요소를 정의하도록 그냥 두지 않고 경영자가 직접 만들려고 한다. 또한 그들은 성공을 다루기 위해 직접 비즈니스 계획을 수립하고, 전문가 교육을 위해 방어와 확장기술을 사용한다.

성공공식과 고정화가 급류기에서 효과를 발휘하는 것은 사실이다. 하지만 만약 수원기에까지 적용한다면 비즈니스 실패를 가져오는 주요 원인이 될 것이다. 방어와 확장방식의 유혹은 방어와 확장전략을 적용하라고 요구하는 투자자들로 인해 확산되는 측면도 강하다. 하지만 많은 경영자들이 너무 초기단계에서부터 고정화의 유혹을 받음으로써, 시장에서 큰 성공을 거둘 수 있는 뛰어난 아이디어를 고사시키는 경우가 많다.

교통이 혼잡한 주요 도심의 재거발 지역에 레스토랑을 열 만한 곳을 발견한 어느 기업인의 이야기를 살펴보자. 재개발 사업 후에 도심이 고급 주택단지로 변모되면 큰돈을 벌 것으로 예측해 임대계약을 체결했다. 채식주의자인 그는 젊은 사람들 사이에서 채식 위주의 식단에 대한 인기가 급격히 높아지는 트렌드를 감지하고, 채식 위주의 레스토랑을 열 계획으로 투자자를 모으기 시작했다.

그러나 레스토랑을 열고 나서 그는 매우 고전했다. 단골손님이 별로 없었기 때문이다. 그는 식당 앞에 서서 지나가는 사람들에게 공짜 샘플 음식을 나누어주며 들어와서 식사하게끔 했다. 새로운 메뉴를 개발하고 점심식사의 가격도 낮췄다. 저녁에는 저가의 다양한 음식을 제공했다. 주류판매 자격을 취득해 바를 만들고 라디오에 광고를 내보냈다. 뿐만 아니라 지역에 거주하는 사람들에게 직접 이메일을 보내 광고를 했다. 그러나 이런 경영상의 마케팅 기법이 매우 뛰어났음에도 불구하고 식당은 망하고 말았다.

이 기업인이 선택한 방식이나 마케팅 기법을 보면 창업단계에서는 '베스트 사례'로 뽑힐 만하다. 하지만 불행히도 오류로 가득한 성공공식을 보호하기 위해 방어와 확장방식에 기인한 행동뿐이었다. 이 기업인은 투자자들에게 자신의 실패는 운이 나빠서였거나 타이밍이 안 좋았기 때문이라고 설명할지도 모른다. 하지만 실제로 그가 저지른 잘못이 있다. 그가 선택한 음식 스타일이 그 지역에서 성공하기엔 어려운 것이었다는 점이다. 성공공식(또는 애초에 세운 계획)을 바꿔 그 지역이 가진 가치를 최대화하기보다는, 자신이 수립한 계획만을 고수하려다 보니 결국 망하게 된 것이다. 그가 채식전문 가게를 영영 닫고 난 후 바비큐 식당이 같은 자리에 들어섰다. 그 식당은 마케팅 방식도 조잡했고 광고도 내보내지 않았지만 장사만은 아주 잘됐다. 이것만 봐도 애초의 문제가 무엇이었는지 잘 드러난다.

방어와 확장경영이 정말로 효과를 발휘하는 것처럼 보이는 시기는 급성장 패턴이 어느 순간 멈춰 성장률이 정체되는 때다. 연이은 성공적 결과에 취한 경영진은 갑자기 나타난 성장률 저하를 해결해야만 한다. 이런 상황에서 나타나는 가장 일반적인 반응은 (그 중에서도) 주식회사일 경우 '전문 경영자'로 교체하는 것이다. 이사회에서는 막다른 골목으로 내몬 고정화가 무엇인지 이해하려 하지 않고, 형편없는 결과를 해결해 줄 새로운 리더를 찾는다. 그러나 이런 조치들이 성과를 형편없이 만들고 시장에 새롭게 등장한 도전을 항상 해결해 준 것은 아니다.

교체된 경영진과 이사회는 결국 '배의 방향을 새롭게 바꾸고' 수익 곡선을 원래대로 회복시키도록 즉각적인 변화를 만들어낼 수 있는 누군가를 찾을 뿐이다. 결국 경영진은 시장의 도전에 응했다기 보다는 악화된 결과에 제한적으로만 대응한 꼴이다. 성과가 악화되었을 때 근시안적으로 가장 빠르게 대응하는 방법은 방어와 확장경영 방식을 구사하는 것뿐이다.

방어와 확장방식을 구사하는 경영자들은 가지치기와 무언가를 중단하는 것 외에는 더 잘 하는 전략이 없다고 봐도 무방하다. 이들은 상품개발뿐 아니라 장기적인 곤점에서 세워둔 모든 계획을 중단하고, 광고를 줄이고 마케팅을 중단한다. 또한 가능한 한 비용을 최소화하기 위해 아웃소싱을 한다. 채용 담당자와 인사부에서는 감원 또는 비용절감 전략을 재빨리 구사한다. 그리하여 기존의 성공공식을 손상시키지 않고서도 이전에 내던 성과를 그대로 다시금 살릴 수 있는 누군가를 고용하려는 것이다.

일반적으로 방어와 확장경영을 고수하는 데에는 또 다른 이유가 있다. 대부분의 경영진과 각 팀에 속한 직원들이 고정화를 즐긴다는 것이다. 방어와 확장방식을 고수하는 경영자가 나타날 때 고려할 수 있는 선택지는 크게 줄어든다. 이에 따라 의사결정은 상대적으로 신속히 내려질 수 있다. 효율성이 높아지는 것이다. 선택될 선택지가 옳았는지에 대한 논의가 부차적으로 이어질는지는 모르지만, 어쨌든 생산성은 의심할 여지없이 개선되는 셈이다. 이런 경영자를 따르는 사람들에게는 상황이 덜 복잡해진다. 자신의 운명을 어떤 다른 사람이 결정하도록 맡긴 채, 나중에 문제가 생기면 의사 결정자들을 비난하는 것은 (비겁하지만) 너무 쉽다. 조직에서 실무자들이 해야 할 일은 경영자의 전략을 실행하는 것뿐이다. 결과에 대한 책임에서는 면죄부를 받는 셈이다.

인간의 뇌 구조는 예측 가능성이 높은 곳에 이끌리게 마련이다. 우리는 모호함을 두려워한다. 어떤 이들은 그것에 대한 두려움의 정도가 심하다. 대부분의 경우 미지의 대상을 두려워하는 것은 실패에 대한 두려움보다 훨씬 더 크다. 불확실한 조건에서 만들어지는 불확실한 결과와 더불어 살아간다는 것은 성공의 가능성을 제약할 수 있다. 그리고 잘 알려진 환경 속에서 살아가는 것보다 훨씬 더 스트레스가 쌓이는 일이다. 인정하지 않을지 모르지만 대부분의 사람들은 앞으로 어떻게 될지 알고 나서 일을 시작하고 싶어한다. 가이드라인도 없고 결과에 대한 개념도 전혀 없는 대안에 함부로 뛰어들기는 어렵다. 그래서 목표를 달성할 수 없다는 사실을 알면서도 원래 하던 대로 하려고 한다. 결국 우리 인간은 '비전'을 제시하고 앞으로 나아갈 길을 확실히 보여주며, 명확한 운영 원칙을 제시하는 방어와 확장전략을 고수하는 경영자를 따를 수밖에 없는 것이다.

우리가 아무리 최선의 노력을 하더라도 의식적인 수준에서까지 잘 운용할 수는 없다. 가정은 세상을 해석하는 방식에 영향을 미치고 반

모호함의 기피

워싱턴 소재 민간연구기관인 랜드 코퍼레이션의 애널리스트로 유명한 대니얼 엘스버그Daniel Ellsberg는 1971년 《펜타곤 보고서The Pentagon Papers》를 출간하여 베트남 전쟁에 관한 미국 국방부의 내부 기록을 폭로한 적이 있다. 그러나 이 일이 있기 전에도 그는 이미 '모호함의 기피ambiguity avoidance'라는 엘스버그의 역설을 내놓은 유명한 경제학자였다.

당신 앞에 두 개의 항아리가 있다고 하자. 그리고 각각의 항아리에는 100개의 공이 들어 있다는 정보를 알고 있다. 첫 번째 항아리에는 빨간색 공 50개와 검은색 공 50개가 들어 있다. 두 번째 항아리에는 빨간색 공과 검은색 공이 들어 있지만 그 비율은 알 수 없다. 이런 상황에서 당신이 검은색 공을 꺼낸다면 1달러를 받을 수 있다. 자, 그렇다면 어떤 항아리를 선택하겠는가? 두 번째 항아리에는 100개 모두가 검은색일 수도 있고 100개 모두 빨간색일 수도 있으며, 어떤 조합이라도 모두 가능하기 때문에 수학적으로 이 확률은 무작위다. 그러나 대부분의 사람들은 50 대 50의 비율을 갖고 있는 첫 번째 항아리에 손을 넣는다.

이제 당신은 첫 번째 항아리에서 검은색 공을 꺼내면 0.9달러를 받을 수 있다고 하자. 그러나 만약 두 번째 항아리에서 검은색 공을 꺼낸다면 1달러를 받게 될 것이다. 수학적으로 당신은 두 번째 항아리를 선택하는 것이 맞다. 왜냐하면 항아리 내의 공의 분배 비율을 모르는 상황에서 두 번째 단지가 더 좋은 결과를 낳을 수 있기 때문이다. 그러나 대부분의 사람들은 이 상황에서도 역시 50대 50의 비율로 알려진 첫 번째 항아리를 선택한다. 현명하지 못한 선택을 하는 것이다.

실제로 사람들에게 두 번째 항아리에 49개의 검은색 공과 51개의 빨간색 공이 들어 있다고 이야기해 주어도 대다수 사람들이 고르는 선택지는 결국 첫 번째 항아리라고 한다. 상정이 가능한 거의 대부분의 시나리오에서 사람들은 모호한 항아리보다는 비율이 정확히 알려진 항아리를 선택하는 경향이 크다고 한다.

여러 차례 다른 형태로 바꾸어 이 실험을 행하고 나자, 학자들은 사람들이 이처럼 모호함을 혐오하는 현상은 책임감이라는 부담에서 벗어나고자 하는 현상으로 설명할 수 있다고 보았다. 후에 자신의 선택에 대해 해명을 해야 할지도 모른다는 근심에서 사람들은, 결국 자신이 기존에 제일 잘 알고 있는 선택지를 고르게 된다는 것이다. 이는 그 선택지가 성공확률이 높아서가 아니라 단지 더 잘 해명할 수 있기 때문이다.

응하는 방법에도 영향을 미친다. '확증의 치우침confirmation bias' 은 가정에 대응해야 한다는 점을 간과하면서 성공공식을 강화하는 자극만을 받아들이도록 만든다. 그 결과 우리 정신에는 맹목적 지점이 생긴다. 이렇게 되면 다른 것은 아무것도 볼 수 없게 되고 방식을 바꾸어 다르게 선택해야 한다고 지칭하는, 너무나 명확한 증거까지 부인하게 된다. 확증의 치우침은 기존 세계에서 모순이 넘쳐나도 기존의 성공공식을 방어하고 확장하기 위한 사실들만 인식하게 하고 그것을 강화하게 만든다.

방어 및 확장경영은 뉴턴의 학설에 근거한 것이다. 뉴턴은 불변하는 것들을 증명했고, 우리는 나무에서 사과가 어떻게 떨어지는지 예측할 수 있다. 그러나 우리는 종종 변하는 것들을 간과하는 경향이 있다. 실제로 변하는 것들이 많기 때문에 우리는 불변하는 것들을 설명하기 위해 상대적 이론이 필요하다. 경영의 영역만큼 더 들어맞는 영역도 없을 것이다. 비즈니스 세계에서, 특히 정보화 사회의 도래 이후로 변하지 않는 것은 거의 없다.

(비즈니스) 불멸의 신화는 결국 경쟁 및 시장 상황이 안정적으로 유지된다는 근거에 기반을 두어 세워졌다. 동일한 조건이라면 가장 규모가 큰 경쟁자가 가격과 경쟁을 통제할 수 있다. 그러나 비즈니스 환

경은 우리의 결정 속도보다 더 빨리 변화한다. 그대로 유지되는 것은 거의 아무것도 없을 정도다. 경정자들도 계속해서 변화하기 때문에 기존의 결정을 방어하거나 연장하려는 시도는 결코 뛰어난 성과를 올리지 못한다.

또한 모든 변수를 통제하려는 경영자들의 욕구 탓에 방어와 확장 경영이 이뤄지기도 한다. 너무 많은 것들이 변하면 경영자는 조직 내부를 변하지 않도록 유지하고 싶어할 것이다. 고정화를 공격적으로 추구함으로써 선택을 제한하면 변수는 눈에 띄게 줄어들 것이다. 그러나 이것은 왠지 모든 것이 더 좋은 쪽으로 갈 것이라는 근거 없는 위안이 될 뿐이다. 시장이 완전히 새로운 방향으로 급변할지 모르는데, 방어와 확장방식의 경영자는 자신이 배를 통제하고 있다고 확신하게 되는 것이다. 배는 가라앉을지 모르지만 적어도 자신의 통제 아래 놓여 있기 때문이다.

기계적인 리더들은 시장을 예측하는 경우 복잡한 것보다는 예측 가능한 방어와 확장 방식을 선호한다. 예를 들어 IT 관리자는 기존의 체계를 고수하고 다른 체계를 사용하는 것은 제한한다. 인사부서에서는 막연하게 정리된 역할이나 업무, 급여체계, 보고체계 등을 새로이 개발하는 것보다 치밀하게 설계된 업무, 엄격한 급여체계, 고정화된 복지혜택 계획, 행동을 규정하는 엄격한 고용규칙 등을 훨씬 더 편안하게 느낀다. 왜냐하면 할당된 역할, 팀 구성, 보상계획, 보고체계 등이 명확히 규정되면, 변동 가능하고 유연하게 구성된 것보다는 개인의 행동을 더 쉽게 예측할 수 있기 때문이다. 물론 오늘날 노동자들뿐 아니라 경쟁자들도 덜 구조화된 환경에서 생산성이 높아진다는 사실을 안다. 하지만 쉽게 이행할 수 있는 제한요소를 개발하는 쪽이 훨씬 더 쉽다. 경영자들은 경쟁을 통해 목표를 달성하거나 초과하기보다는 고정화에 따라 정의된 기존의 역할을 지속하는 것을 선호한다.

투자자, 고용인, 주식보유자, 거래처, 그리고 심지어 고객들까지도 비즈니스를 전망하기 위해 투자분석을 본다. 기업 경영자가 이들에게 비즈니스를 더 쉽게 설명하도록 돕는 역할은 애널리스트들이 수행한다. 이에 따라 애널리스트들은 컴퓨터를 이용해 비즈니스를 예측하는 모델을 개발하게 되었다. 그러나 엄청난 양의 데이터를 기반으로 하는 이런 정교한 모델을 이용하다 보면, 경영 세계에 대한 가정이 약간만 변화해도 컴퓨터가 만들어낸 예측 워크시트가 무가치해질 수 있다는 명백한 사실을 간과하게 된다. 그럼에도 불구하고 상대적으로 적은 수의 가정만을 통해 비즈니스 성과를 예측하도록 다양한 워크시트를 제공하는 기술적 애널리스트들을 계속 고용하는 경영자에게는 훨씬 더 높은 점수가 주어진다.

게다가 투자 분석가들은 보통 1년 또는 2년 간의 성과보다는 3개월 정도의 성과를 예측하는 데 훨씬 더 큰 관심을 보인다. 그러나 방어와 확장방식은 특히 단기간의 성과 예측에 유리하다. 즉각적인 인원 감축, 생산 라인 감축이나 광고를 줄이는 등의 관행은 쉽게 실행 가능하기 때문이다. 새로운 비즈니스에 진출하는 등의 전술은 정확한 예측이 어렵기 때문에 분석가들의 비평이 호의적이지 못할 수 있다. 알 수 없는 변수들이 많고 일정이 길어질수록 예측 정확도는 떨어지기 때문이다. 애널리스트가 원하는 것은 바로 정확도다. 예측이 적중한다면 애널리스트는 훌륭하다고 인식된다. 또한 성과가 어떻든 상관없이 높은 예측 가능성과 일관성을 보여주는 방어 및 확장경영자들은 좀 더 실험적인 성향을 보이는 경영자들에 비해 훨씬 더 높은 점수를 받는다. 거의 대부분의 연구에서 자산변동 전망은 단순히 기술적으로 벽에 다트를 던지는 것과 다를 바가 없다고 말하는 것을 기억해 보자. 그러나 그런 유의 정보는 미래에 대한 모호함을 없앨지는 모르지만, 투자 성과를 근본적으로 개선하는 것은 절대로 아니다.

● ○ ●
방어와 확장경영의 결과

방어와 확장경영이 고정화를 추종하도록 하기 때문에 조직에는 결국 혁신을 잠재울 수 있는 사람들만 남게 된다. 현상을 유지하기 위한 감시자 역할에 익숙한 재무 전문가는 끊임없이 새로운 아이디어의 위험성을 강조할 것이다. 그러면서 전통적인 투자방식을 통해 확실히 보증된 수익을 더 추구하자고 주장할 것이다. 아마도 혁신을 추진하려는 사람들은 거의 대부분 이런 말을 듣게 될 것이다. "좋은 생각이긴 하지만 재무 담당부서가 허락하지 않을걸세."

　반대하는 부서는 실상 재무부가 아니라 인사부가 될 수도 있고 법무팀이 될 수도 있으며, 상품개발 부서 외의 어떤 부서라도 반대하는 부서가 될 수 있다. 조직 내부에 초점을 맞춰 비용절감 방식을 추구하는 것은 외부로 눈을 돌려 새로운 기회와 아이디어를 찾는 것보다 훨씬 더 성공공식을 강화하기 쉽다. 연구, 상품개발, 마케팅 부서 등을 계속 줄이다 보면 혁신 능력은 저하될 수밖에 없다. 또한 매출감소는 감원으로 이어져 결국에는 혁신을 이야기할 사람이 조직 내부에 거의 남지 않게 된다.

혁신을 주장하는 사람들을 해고하는 관행이 일단 시작되기만 하면, 그것은 자체만으로 더 강화되는 경향이 있다. 이로 인해 나타나는 즉각적인 수익 증진이 너무도 직접적이고 예측 가능하기 때문에, 마치 마약을 흡입하는 것과 같은 효과가 있기 때문이다. R&D 팀을 더 많이 해고할수록 투자를 위해 개발되는 새로운 프로젝트 수는 더 줄어든다. 광고 담당자들이 더 많이 잘릴수록 진행되는 광고 프로그램은 줄어들 수밖에 없다. 절감으로 인한 단기적인 효과가 강화됨에 따라 절감 관행은 만연되고, 심지어 엄격한 규칙이 되기도 한다. 이에 따라 성공공식은 단단히 구축되어 도전받지 않게 된다.

AM이 부도 위기에 처했을 때 이사회에서 경영자를 교체하는 것은 예측 가능한 일이었다. AM이 평지기에 이르게 된 데 대해 책임을 진 사람들을 내보내고, 비용절감과 효율성 증진을 염두에 두고 일할 새로운 경영자가 들어왔다. 기존의 서류 위주로 업무를 진행하는 경영자를 교체하여, 손익을 증진시키는 데 경험이 풍부한 MBA 출신 전문 경영인을 새로이 채용했다. 몇 달 안에 이사회는 손익계산서상의 수익이 높아진 것을 보게 되었다. 하지만 회사의 매출총액이 감소해 결국 회사가 고사하는 데는 몇 년이 채 걸리지도 않았다.

AM에서 당시에 새로운 프로젝트는 모두 취소되고, 이에 따라 현금 보유는 개선되었다. 연구개발 부서는 폐쇄되었는데, 새로운 경영자가 인쇄기술은 이미 '성숙되었고', 따라서 더 이상의 개발은 가치가 없다고 공포했기 때문이다. 당시 AM의 시장점유율은 업계 내에서 가장 높았고 가장 잘 알려져 있는 회사이기도 했기 때문에, 광고는 더 이상 필요하지도 않다고 여겨져 광고 계획도 전면 취소됐다. 매출분석 결과에 따르면 구매 계층의 상위 20%가 전체 회사 매출의 80%를 차지한다는 결론이 나왔기 때문에, 영업 부서는 이들 상위 계층에 더욱 집중하기 위해 합병 정리되었고(이 말은 50% 정도 감축되었다는 걸 좋게 표현한 것에 지나지 않는다), 결과적으로 고객층의 하위 50% 정도는 전혀 신경 쓰지 못하고 방치하게 되었다. 매출 상위 고객들의 구매 패턴을 분석해 보니 특정 상품만을 반복해서 구입한다는 결과가 나왔기 때문에, 경영자는 판매량이 적은 제품은 생산을 줄였다. 결국 이는 자재관리, 생산, 그리고 마케팅의 인력감축으로 이어졌다. 재빠른 방어 및 확장 행동은 수익과 현금 보유의 측면을 즉시 개선하는 효과를 보였지만, 결국 AM이 향후 누릴지도 모를 미래의 기회를 모두 감축시키는 결과를 낳았다.

방어와 확장방식의 경영자는 클레이턴 크리스텐슨이 저술한 책 《성공기업의 딜레마 The Innovator's Dilemma》에서 묘사한 대로, 오로지 현상을 유지하는 정도의 투자만 할 뿐이다. 기업의 모든 활동이 구식의 성공공식을 유지하는 데 초점을 두어야 한다고 보기 때문에, 어떤 파괴적인 조처도 고려될 수 없다. 고정화에 도전하는 것은, 결국 즉각적인 비용 개선을 방해하는 것이므로 용납되지 않는다. 이것이 사모투자가 현금 보유 흐름에 있어 그토록 급속한 개선을 나타내는 한 가지 이유가 될 수 있다. 새로운 투자자들은 현상 유지를 할 수 없을 것으로 예측된다면 그저 투자의 꼭지를 돌려버린다. 이들은 현금 보유에 관심 있는 사람들이지 기업의 경쟁력을 강화시키기 위해 시장을 일시적으로 혼란에 빠뜨리도록 만들고 싶어 하는 사람들은 아니다.

시어스는 한때 미국에서 가장 거대한 소매 유통업체였고, 또한 가장 혁신적인 집단이기도 했다. 시어스에서 맨 처음 카탈로그를 통한 우편판매 방식을 개척했다. 그리고 이 업체에서는 신용카드와 은행, 그리고 보험 업무를 모두 하나로 통합한 원스톱 금융 서비스를 개척하기도 했다. 한때 미국의 쇼핑몰 운동의 리더 격이었으며, 독립 업체를 따로따로 운영하는 것보다 업체들을 한 곳으로 모아놓으면 토지 및 마케팅 비용을 절감할 수 있다는 것을 이해한 기업이기도 했다. 하지만 1970년대에 시어스는 대중 양판점GMS으로의 입지에 고정화되었고, 향후 20년 동안 월마트나 타깃과 같은 할인업체에 대중 소매업체의 입지를 서서히 빼앗겼다.

후에 에드 램퍼트가 도산한 K마트를 인수하고 나서 시어스도 사들였다. 그러나 그의 합병 이후 계획은, 시어스가 좀 더 경쟁력 있는 소매업체가 되도록 다시 활력을 불어넣는 것이 아니라, 그 대신 이 사업체를 통해 현금을 끌어내는 것이었다. 합병 이후 K마트와 시어스는 매장의 문을 닫고 직원을 해고한 다음 좀 더 소규모의 시장은 합병 정리했고, 보유 부동산은 매각했다. 램퍼트의 지휘 아래 시어스는 시어스 철물점과 같은 몇몇 자회사의 운영을 중단했다. 개별 매장의 매출이 줄면서 비록 전체 판매량은 전반적으로 하락했지만, 시어스는 일단 현금 보유량을 늘릴 수 있었다. 방어 및 확장방식에 대한 신념이 확고한 경영자 램퍼트는 승리했다고 주장했다. 그러나 양판점으로서 시어스의 미래가 어떨지 예측하는 것은 매우 쉬웠다. 새로운 경영자 등장 이후 시어스의 소매 체인은 결국 소용돌이로 빠져들었다.

경영자들은 시장에서 계속 발생하는 새로운 도전이 어떤 영향력을

방어와 확장경영 방식의 한계

- 터퍼웨어는 단 한번도 소매점에서 제품을 팔려고 한 적이 없었다. 플라스틱 주방 용품의 소매 판매가 급증하고 있음에도 불구하고, 터퍼웨어는 자사의 성공공식을 수정하는 것을 강력하게 거부했다. 고정화 포인트를 방어하고 확장하는 데 초점을 맞춤으로써 터퍼웨어는 소매 방식이 필요로 하는 재고관리 기술이나 신규 영업인력, 또는 광고에 투자하는 것을 꺼렸다. 이와 동시에 이 회사에서는 장기적인 매출 성장을 회피하는 셈이 된 것이다.

- 피자헛은 피자 배달 시장의 기회를 완전히 놓쳐버리고 말았다. '빨간색 지붕' 모양의 식당을 직접 찾아가 앉아서 먹는 레스토랑 운영 전략을 방어하고 확장하는 데 집중하여, 경영진은 배달 대신 고객이 와서 직접 사가도록 하는 전략을 밀어붙였다. 결과적으로 피자헛은 배달 고객을 도미노 피자 쪽으로 몰아주는 셈이 되었다.

- 크리스피 크림은 도넛 시장이 이미 포화상태에 이르렀다고 파악해 중국으로 진출하길 원했다. 하지만 경영자는 고객 1인당 매출을 늘리고 아침 시간 이외의 판매를 증진시키기 위해 새로운 상품을 개발하기보다 성공공식을 방어하고, 그 모습 그대로 외국시장에까지 확장시켰다. 이런 조처들이 결국 크리스피 크림을 도산에 처하게 만든 셈이다.

발휘하는지 안다. 그들은 기술, 신상품, 대체상품들이 시장에 계속 유입되는 상황을 잘 파악한다. 그러나 방어와 확장방식의 경영자들에게 이러한 사실은 그다지 큰 변화로 다가오지 않는다. 그들의 목적은 성공공식을 그저 방어하고 확장하는 데 있다. 그것이 그들의 교리이며, 또한 사업체를 성장시킬 유일한 길이라고 본다. '방어와 확장 경영' 이라는 렌즈를 통해 세상을 보면, 시장의 도전은 기존 성공공식에 대한 위협으로 느껴질 뿐 새로운 시장창출과 기업재생을 위한 일종의 기회로 여겨지지는 않는다.

결국 방어와 확장방식의 경영자는, 자신의 사업체를 경쟁자들이 쉽게 따라잡을 수 있는 목표물로 만드는 경향이 있다. 성공공식이 고정화되기만 하면 경영자는 명백하게 그 성공공식을 방어하고 확장하려고 하기 때문에, 경쟁업체에서는 그 사업체가 앞으로 어떤 행동을 취할지에 대해 예측하는 것이 매우 쉬워진다. 동적인 시장에서 가만히 서 있는 목표보다 더 공격당하기 쉬운 것은 또 없다. 방어와 확장방식의 경영자는 계속 자신의 사업체가 경쟁자들, 특별히 새로이 등장하는 경쟁자의 눈으로 보기에는 그저 가만히 앉아 있기만 하는 오리처럼 느껴지게 만든다.

사우스웨스트 항공사의 성공 사례를 눈여겨 보자. 대부분의 항공사는 자산이 풍부하고, 자본이 잘 준비되어 있으며, 항공 운영에 상당한 지식이 있고, 주요 도시에 홀딩 게이트를 확보한 규제가 완화된 시장에 진출한다. 그러나 사우스웨스트 항공사는 이들 주요 경쟁자, 이를테면 아메리칸 에어라인 등이 어떻게 행동할지에 대해 정확하게 알고 있었다는 점에서 엄청난 혜택을 보았다. 사우스웨스트 항공이 새로운 시장으로 계속 확장해 나갈 때 이 회사는 경쟁자, 유나이티드 항공, 델타 항공 또는 노스웨스트 항공이 이에 대해 어떻게 반응할지 잘 알고 있었다.

이러한 '메이저' 항공사들은 기존의 성공공식을 방어하고 확장하는 데 너무도 강한 확신을 가졌기 때문에 사우스웨스트 항공사는 가장 좋은 항로를 맘껏 골라서, 성공적인 비즈니스 사례를 만드는 데 성공할 수 있었다.

사우스웨스트가 업계에서 가장 높은 수익을 올리는 항공사가 되기까지 그리 오랜 시간이 걸리지는 않았다. 그러나 대규모 항공사를 꾸려가는 방어와 확장방식의 경영자들은 성공공식의 효용성에 상당한 신념을 갖고 있기 때문에 사우스웨스트 항공사의 전례를 따르기를 거부했다. 각 주요 항공사들이 수익률 저하로 인해 괴로워하고 도산하는가 하면 법정관리를 신청하기도 할 때, 사우스웨스트 항공사는 분기를 거듭할수록 항로를 늘리고 매출과 수익을 새로이 창출했다. 사우스웨스트 항공사의 전략은 여러 모로 주효했지만, 그 중에서도 수익을 거두지 못하는 방어와 확장방식의 행태를 정확히 예측할 수 있었기 때문에 성공을 거둔 측면도 상당히 크다.

이와 비슷하게 디지털 카메라 제조회사들은 코닥의 존재를 그다지 신경쓰지 않았다.

코닥은 디지털카메라 기술에 상당한 지식을 갖고 있음에도 불구하고, 방어와 확장방식의 경영자들은 코닥이 디지털 기술을 새로이 개발하기보다는 필름 판매 감소에 대해 더 많이 걱정한다는 점을 분명히 했다. 코닥이 방어와 확장방식을 고수하기 위해 급속인화 센터를 열고, 필름 인화 매장을 설치하고, 1회용 카메라 시장을 개척할 때, 이 회사는 소니나 휴렛패커드와 같은 초기 디지털 시장 진입자들이 거점을 감시하는 것을 더욱 쉽게 만들어주었다. 코닥의 방어와 확장방식은 자신들의 행동을 그대로 드러냈고, 아마추어 시장에서 코닥의 권좌를 빼앗기 위해 전념하는 경쟁사들에게 손쉬운 먹잇감에 지나지 않았다.

고정화 사이클

방어와 확장방식의 경영자는 악순환의 고리에 사로잡힐 수밖에 없다. 초기에는 성장속도를 개선시키려는 목적으로 고정화를 이용하고, 또 그 도움을 받는다. 그러나 문제가 발생할 수밖에 없다. 거대 고객을 잃거나 핵심제품의 노후화, 또는 대규모 생산 라인에서 발생하는 가격전쟁이 빚어질 수도 있다. 어찌됐든 기업 성과어 중요하고, 부정적인 영향을 미치는 어떤 문제점이 발생하게 된다. 이 때 조직 외부 문제에 초점을 맞추던 경영자들은 내부 문제에 집중하게 된다. 문제가 발생하면 경영자들은 성과를 개선시키려는 마음에서 성공공식을 어떻게 하면 더 빠르고, 더 정확하게, 그리고 더 저렴한 방법으로 운용할 수 있을지 그 방법을 찾게 된다.

　성과 저하는 일반적으로 시장에서 발생하는 도전에 의해 생기는 경우가 많다. 결과적으로는 조직 내부의 문제처럼 보이게 하는 변화가 실상은 시장에서 발생하는 것이다. 이를테면 새로운 경쟁자가 월등한 신기술을 가지고 시장에 진입할 수도 있다. 또는 경쟁업체에서 비용을 획기적으로 절감하는 어떤 방법을 찾아내 그 비용절감의 효과를 낮은 가격이라는 혜택으로 고객에게 돌려줄지도 모른다. 또는 대체상품이 시장에 나와서 기존 상품의 가치를 떨어뜨릴지도 모른다. 이런 것이 시장의 도전이다. 하지만 방어와 확장방식의 경영자들은 이러한 도전을 간과하고 종종 자신들이 통제할 수 없는 것이라고 생각한다. 그 대신 이들은 내부적인 문제 자체, 판매나 마진율 또는 수익률 감소라는 문제에만 매달린다. 모든 에너지가 그 문제를 해결하기 위해 집중된다.

　방어와 확장방식의 경영자는 처음에는 문제가 발생한 사실 자체를 부인한다. 경영자의 가장 일반적인 부정은 "지금 우리는 일시적인 문제에 직면하고 있다"라든가, "단기적인 가격 조정 문제에 처하긴 했지만, 우리 회사는 우리 제품의 가치를 곧 고객에게 다시 인지시킬 수 있을 것이다" 또는 "최근의 비용 증가는 곧 반전될 것으로 보인다", "현재 시장에 영향을 주는 경기 침체 현상이 곧 반전될 것으로 기대한다"는 등의 말을 한다. 이런 발언은 모두 "우리는 우리가 갖고 있는 성공공식이 여전히 효율적으로 작동한다고 보고 있으며, 곧 과거에 냈던 결과를 낼 수 있으리라 믿는다"는 말의 여러 가지 다른 표현일 뿐이다.

　그 다음으로 방어와 확장방식의 경영자는 문제를 만든 것처럼 보이는 누군가를 공격한다. 이 상황에서 일반적인 발언은 "공급 체인에 문제가 있다. 생산 운영 부사장을 교체해야 할 것으로 보인다"라든가 "판매부의 부사장으로 인해 예상치 못했던 가격조정이 생겼고 그는 얼마 전 교체되었다", "현재 나타나는 회계상의 불규칙성 문제로 인해 CFO는 교체되어야만 한다", "거래처들의 공급 감소는 예전 자금 조달 부장의 지시 아래 이뤄진 것이다"라는 식의 말을 쉽게 들을 수 있다. 이런 말들은 "우리의 성공공식은 여전히 전혀 문제 없다. 다만, 누군가 성공공식을 잘못 운영했고, 그 사람을 교체만 하면 이전에 보여주던 모습을 다시 볼 수 있을 것이다"라는 뜻에 불과한 것이다.

　그 다음 단계에서, 방어와 확장방식의 경영자들은 형편없는 결과에 직면하여 성과를 정당화하는 방법으로 문제를 해결하려고 한다. 이런 경우 경영자들은 "비록 우리 결과가 예상치를 달성하진 못했지만, 장기적 관점의 계획이 실행될 만큼 충분한 시간이 없었기 때문이다", "경영자가 이처럼 전혀 예상하지 못한 드라마틱한 변화를 예상하기란 불가능하다", "우리 업계의 모든 사람들은 이 문제로 인해 크게 당황하고 있다"라는 말을 한다. 이런 말들은 "우리 성공공식은 바뀔 필요가 전혀 없으며, 지금의 형편없는 결과를 도출하게 한 문제는 우리 책임이 아니다. 최근 실적하락에 대해 우리에게 책임을 지우면 안 된다. 우리는 계속 성공공식을 잘 운영하고 있기 때문이다"라는 뜻을 내포한다.

네 번째로, 방어와 확장방식의 경영자는 지연의 방법으로 문제를 해결하려고 한다. 예를 들면 "판매가 감소한 것은, 최근의 이자율이 올랐기 때문이다. 이자율이 다시 떨어지면 성과의 회복을 기대할 수 있다"라든가 "경영자는 최근의 시장 변화가 다음 분기까지 계속될 것으로 생각하진 않는다. 그리고 현재 만들어지는 새로운 제품이 시장전환을 충분히 감당한다고 본다", "현재 실행 대기 중인 조직개편은 최근의 성과 변화 문제를 해결할 것이다" 등의 말을 한다. 이 같은 말들은 대개 "일단 기다려봐라. 그러면 성공전략이 다시 한번 발동하여, 예전의 그 결과를 가져다줄 것이다"라는 뜻이다.

이들은 또 문제 '해결방법'이 조직 내부에 있다고 기대한다. 그리고 그 해결방법은 '더 많이, 더 잘, 더 빨리, 그리고 더 저렴하게More, Better, Faster, Cheaper'의 네 가지 형태만 취하면 된다고 본다. 이 네 가지 단어는, 직원이나 투자자들이 방어와 확장방식의 경영자로부터 듣게 되는 끔찍한 단어들이다. 문제가 무엇이든 간에, 경영자는 자신들이

❶ 이전까지 하던 일을 더 많이 하기만 하면 해결될 것으로 본다. 공

장 및 판매 통합 프로젝트를 계속 진행하고, 가격 인하 프로그램을 더 심층적으로 운영한다. 이런 방책은 이미 아주 빈약한 성과 개선만을 가져올 수준인데도 말이다.

❷ 또한 이전에 했던 일을 더 잘 하면 문제를 해결할 수 있으리라 희망한다. 전사적 품질관리, 식스 시그마, 지속적 품질관리 프로그램과 같은 기존 프로그램들을 더 잘 운용할 수만 있다면 문제가 해결될 것으로 본다.

❸ 조치를 더 빨리 취할 수만 있다면 문제를 효율적으로 해소하는 방법이라고 본다. 비용절감 또는 할인 프로그램을 가속화하는 것이 아주 전형적인 예다. 1년에 걸쳐 실행할 계획으로 준비된 생산 라인 감축이 단지 1분기 만에 실행되게끔 속도를 낸다. 또는 새로운 공급 체인이나 IT 프로젝트가 성과 개선을 위해 급속히 추진된다고 발표된다.

❹ 가장 선호되는 문제 해결 방식은 더 저렴하게 생산할 수 있는 방법을 찾는 것이다. 성공공식을 변화시키지 않고도 또는 고정화 요소에 있어서 변환을 가하지 않고도, 비용을 줄이는 방법을 찾기 위한 결정이 내려진다. 아마도 좀 더 저가의 부속으로 대체되거나 저가로 물건을 공급하는 거래처로 교체될 것이다(종종 해외 거래처로 거래 대상이 바뀌는 경우가 많다). 또는 인력감축을 실시해 남은 직원들에게 더 많은 일을 하게끔 한다. '벨트 조이기'가 문제 해결의 효율적인 방법처럼 인식되는 것이다.

이런 접근방법은 장기적 관점의 문제 해결책을 제공하는 데는 거의 대부분 비효율적이다. 반짝하는 단기 효과가 나타날 수는 있지만,

경쟁자의 공격은 계속되고 시장의 변화는 과거의 성공공식을 계속 좀먹고 있기 때문이다.

방어와 확장경영자들이 아무리 열심히 비용을 줄이고자 해도, 시간이 지남에 따라 비용은 자연히 상승하게 되어 있다. 진정한 의미의 가격에 기반을 둔 전략은 기존의 가격곡선을 낮추려고 애쓰는 것이 아니라, 아예 완전히 새로운 저비용의 가격곡선을 만드는 것이다. 가격 문제를 일으키는 경쟁자들의 전략은 이전에 다른 업체들의 방식을 단순히 더 효율적으로 하는 것이 아니다. 그들은 완전히 새롭게 결과를 창출하고, 그래서 완전히 새로운 가격곡선을 갖고 있다. 단기적인 비용절감 행위는, 결국 제반 비용은 상승할 수박에 없기 때문에, 정말 짧은 순간 동안에만 기존 성공공식이 작동하는 것처럼 보이게 만든다. 비용절감 프로그램은 경쟁자들의 진입을 해결하는 효율적인 도구가 아니다. 단지 정말 짧은 순간 경쟁사의 도전을 회피할 뿐이다.

그림 4.4 가격은 언제나 상승한다

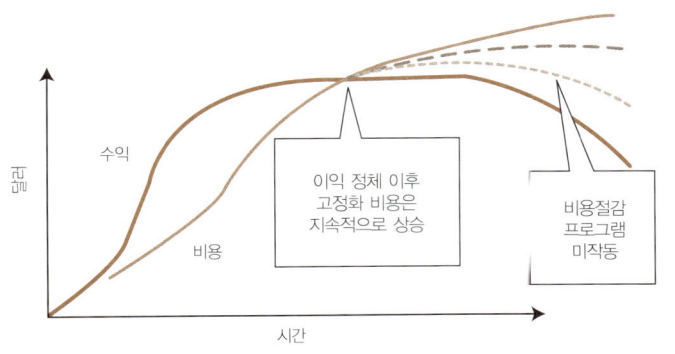

가격 문제를 진정으로 해결하는 방법은 매출을 늘리거나, 완전히 새로운 가격곡선을 발견하는 것뿐이다. 방어 및 확장경영적 대응 방식은 대개 단기 효과만을 볼 수 있다. 1분기 또는 2분기 동안만큼은 문제가 줄어드는 것처럼 보이지만 개선의 정도가 매우 적거나 지연

심각한 문제에 대한 전형적인 방어 및 확장경영적 대응방식

- "기본으로 돌아가자"는 프로그램을 실행한다.
- 경쟁업체를 합병하거나 매수한다.
- 회사 정책에 다시 초점을 맞추고 회사를 회생시킬 '영웅적' 리더를 고용한다.
- 배당소득을 재조정한다.
- 배당소득에 영향을 미칠 일회성의 대규모 조직개편안을 발표한다.
- 실행을 더 잘 하도록 새로운 ERP 시스템을 설치한다.
- 비용을 절감하는 쪽으로 주요 기능을 아웃소싱한다.
- 전반적인 인력감축 계획을 발표한다.
- 고성장 소규모의 생산 라인을 매각한다.
- 소규모 자회사는 철폐하고, 스핀 오프하는 방식을 취한다.
- 새로운 품질제고 방안을 발표하면서 그 실행에 집착한다.
- 해외 시장에서 판매를 진작시킬 수 있는 방안을 발표하는데, 그 해외 시장은 주로 중국이 되는 경우가 많다.
- 인도나 중국에 해외 생산시설을 만들고 나서 인력 재배치가 있을 것이라고 발표한다.
- 전반적인 생산 라인은 감축하는 반면, 상품 변환의 새로운 계획에 대해서 발표한다.
- 소규모 고객에게 판매하는 제품 가격은 높이고 거대 고객에 초점을 맞춘 '고객서클 계획'을 실행한다.

되고, 다른 문제로 인해 효과가 가려지는 경우도 많다. 그러나 방어 및 확장방식의 경영자는 개선 결과에 대한 이야기를 하면서 '확증의 치우침'을 개입시키기 때문에, 그들이 취한 행동의 반짝 효과가 마치 성공을 나타내는 양 오도될 때가 많다. "약이 쓰긴 하지만, 잘 낫긴 하지? 그렇지?" 하는 식의 반응을 보이는 것이다. 이러면서 시장의 도전은 무시되고 모든 전략의 초점이 성공공식 및 고정화의 방어와 확장에 맞추어지면서, 시장에서 제기되는 도전에는 단지 립 서비스만 제공되는 경우가 많은 것이다.

불행히도 이런 조처들은 도전에 직면한 성공공식을 임시방편으로 막는 데 지나지 않는다. 성공공식을 실행하는 구체적인 방법에는 주목하지만 성공공식 그 자체를 바꿀 생각은 거의 하지 않는다. 경영자는 절대로 그렇게 하지 않을 것인데, 실상은 그렇게 할 수 없다는 게 문제다. 그들은 근본 문제의 원인인 시장 도전이 무엇인지 밝혀낼 능력이 없기 때문이다. 다만 방어 및 확장경영전략을 통해 도전에 대응하고 있다는 환상만 만들어내고, 가장 결정적인 순간에 자원을 잘못 배분하는 한편, 사업체의 붕괴를 야기할 수도 있는 심각한 문제에 대해서도 단지 자기 만족에 취해 근원적인 대책을 마련하지 못하는 상황이다.

레코딩 업계는 1990년대까지만 해도 모든 것을 통제할 수 있었다. 여러 가수들과 장기계약을 맺고 그들과 음반 제작을 마친 다음 모든 비용은 가수의 이름으로 청구했다. 레코딩 회사가 CD를 배포 및 유통했고, 만약 CD가 잘 팔리면 프로듀서들은 계속해서 그 가수와 더 많은 CD를 만들기 위해 계약을 연장하고, 그 가수가 아직 무명이었을 때 합의된 모든 비용을 그대로 가져간다. 제작된 CD 10장 중 고

닭장 후려치기

농경 시대에는 대부분의 가정이 농촌에 살았고 집에 닭장을 갖고 있었다. 여기에서 생산되는 달걀의 생산량은 종종 줄어들기도 했는데, 이는 대개 날씨 변화 때문이었다. 그런데 이 때 한 농가에서 종종 닭장을 세게 후려치는 방법으로 생산량 감소에 대응했다. 그가 생각하기에 암탉들이 너무 게을러져서 달걀을 낳지 않는 줄 알고, 닭장을 내려쳐 위협을 가하고 경종을 울리면 닭들이 에너지에 가득차 다시 알을 낳을 것으로 생각한 것이다.

그러나 자꾸 닭장을 두드리자 닭의 기분만 나빠졌을 뿐이다. 생산성은 더 떨어졌다. 농부는 한 술 더 떠서 알을 잘 낳지 못하는 암탉을 죽여 잡아먹어 버렸다. 시간이 지나 날씨가 다시 변했고, 닭들은 원래의 초기 생산주기로 자연스레 돌아갔다. 그러나 농부는 바보 같은 승리를 외치며 닭장 후려치기 전략이 주효했다고 생각했다. 비록 닭의 수 자체가 줄어들었기 때문에 전체 생산량은 감소했지만, 농부는 어쨌든 닭 사료 값도 줄어들었기 때문에 생산비용이 감소했다는 점을 생각한 것이다. 그렇게 됐으니 모두 다 좋은 게 아니냐는 것이다.

방어 및 확장경영의 다운사이징은 마치 닭장을 후려치는 전략과도 같다. 문제는 외부 사건이 발생하여 생긴 것이다. 그 문제는 정리해고를 하거나 아웃소싱을 한다고 해결될 만한 성질이 아니다. 그런데도 불구하고 경영자는 X%가량 생산비용을 절감했다고 이야기하면서 승리감에 도취된다. 생산성이 전과 같지 않은 것, 또는 더 떨어진 것, 또는 경쟁력이 떨어지고 있다는 사실은 전혀 고려하지 않는다. 엄연히 매출액이 떨어지는데 경영자는 수익 마진이 몇 퍼센트 올라갔다면서 승리를 주장하는 꼴이다.

작 1장 정도만 성공하기 때문에, 만약 레코딩 회사가 몇 년에 한 명씩이라도 마이클 잭슨, 마돈나 또는 조지 스트레이트 등과 같은 음악가를 발굴해 낼 수 있다면 예상 수익을 웃도는 결과를 낳는다.

그림 4.5 음반 산업의 문제점

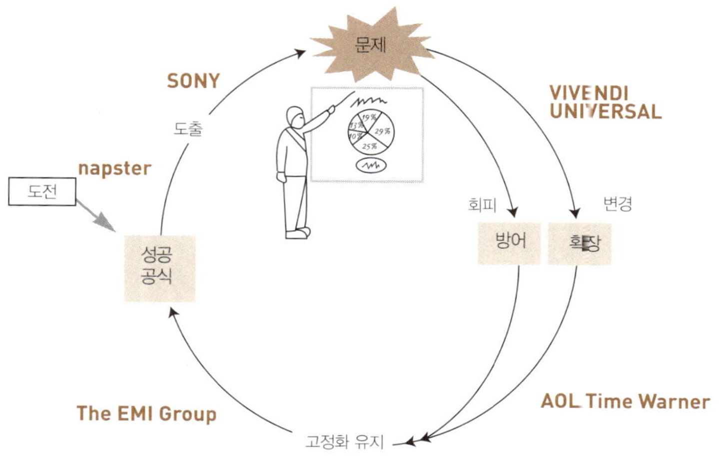

그러나 1990년대 중반 MP3 기술이 대중화됐다. 이는 음악을 듣는 사람들이 CD에서 음원을 디지털로 추출해 컴퓨터에서도 듣고 인터넷을 통해 누구에게나 보내줄 수 있는 기술이다. 갑자기 CD 판매는 과거처럼 지속될 수 없었고, 수익도 전처럼 상승하지 않았다. MP3 기술은 레코딩 업계의 성공공식, 그리고 레코딩 업계 종사자들이 직면한 강력한 시장 도전이었다.

경쟁자들이 MP3를 도입해 성공을 최대화하는 방식으로 그 도전에 대응했을까? 거의 그렇지 않다.

처음에, 레코딩 업계는 음악가들이 형편없는 음악을 만들어왔다며 비난했다. 판매 저하는 음악적 자질이 부족한 아티스트 탓이라는 것이다. 두 번째로 거대 레코딩 업체는 소규모 회사를 사들여 통합이 어떻게든 경쟁을 줄이지 않을까 하며 기대했다. 그리고 나서 냅스터

Napster 와 같은 음원 추출 및 전송에 관해 지명도 있는 웹사이트를 저작권 위반 혐의로 고소했다. 그리고 이 사이트를 이용하는 '다운로더들'로 지칭되는 고객을 고소하기까지 했다.

음반 회사들은 CD 마케팅을 제대로 소화하지 못하는 소매업자들이 문제라며 탓했다. 그들은 판매 저하의 문제가 단기적이며, 더 뛰어난 뮤지션이 발굴되기만 하면, 법정에서 저작권법을 더 강하게 실행하기만 하면, 매출은 금방 뛰어오를 것으로 내다봤다. 그리고 애널리스트들과 유통업자에게는 CD의 음질이 훨씬 더 좋기 때문에 더 좋은 음악을 들을 수 있으며, 따라서 결국은 MP3를 제치고 다시 제1의 음악 공급원으로 자리잡을 것으로 확신했다. 판매를 증진시키기 위해 그들은 CD의 가격을 낮췄다. 그들이 요청하는 것은, 단지 성장 속도가 정상 궤도에 다시 진입할 때까지 기다려달라는 것뿐이었다.

이 기간을 거치는 동안 녹음 시장의 크기는 줄어들지 않았다. 음악 소비는, CD 음반 전체를 사지 않아도 원하는 곡만 얻을 수 있다는 유연성은 말할 것도 없고, 디지털 파일이 음원으로의 접근을 더 싸고 용이하게 함에 따라 오히려 더 늘어났다.

흥미롭게도 소니는 MP3 기술과 방대한 양의 음악 콘텐츠에 대한 접근권 모두를 갖고 있었다. 소니는 충분한 유통망 접근권을 확보한 소형 가전 업종에서 시장의 리더였을 뿐만 아니라 음악 수백만 곡을 이미 확보한 상태였다. 그러나 디지털 음악 시장으로의 진입 및 전환을 공격적으로 추진하기보다 독특한 디지털 표준을 만들어 CD 판매를 보호하는 동안, 디지털 음원 판매를 통제하려는 시도를 했다. 소니는 스스로가 지닌 힘만으로도 디지털 음악 시장으로의 전환을 주도

할 수 있었고, 그 시장의 강력한 리더가 될 가능성이 충분했다. 하지만 CD 시장의 수익이 제자리로 돌아올 것이라는 믿음에 사로잡힌 동시에 CD의 쇠퇴를 두려워하는 마음 때문에, 소니 경쟁사들과 함께 CD 판매를 방어하고 확장하는 데 안간힘을 썼다.

한편, 애플은 당시 PC 시장에서 떨어지고 있는 시장점유율의 추세를 막기 위해 노력 중이었다. 컴퓨터 판매가 저조한 가운데, 애플의 경영자는 음반 업계에서 일어나는 기술 변화를 감지하고 아이팟과 아이튠의 동시 개발에 착수했다. 이에 따라 별 볼일 없던 비경쟁업체에서, 애플은 단 한 명의 음악가와 독점계약을 맺지 않고도 급격히 디지털 음반 시장의 마켓 리더로 떠올랐고 음악 관련 시장에서 리더가 되기에 충분했다.

음반 시장 전체가 죽은 것은 아니었다. 다만, 주요 레코딩 관련 회사들의 방어 및 확장경영전략 관행이 당시 그 시장에서 이루어지던 전환에 동참하는 것을 더디게 만들었다. 당시 기업들은 수익률의 급격한 하락과 동시에, 매출 성장이 정체되는 것을 목격해야만 했다.

시장의 도전은 시간이 지나면서 서서히 자연스레 찾아온다. MP3 기술은 시장에서 지금과 같은 변화를 일으키기까지 10년 이상 지속돼 온 기술이다. 따라서 MP3 기술이 몰고 올 어떤 변화를 감지할 만한 시간이 충분했고 그 기술이 불러올 도전이 여러 번 목격되었음에도 불구하고, 조직 내부의 문제에만 초점을 맞추는 방어 확장방식의 경영자는 결국 회생 불가능한 심각한 문제를 만들어낼 때까지도 시장의 도전이 가져다주는 강력한 기회를 전혀 인지하지 못했다. 그들에게는 성공공식을 강화하는 것이 문화적으로 너무 강력한 나머지 도전이 있다는 사실도 인지하지 못한 것이다.

'마켓 감지' 시스템이 제대로 작동해 경영진이 새로운 경쟁자들에게 주의를 기울였다고 해도, 방어와 확장방식의 경영자에게 이들 개척자는 극복해야 할 귀찮은 대상으로 간주되었지, 기업의 생존을 좌지우지할 위협 대상 또는 잠재적으로 오히려 성장을 개선시킬 자극제로 다가오지 않았다.

● ○ ●
비즈니스 성공의 새로운 정의

방어와 확장방식 경영자에게 성공은 어떤 결과를 성취하는 데 있지 않다. 성공은 점차, 시장 공격으로부터 성공공식을 지키는 것 자체인 것처럼 보인다. 목표는 고정화의 틀에서 기업을 운용하는 것이고, 결과가 어떻든 예측이 가능하도록 행동하는 것이다. 경영자는 시장에 대해 반응하는 것을 멈추고, 그 대신 성공공식을 운용하며 고정화를 유지하는 데 목표를 둔다.

제대로 낸 결과를 지켜내지 못하는 것보다 성공공식을 바꾸려는 시도는 훨씬 더 위협적인 것으로 느껴지며, 종종 실패로서 간주되는 경우가 많다. 경영자들은 "만약 우리가 성공하기 위해 성공공식을 바꾸어야 한다면, 다른 누가 그 일을 하게끔 내버려 두시오"라는 식의 말을 하면서, 행동을 하고 결정을 내리는 데 성공공식이 얼마나 중요한지 다시 한번 이야기할 것이다. 성공공식이 기업의 수준에서 존재할 뿐만 아니라 개인 내부에서도 작동한다는 것을 절대 잊지 말기 바란다. 경영자들에게 개인적으로 갖고 있는 성공공식과 기업의 성공공식을 잘 맞춰 배열하는 것은 매우 중요한 관행이다. 많은 경영자들은 성공공식과 깊은 관련이 있는 개인 정체성과 조직 정체성을 갖고 있다.

성공공식의 피라미드 안에서 각각의 경제, 산업, 기업, 사업 조직, 기능적 조직, 개인적 영역에서의 성공공식은 매우 밀접하게 통합되어 작동한다. 따라서 도전에 대한 대응은 기업체의 성공공식 하나만을 바꾸는 간단한 일이 아니다. 변화에 효율적으로 대응하려면, 시장 도전이 영향을 미치는 모든 분야에 내재된 성공공식을 모두 전반적으로 바꿀 필요가 있다. 특히 특정 업계에서 시장 리더 역할을 하는 기업의 경우 원하는 수준의 수익률을 달성하려면 자체 기업의 성공공식뿐 아니라 동종 업계의 성공공식을 모두 바꾸어야 하는 부담을 지게 될지도 모른다. 더 광범위한 시각에서의 성공공식은 말할 것도 없고, 한 기업 자체 내에서만도 피라미드 형태로 존재하는 모든 성공공식을 전반적으로 바꿔야 한다는 도전은 매우 위압적인 과제임에 틀림없다.

CSC는 수십억 달러의 매출을 올리는 IT 서비스 기업이다. IT 서비스의 초기 주자로서 이 회사는 2000년 회계연도에 보고된 금액으로는 10억 달러 이상의 매출을 올리면서, 매우 활발하게 활동하는 IT 서비스 업체로 자리잡고 있었다. 이 사업체는 1980년대와 1990년대에, IT 서비스가 급성장을 보이는 시기에 고정화한 성공공식에 열중한 몇몇 경영자들이 오랜 시간 걸쳐 구축한 기업이었다. 이 성공공식에는 각 지역의 고객에게 서비스를 제공할 컨설턴트를 확보한 지역사무소를 포함해 이 기업만의 독점적인 개발 접근법이 포함되어 있었다.

    2002년경 IT서비스 시장은 급변했다. 2000~2002년 사이 미국의 모든 컨설팅 업체들은 성장 정체를 맞이했으며, 급성장 단계에서 성장지연 단계로 접어들었다. 해외의 IT 서비스 업자들이 시장에 진출했으며, 카네기 멜론 대학과 같은 공신력 있는 기관에서 개발한 표준화된 서비스 평가방법이 각 기업만의 독특한 접근방법보다 더 낫다고 판단하여 기업별 특화 서비스 방식은 거의 버려지는 추세였다. 새롭게 시장에 진입한 서비스 업체들은 놀랄 만큼 낮은 가격에 서비스를 제공하면서도 해외에서 근무하면서 인터넷을 이용해 단 하룻밤 사이에라도 얼마든지 고객문제를 해결하는 능력 있는 고급 기술자들의 컨설팅 서비스를 약속했다. 이들 기업은 애초 대기업 컨설팅사 대비 90%까지 비용을 줄이면서 동일하거나 비슷한 품질의 서비스를 제공하며, 대규모 업체들을 위협하기 시작했다.

    그러나 CSC의 경영자는 여전히 전형적인 성공공식을 방어하는 데 정신이 없었다. 경영자는 과거 비경제적이라는 이유로 철폐된 미국 내 사무소를 다시 열고, 고객에게 밀착된 컨설팅을 제공하기 위한 노력으로 각 지역에 인력을 새로이 계속 배치함으로써 오히려 성공공식을 확장하려고 노력했다. 이런 결정으로 인해 이전보다 훨씬 더 높은 비용이 발생했고 생산성은 훨씬 더 낮아졌다. 사업 부서의 경영자들은 매년 보고에서 자신들이 성공공식을 방어하느라 얼마나 열심히 노력했는지 설명했지만 기업 매출은 10년이 채 못 되어 최대 70%까지 빠졌다. 이전에는 CSC가 거의 독점하다시피 한 시장을 해외의 경쟁업체들이 잠식해 들어오는 동안 이 기업의 직원 대부분은 구조조정되거나 다른 일자리를 찾아 떠나야만 했다.

정보의 투명성

정보화 시대의 가장 큰 특징은 정보의 투명성이 보장된다는 데 있다. 거의 모든 사업 관련 정보가 모든 사람에게 공개되어 즉시 확인이 가능하다. 네트워크와 컴퓨터 기술이 즉각적인 정보 접근을 가능하게 만들기 전에는, 경영자들은 결정이 내려져 실제로 가치를 창출해 내기까지 몇 주 또는 몇 달, 심지어 몇 년까지 걸릴지도 모른다고 생각하고 있었다. 그러나 오늘날 모든 사업체는 고객과 경쟁자, 그리고 거래처에 거의 실시간으로 공개된다. 경쟁자는 서로에 대한 정보가 너무도 풍부해 성공공식을 방어하고 확장하려는 기업체의 시도는 어떤 전술이 실제로 행해지기 이전에 이미 뒤틀리고 만다. 정보의 투명성으로 인해 방어와 확장경영은 문제가 많을 뿐 아니라 구식이 되었다.

방어와 확장경영은 산업경제 시대에나 작동했다. 오늘날에 비해 매우 느린 속도의 경쟁 반응은 상대적인 안정성을 창출하는 게 가능했다. 그러나 오늘날과 같이 얼마 안 되는 짧은 순간 즉각적으로 대응하는 결정을 내리는 것이 가능한 시대에, 방어와 확장경영자는 어떤 결정을 내릴 기회조차 갖지 못하게 되었다. 경쟁이 점점 더 동적으로 변화함에 따라 경쟁의 성격이 자산 중심에서 정보 중심으로 옮겨간 지금, 방어와 확장경영방식은 그저 구식 경쟁을 추구하기 때문에 성장이나 높은 수익률을 창출하기 어려워졌다.

오늘날 신문 사업은 구식으로 한물 간 업종으로 간주된다. 지난 몇 년 동안 광고매출이 지속적으로 올라감에 따라 웹사이트들은 상당한 광고 수입을 모을 수 있었고, 이로 인해 매출의 상당한 진전을 이룰 수 있었다. 이와 동시에 신문을 구독하던 사람들은 온라인에서 훨씬 더 빠르고 즉각적인 뉴스 서비스를 받게 되자 구독을 중지했다. 특히 40세 이하 독자의 구독 취소 경향이 강했다.

이러한 시장 전환에도 불구하고 신문사들은 성공공식의 재조정을 거부했다. 조직의 비용을 줄이고 재조정해 기존의 방어 및 확장경영 전략을 계속 활용하느라고, 신문사들은 구글과 같은 새로운 경쟁업체들의 맹공격을 막을 여력이 없었다. (미디어의 종류와 상관없이) 전체 뉴스 독자층을 대상으로 하여 (웹을 포함해) 전체 시장 광고매출을 따져 성공을 새로이 정의하기보다 이들 신문사는 지역 신문 구독자의 수, 경쟁력을 측정하는 지역 신문 광고매출 등과 같은 전통적인 잣대를 이용해 성과를 측정했다. 온라인 뉴스 사이트에 대항해 경쟁하는 데 더 많은 돈을 쓰는 쪽으로 지출의 방향을 조절하기보다 빠져나가는 독자와 광고주를 붙잡는다는 목적을 달성하기 위한 지출을 계속했다. 방어와 확장방식의 신문사 경영자는 급격하게 빠지는 수익률을 뻔히 보면서도 구식의 도표만을 토대로 전략이 성공했다는 주장을 펴지만, 이들 신문사는 가장 구식의 사업체가 되어갔다.

달을 향해 날아가는 것, 이는 뉴턴 물리학의 정적인 접근이 아니라 아인슈타인 물리학의 관점, 즉 역동적 접근을 포함해 새로운 접근방법을 요구한다. 오늘날처럼 다이나믹하고, 상호간에 복잡하게 연결된 비즈니스 시장에서 방어와 확장 접근방법을 대체할 새로운 경영방식이 필요한 때다.

성공의 재발명

스포츠는 처음부터 정면돌파를 통해 단 하나의 승자만을 남기는 방식으로 고안되었다. 올림픽에서는 금메달을 위해 수천 명이 도전하지만 목표를 달성하는 것은 한 사람이다. 스포츠 세계의 규칙은 정면돌파 경쟁방식, 즉 단 한 사람의 승리자만 남도록 만들어졌다. 하지만 비즈니스 세계에서는 정해진 규칙이 없다. 경쟁력에 영향을 미치는 새로운 요소를 찾아내면 우위를 차지할 기회가 널려 있다. 비즈니스 세계는 무모한 정면돌파 방식의 경쟁보다 더 많은 수입을 올릴 근원을 찾아 수익 자체를 높이도록 게임의 규칙을 바꿀 사람을 기다린다.

CHANGE

불확실한 세상을 경영하기 위한
'피닉스 법칙'

방어와 확장경영을 지속하면서도 평균 이상의 결과를 얻지 못한다면 누가 그런 경영 방식을 택할까? 피닉스 법칙을 적용하여 성과를 개선하고 획기적인 결과를 얻으려면 어떻게 해야 할까?

경영을 더 잘 하는 방법

방어와 확장경영은 이제 더 이상 새롭게 느껴지지 않을 만큼 모두에게 익숙하다. 앞에서 언급했듯이 경제학자들과 경영학의 대가들은 비즈니스에서 발생할 수 있는 참담한 결과들에 대해 70년 동안 연구를 거듭해 왔다. 그러나 경영자들이 문제를 인식하더라도 행동을 바꿀 가능성은 희박하다.

이들 경영자의 고충은 사람들이 나잇살로 고통을 받는 것과 흡사하다. 매년, 특히 40대가 되면 불어나는 살은 어찌할 도리가 없다. 어떤 사람은 과학이 해결책을 제시해 줄 것이라는 희망으로 다이어트 보충제를 복용하기도 한다. 또 어떤 사람은 의사들에게 '잔소리' 처방을 받기도 한다. "과식하는 대신에 충분히 운동을 하세요!"

하지만 이런 식으로는 문제를 근본적으로 해결할 수 없다. 결국 사람들은 이를 뼈저리게 느끼면서 비만의 고통은 증가하고 허리 살은 점점 늘어만 간다. 목표를 달성하기 위해서는 '성공'에 대한 정의를 재정립해야 한다. 성공에 대한 오래된 정의는 방어와 확장경영의 결과가 얼마나 참담한지를 통해서 보여줬듯이 이제는 쓸모없게 되어버렸다. 방어와 확장경영이 성공하려면 성공공식을 뒷받침하는 단기전략으로 변해야 한다. 일별, 주별, 월별, 분기별 방어와 확장경영의 평가기준이 결과에 큰 영향을 미치지는 않지만, 이제는 쓸모없는 성공공식이 되었기 때문에 더 나은 경영방식으로 바꿔야 한다.

방어와 확장경영을 선호하는 경영자들은 원하는 결과를 얻지 못할 때에도, 조직이나 구성원 또는 자기 자신을 실패의 원인으로 여기지 않는다. 오히려 지금까지 이룬 성공에 만족하며 투자자나 사원들에게 지나친 기대를 낮추라고 요구한다. 방어와 확장경영을 택한 경영자들은 과거의 행동을 계속 고수하면서, 단 한 개의 목표도 성취하지 못하면서 자신들은 성공한 것으로 착각하기도 한다.

하지만 여기에는 방어와 확장경영이 간과하는 점이 있다. 즉 현실은 서로 다른 조직들이 역동적인 시장환경 속에서 경쟁한다는 것이다. 방어와 확장경영의 성공공식은 시장환경이 변하지 않을 때에는 제 기능을 한다. 방어와 확장경영은 통계에 의존하기 대문이다. 그러나 시장과 경쟁자들은 단순한 통계수치만으로는 파악되지 않는다. 다른 많은 변수가 발생한다.

경쟁력을 갖춘 '게임의 변화자'들은 조직 자체에 초점을 맞추고 시장 합병을 추진하던 구식의 경영방식을 고집하지 않는다. 경영의 초기 목표는 소수의 경쟁자들과 함께 시장에서 독과점을 누리는 것이다. 이를 통해 누구도 넘볼 수 없는 영향력을 행사하면서 성숙한 시장을 만드는 것이다. 초기의 경영이론가들은 성숙한 시장에서도 투자자들에게 돈 다발을 던져줄 만큼 비즈니스가 번창할 것으로 믿었다. 그리고 시장이 성숙해져도 보스턴 컨설팅 그룹처럼 막대한 돈을 벌어들일 것이기 때문에, 배당금이나 새로운 시장을 개척하는 데 더 이상의 자본이 필요하지 않을 것으로 생각했다. 그러나 시장과 경쟁은 매우 역동적이다. 성숙한 시장에서는 기업의 수익을 격감시킬 수 있는 수많은 경쟁자들이 등장한다. 비록 우리는 성숙에 도달한 기업이 투자나 취업에 덜 위험할 것으로 생각하지만 실상은 그렇지 않다. 우리는 산업경제에서 지식경제 시대로의 전환이 경제 구도를 급격히 변화시켰음을 안다. 자원에 대한 글로벌한 접근이 가능해졌고, 새로운 기술에 신속히 적응하고, 다양한 채널에 영향을 미치는 인터넷에 쉽게 접속할 수 있게 되었다. 이에 따라 전세계 어디에서든지 새로운 전략과 비용 모델을 갖춘 기업들이 등장하게 되었다.

성공적인 기업이 되려면 급류에 머물러 있어야 한다. 평지나 늪지 또는 소용돌이에 머무는 것은 좋지 않다. 그런 곳에서는 평균 이상의 수익을 창출할 수 없다. 그리고 이렇게 역동적인 시장에서는 지속적인 성장이 중요하다. 비즈니스가 바닥을 칠 때 수익을 보호해 줄 진입장벽을 계속 유지한다는 것은 결코 쉬운 일이 아니다. 저성장 부문에서는 특허조차 큰 수익을 내지 못할 것이다. 재투자를 위해 돈을 충분히 벌 수 있는 유일한 방법은 성장뿐이다.

성공공식을 영원히 유지하는 비결

'성공'에 대한 새로운 정의는 끊임없는 도전에 적응하는 것이다. 또한 다른 사람들보다 경쟁력을 갖추고, 높은 수익을 거두려면 성공공식을 재정의해야 한다. 즉 성공적인 경영자는 과거에 얽매이기보다는 변화를 추구

하며, 시장의 역동성과 빠르게 변하는 경쟁자에 적응할 수 있어야 한다.

모든 성공공식은 이제 구식이 되었고, 고정화도 애초에 의도하던 목적을 달성할 수 없게 되었다. 따라서 성공공식을 잘 관리할 필요가 생겼다. 경영자들은 과거의 것을 방어하고 확장하는 것에서 나아가 '초점'을 바꿔 경쟁력을 갖출 수 있는 변화를 모색해야 한다. 또한 장기에 걸쳐 조직이 성공을 거두려면 성공공식을 관리하는 역량도 필요하다.

성공공식을 효과적으로 관리하는 길은 과거의 고정화를 창조적으로 파괴하는 것이다. 파괴가 화이트 스페이스를 만들어주고, 경영자들은 이 공간에서 조직을 변화시킬 새로운 성공공식을 만들 수 있기 때문이다. 이런 기업들은 장기에 걸쳐 뛰어난 성과를 올림으로써 파괴와 화이트 스페이스를 잘 관리하는 좋은 기업이 될 수 있다. 이런 기업들은 소용돌이 또는 늪지에서 벗어나 의도적으로 급류에 몸을 던진다. 그들은 또 급류에 머무르려 하지 않는다. 하지만 조직이 평지에 더 가까워질 수 있도록 밀고나가면서 조직을 설계한다. 그 결과 '재구축에 따른 손실'을 최소화한다.

고정화에서 벗어나 화이트 스페이스를 최대한 활용하는 것이 바로 피닉스 법칙이다. 피닉스 법칙은 신화 속의 새처럼 단순한 재탄생만을 의미하지 않는다. 피닉스는 단지 2년에서 5년에 한번 되살아나는 것이 아니다. 오히려 피닉스는 끊임없이 재탄생한다. 마찬가지로 피닉스 법칙 또한 불멸의 비즈니스 모델을 만들어낸다. 이 법칙을 적용한 조직들은 기업의 생명력과 성공문화를 유지하며 고객과 좋은 파트너가 된다. 뿐만 아니라 투자하기 좋고 일하기에도 최고인 기업으로 거듭날 것이다.

비록 피닉스 법칙이 개념상 복잡하지 않지만 기존의 통념과는 배치될 수 있다. 하나의 비즈니스 또는 경영자가 오랫동안 고수해 온 성공공식과 배치되기 때문이다. 또한 피닉스 법칙은 목표설정을 위한 활동 및 보상 관행과도 마찰을 빚는다. 그러나 피닉스 법칙은 결과를 통제하기 위한 것이

피닉스

영원히 죽지 않는다는 신화 속의 새인 피닉스는 항상 눈앞의 전경과 먼 거리를 관찰하면서 앞으로 날아간다. 피닉스는 훌륭한 시야와 환경에 대한 감각적인 정보, 그리고 펼쳐지는 사건들에 대해 뛰어난 정보수집 능력을 갖고 있다. 피닉스는 아름다운 새일 뿐만 아니라 불멸의 영감과 격렬한 자극을 주는 새다.

— 《펑 슈이 핸드북》, 펑 슈이 마스터 램 캠 츄엔. 뉴욕: 헨리 홀트 컴퍼니, LLC, 1996(The Feng Shui Handbook, feng shui Master Lam Kam Chuen, New York: Henry Holt and Company, LLC, 1996).

피닉스는 아름다운 금빛과 붉은 빛의 깃털을 가진 새다. 생명이 끝날 무렵, 피닉스는 계피나무의 가지를 꺾어 스스로 둥지를 만들고 거기에 불을 붙인다. 그런 다음 둥지와 새 모두 강렬하게 타오르며 재로 변한다. 그러면 거기에서 어린 피닉스가 다시 탄생한다. 새로운 피닉스는 예전의 피닉스가 살아온 만큼 살 수 있다. 이 새는 적에게 공격당하거나 상처를 입어도 부활하기 때문에 사실상 불멸하거나 정복할 수 없는 대상이다.

— 위키피디아(Wikipedia)

아니다. 평균 이상의 결과를 창출함으로써 시장을 통해 보상받는 것을 촉진하기 위한 조직행동에 관한 것이다. 평균 이상을 달성하고 장기에 걸쳐 성과를 내는 것은 경영에서 가장 중요한 쟁점이다. 성공공식과 고정화는 급류에 적용하면 좋다. 이 두 가지는 급성장에 도움을 준다. 또 이 두 가지는 본질적으로 급류에 뛰어들게 한다. 만약 경영자들이 늪지와 소용돌이를 피하고 싶다면 성공공식과 고정화를 관리할 줄 알아야 한다. 리더가 성공공식과 고정화를 이해할 때에만 비로소 제대로 관리할 수 있기 때문이다.

예를 들어, 영양사가 우리에게 식사량을 줄이고 운동량을 늘리라고 조언하는 것은 아무런 도움이 되지 않는다. 우리는 우리의 행동이 원하는 것과는 반대의 결과를 낳는다는 사실을 알면서도 과식을 하거나 운동을

하지 않기 때문이다. 살을 빼려면 지금까지 해온, 적게 운동하고 많은 칼로리를 섭취하는 공식을 바꿔야 한다.

우리가 갖고 있는 성공공식은 가족이나 비즈니스가 성공적이어야 한다는 고정화다. 우리는 이를 깨달음으로써 첫 발을 내디딜 수 있다. 즉 우리의 전략과 전술은 가정에 충실하면서도 회사에서 열심히 일하는 것이다. 가족과 함께 저녁식사를 즐기는 것과 오랫동안 일해야 하는 것에 고정화되어 있음을 확인할 수 있다. 만약 6시 이후까지 일하고 집에서 저녁을 먹는다면 아무도 참견하지 않을 것이다.

불어나는 허리 치수를 감추기 위해 새 옷을 장만할 수 있다. 그러나 이것이 건강에 위협이 되는 높은 콜레스테롤 수치와 혈당의 위험에서 벗어나도록 해주지 않는다는 사실을 잘 알고 있다. 설상가상으로 콜레스테롤이나 혈당이 심장병이나 당뇨병을 유발해 진짜 위험한 상태에 처했다고 알려줄 수도 있다. 행동을 취해야 할 때가 된 것이다. 하지만 안타깝게도 우리의 식습관은 예전 그대로 머물러 있다.

일단 성공공식과 고정화를 제대로 안다면 위험요소를 관리할 수 있다. 우리는 일과 가족에만 의존하지 않고 사교모임이나 종교활동의 중요성을 인식하면서 자기 자신을 변화시킬 수도 있다. 제대로 일하기 위한 전략은 단지 오랜 시간 근무하는 것만이 아니다. 회사의 기대를 충족시킴으로써 달성할 수 있는 것이다. 가족과 시간을 보내는 것 역시 한 번의 외식이 아니라 가족들과 함께 취미나 여가를 즐김으로써 달성할 수 있다. 요즘 직장에서는 주로 전화나 이메일로 대화가 이뤄지고, 가족끼리는 휴대전화로 통화를 하고, 함께 식사하는 시간도 갈수록 줄어드는 추세다. 이런 상태로 계속 내버려두지 말고 변화하라는 것이다.

성공공식에 대해 어느 정도 통찰력을 갖고 있다고 하자. 그렇다 치더라도 체중관리라는 목표를 이루기 위해서는 고정화에 대한 전반적인 파괴가 필요하다. 근무 스케줄을 조정하고 사람들을 만나는 횟수를 줄여야 한다. 식사 시간도 조절해야 하는데, 식사는 주로 일찍 하고 밤늦게 먹는 일은 피해야 한다. 공식적인 모임이나 만찬에 참석하는 것도 완전히 포기해야 한다. 대신에 운동시간을 늘려야 한다. 맛이 없더라도 저녁 메뉴는 저칼로리 음식으로 완전히 바꿔야 한다. 일하는 방식과 식습관을 완전히 바꿀 때, 즐거운 대화와 건강한 식사를 위한 새로운 방법을 시도해 볼 수 있다. 뱃살을 줄이고 더 건강해지기 위해 노력하면서, 진정으로 원하는 새로운 성공공식을 찾기 위해 다시 급류로 돌아가는 것이다.

생활방식이 변하면 체중도 따라서 줄어들 것이다. 성공은 다이어트와 같은 목표 중심의 행동을 통해 이룰 수 있는 것이 아니다. 삶의 방식을 변화시킴으로써 가능해진다. 일상생활과 예전에 고수하던 방식에서 벗어나 새로운 방식을 추구할 때, 새로운 성공을 발견할 수 있고 감량에도 성공할 수 있다. 다이어트에 성공한 사람들은 이렇게 말한다. "식단조절을 멈추고 지금까지의 삶의 방식을 완전히 바꿨다. 지금은 다이어트에 구애받지 않고도 훨씬 더 건강한 삶을 살고 있다."

고정화와 성공공식을 이해함으로써 우리는 더 나은 결과를 향한 여정을 시작할 수 있다. 오로지 고정화를 파괴할 때에만 도전에 응할 수 있다. 또한 고정화를 관리함으로써 급류에 다시 들어갈 때, 새로운 성공공식을 만들 수 있는 화이트 스페이스를 창조할 수 있다.

지속 가능한 성공을 위한 네 가지 단계

❶ 방어적이고 확장 지향적인 생각을 멈춰라.

❷ 경쟁자들이 고정화에 갇혀 있을 때 공격하라.

❸ 고정화를 과감히 파괴하라.

❹ 새로운 성공공식을 만들기 위한 화이트 스페이스를 창조하라.

방어적이고 확장 지향적인 생각을 멈춰라

1단계는 매우 분명하지만 자주 무시된다. 쉽게 말해 방어와 확장 지향적인 경영방식을 중단하는 것이다. 실시간 커뮤니케이션과 정보의 투명성을 높이면 20년, 10년, 5년 전에 비해 업무 추진 속도를 크게 높일 수 있다. 이렇게 되면 결코 경쟁력을 갖추지 못하던 시절로는 돌아가지 못할 것이다. 쉽게 말해 "이것이 새로운 기준이 되는 것이다." 우리는 방어와 확장경영을 물려받고 싶지 않을 것이며 의존하고 싶지도 않을 것이다.

아인슈타인이 상대성이론을 처음 제시했을 때 사람들은 이 새로운 이론을 철저히 무시했다. 그러나 중력의 한계에서 벗어날 수 있다는 사실을 깨달은 후에는 더 이상 뉴턴의 법칙만을 고집할 수 없게 되었다. 비즈니스 세계에서 우리는 역동적인 시장환경이 비즈니스 사이클을 더욱 빠르게 변화시킨다는 것을 알고 있다. 기존의 성공공식을 계속 고집하다가는 경쟁에서 뒤질 것이고, 결국 지속 가능한 성공을 이루지 못할 것이다. 이제는 방어와 확장경영에서 벗어나 변화를 모색해야 한다. 경영자들도 더 이상 편향적인 태도로는 살아남을 수 없으며, 고정화와 공존하는 역동적 시장에서 경쟁해야 한다는 사실을 알게 될 것이다. 그렇게 되면 경영자들도 기업에 새로운 대안이 될 만한 일을 모색하게 될 것이다.

경쟁자들이 고정화에 갇혀 있을 때 공격하라

2단계는 경쟁자들이 어떻게 고정화에 구속되어 있는지를 탐색하여 허점을 공격하는 것이다. 모든 비즈니스는 고정화에 구속을 받는다.

기업들은 진부한 성공공식에 고정호되어 있기 때문에 쇠락하며, 그 고정화 때문에 신속히 대처하지 못하고 쓰러진다. 그렇다면 경쟁자들이 고정화되어 있는 것이 무엇인지 잘 들여다보면 그들을 위험에 빠뜨릴 방법도 알게 된다. 동시에 우리의 고정화도 드러나고 이를 관리할 수 있게 된다. 스스로는 보기 어려운 것도 다른 사람의 눈에는 분명히 보일 수 있다. 우리는 이런 통찰력을 자신을 연구하는 도구로만 활용할 것이 아니라 경쟁자들을 공격하는 도구도로 활용할 수 있어야 한다.

1단계와 2단계를 실행하면 곧바로 성과가 나오며, 종종 성공적인 전환을 위한 시발점이 되기도 한다. 위기에 직면했을 때 이 두 단계를 이행하면 '출혈을 멈추게 하고' 새로운 해결책을 찾을 수 있게 된다. 성공공식과 고정화의 중요성을 인식하고 이들 정보를 행동을 변화시키기 위한 목적으로 사용한다면, 반드시 획기적인 성과가 보장된다.

모토로라는 2000년부터 성장세가 둔화되었고 2003년까지 계속 부진한 실적을 보였다. 주가가 87%나 떨어진 후에야 이사회는 새로운 CEO를 영입했다. 선 마이크로시스템스의 경영자였던 에드 잰더^{Ed Zander}가 모토로라의 새로운 CEO가 된 것이다. 그는 기민하게 움직였다. 중역실을 없애고 회사 구내식당에서 점심식사를 하도록 제안했다. 모토로라가 추진하던 대형 프로젝트 예산도 삭감했다. 성과를 내기까지 몇 년이 걸릴지 알 수 없었기 때문이다. 그 대신에 다른 기업들과 함께 합작 상품개발에 주력했다. 그는 휴대전화, 디지털 비디오 녹화기 등 회사에 손실을 내는 상품을 없애고 그 자리에 새로운 제품을 신속히 투입했다. 덧붙여 빠르게 성장하는 휴대전화 데이터 시장에서 모토로라가 확고한 자리를 잡을 수 있도록 합병을 모색하며 투자활동을 벌였다.

과거의 습관에서 벗어나 경쟁자들의 고정화를 공격함으로써 모토로라는 다시 조금씩 매출이 신장되기 시작했고 주가도 올랐다. 하지만 이런 모토로라의 약진은 오래 가지 않았다. 더욱 근본적인 변화가 필요했

기 때문이다. 모토로라는 2007년부터 다시 침체에 빠지기 시작했고 조직 전체와 경영진도 위기에 빠지고 말았다.

고정화를 뒤집을 만한 파괴

3단계는 고정화를 뒤엎을 만한 파괴를 시도하라는 것이다. 이렇게 함으로써 한층 더 장기적인 성공을 위한 문을 열 수 있다. 고정화를 선택적으로 공격하는 것은 성공공식을 관리하기 위한 열린 환경을 만드는 중대한 열쇠가 된다. 성공공식을 직접 바꾸기는 불가능하다. 색다른 방법으로 낡은 성공공식을 끄집어낸 다음, 그 자리에 새로운 공식을 채워 넣는 것도 쉽지 않다. 많은 전략 컨설턴트들과 거물급 경영자들이 기업의 성공을 위해 전략을 수정할 필요가 있다면서 이러한 방법을 사용한다. 하지만 새로운 전략을 이행한다는 것 역시 쉬운 일이 아니다. 그들은 수많은 데이터와 차트를 보여주며 기업에 새로운 목표와 시장을 추천해 준다. 하지만 그렇게 하고 나면 그들이 추천했던 계획들은 모두 침체에 빠진다. 이게 바로 컨설턴트들이 기업에 훌륭한 동기를 제공함으로써 자신들의 명성을 쌓지만, 기업의 수익 향상에 별로 도움을 주지 못하는 이유다.

　조직은 성공공식을 바꾸는 것이 아니라 이행하도록 설계된다. 그리고 구조적 설계에 고정화된 행동이 요구된다. 성공공식은 데이터에 대한 공격에 전적으로 저항하는데, 논리가 얼마나 강력한지는 중요한 문제가 아니다. 성공공식은 설계된 고정화이며, 구조적으로 설계되기 때문에 변화시키기란 불가능에 가깝다. 모든 변화는 이 고정화를 공격하는 것에서 시작된다. 고정화를 파괴함으로써 새로운 행동을 위한 동력을 얻을 수 있다.

새로운 성공공식을 창조하기 위한 화이트 스페이스

네 번째 단계는 화이트 스페이스를 이행하는 것인데, 여기에서 새로운 성공공식을 개발할 수 있다. 바로 급류에서 발생하는 혼란스러운 경쟁 속에서 성공공식이 탄생한다. 이렇게 만들어진 성공공식은 반드시 평균 이상의 성과를 창출해 낸다. 따라서 리더는 새로운 성공공식을 설계하기보다는 팀원들로 하여금 경쟁의 결과로써 새로운 성공공식이 만들어지도록 화이트 스페이스를 확립해야 한다.

　리더는 화이트 스페이스 팀에 새로운 성공공식을 개발할 자원을 제공함으로써 낡은 고정화(첫 번째 파괴 요소)를 파괴할 수 있도록 도와야 한다. 이렇게 하면 조직은 새로운 성공공식을 이행해 나갈 수 있다. 조직이 영구적으로 생존하는 길은 화이트 스페이스를 이용하는 것이다.

획기적 성과를 달성하기 위한 피닉스 법칙

경영 관련 서적들은 전통적인 변화 관리방식이 경영에 큰 효과를 발휘하지 못한다는 것을 입증해야 한다. 그런 다음 이를 고정화된 기업에 전달하여 변화 관리방식을 바꾸도록 유도해야 한다. 하지만 그렇게 하지 못했다.

　전통적인 방식들은 조직의 안팎에 있는 누군가가 미래의 비전을 설계하고 그 정신을 조직에 심는다. 그리고 여기에 해당되는 사람이나 집단은 '단결'을 강조한다. 그런데 이 때 말하는 단결이란 "당신은 시키는 대로 하면 된다"라는 일종의 명령이다. 하지만 이를 이행하는 사람들은 조직의 구성원들이 고분고분하지만은 않다는 사실을 알게 된다. 왜냐하면 고정화가 조직원들의 노력을 깎아내리면서 조직의 목표는 흐려지고, 변화에 순응하지 않으려는 사람들이 늘어나기 때문이다.

　변화를 추구하는 리더들은, 변화를 두려워하는 사람들이 조직의 발전을 방해한다고 주장한다. 그래서 리더들은 변화 수용 능력을 향상시키기

위해 조직의 핵심 인물들을 교체하며, 조직 구성원들이 변화를 주저한다는 사실을 넌지시 드러내어 압박한다. 어찌됐든 이런 암시는 중간 관리자나 구성원들에게 실패를 원하느냐며 질책하는 말이 될 것이다. 하지만 우리는 거의 모든 사람들이 성공을 원하며 변화를 즐긴다는 사실을 잘 안다. 거의 모든 사람들이 새로운 식당에서 식사하기를 원하며 새로운 도시를 방문하는 것을 좋아한다. 만약 우리가 변화를 받아들이려 하지 않는다면, 어느 누구도 결혼해서 아이를 낳는 일 따위는 하지 않을 것이다.

재설계할 때 수립된 변화방식은 철저히 의사결정 구도와 업무흐름을 활용한다. 그런 다음 팀은 업무를 재배치하고, 다른 행동을 기대하며, 다른 의사결정에 도달하고, 성과의 개선을 기대한다. 이와 같은 프로젝트 수행 방식은 돌돌 말려 있는 스파게티를 풀어 사람들이 먹기 쉽도록 만드는 일과 비슷하다. 이 작업은 짧게는 몇 개월이 걸릴 수도 있지만 길게는 몇년이 걸릴 수도 있다. 하지만 이렇게 광범위한 설계와 정보의 흐름 및 처리과정을 다시 확립한다 하더라도 여전히 성공에 도달하기는 쉽지 않다.

적응력이 뛰어난 조직은 성공을 위해 비전이나 광범위한 설계에만 의존하지 않는다. 인간은 주변의 위험인물을 감지할 수 있고, 미래에 대한 새로운 비전 없이도 잘 운전할 수 있다. 비록 그렇다 하더라도 인간의 뇌에는 중핵Chief Neuron 이 없다. 세렝게티 초원에 무리지어 다니는 동물들은 위협의 대상을 즉시 파악하고, 본능적으로 먹이와 물을 찾아낸다. 또 동물들은 이미 설계된 미래에 의존하지 않고 매년 자신들의 경로를 변경한다. 단체 행동뿐 아니라 사고과정도 현대와 같은 변화를 추구하는 방식을 따르지 않는 것이다. 그럼에도 이들의 적응력은 뛰어나며 인간보다훨씬 더 성공할 가능성이 높다. 경쟁과 실행이 경영 의사결정에서 최고의 수단이다. 우리는 MBA를 취득한 뛰어난 사람들이 위험요소를 최대한 줄여줄 것으로 믿고 싶다. 위험요소를 줄이는 노력이 곧 방어와 확장경영의 대표적인 방법이기 때문이다. 역동적인 시장환경에서 미래의 경쟁을 예측하는 마법의 크리스털 공을 가진 사람은 없다. 시장을 관련시켰을 때 비로소 좋은 성공공식이 만들어진다.

소규모 기업들도 적응력을 갖춰야 한다. 하지만 이런 기업들은 확립된 전략이나 자원분배 계획을 좀처럼 수립하기 어렵다. 그래서 중소기업들의 고정화는 대기업보다 적은 사람에게 최대한 많이 일을 시키는 것이다. 물론 인원이 적다고 해서 효과까지 적다는 의미는 아니다. 그리고 중소기업의 CEO나 부사장, 중간 관리자들은 여러 가지 업무를 병행하기 때문에 더 많은 영향력을 가질 수 있다고 생각한다. 이런 작은 기업들이 갖고 있는 또 다른 고정화는 대기업보다 외부 정보에 더 쉽게 접근할 수 있다는 것이다.

하지만 통계적으로 봤을 때 중소기업은 대기업보다 실패할 확률이 더 높다. 과거의 성공경험에 더 고정화되어 있을 뿐 아니라 새로운 성공공식에 적응하는 데도 더 많은 시간이 걸린다. 경영자들도 사업계획을 수립할 때 돈이 넘쳐나던 시절의 오래된 방식을 계속 고수하려는 태도를 갖고 있다. 그러다 시장이 돌변하면 속절없이 망하고 만다.

비록 현재는 자원이 부족해 보일지라도 성공한 중소기업의 경영자들은 혁신을 위해 파괴를 단행하고 화이트 스페이스를 더욱 활성화한다. 신생기업들이 망하지 않으려면 급류에 자리를 내주는 대신 경계를 늦추지 않고 고정화를 끊임없이 공격해야 한다. 그렇게 하면 중소기업의 경영자들도 화이트 스페이스를 능숙하게 관리할 수 있게 될 것이다.

고정화된 대기업에 닥치는 어려움은 중소기업에 미치는 영향보다 크지는 않다. 그러나 고정화를 잘 파악해 공격해야 할 뿐 아니라 시장변화에도 적응할 수 있어야 한다. 이런 일조차 수행하지 못할 정도로 무능한 기업은 없다. 하지만 대기업들은 성공하려고 목을 매지 않는다. 즉 많은 대기업들이 창조적 파괴에 대한 동기와 화이트 스페이스를 이행하려는

의지를 갖고 있지 않기 때문이다.

GE나 시스코Cisco는 미국에서 가장 성공한 대기업들이다. 그러나 이들 기업은 화이트 스페이스가 살아갈 수 있는 내부의 파괴 메커니즘을 갖고 있다. 이들은 막대한 자금력을 보유한데다가, 언제든지 쉽게 현금화가 가능한 엄청난 자산까지 보유하고 있다. 또한 성공적인 미래를 창조하는 데 열정을 가진 똑똑하고 유능한 사원들도 많다. 하지만 여기에 고정화가 되어 잠재력을 더 많이 실현함으로써 거대 조직을 유지해야 한다고 생각한다. 거대한 기업도 방어와 확장전략을 버리고, 고정화를 파괴하고, 화이트 스페이스를 이행해야 장기적인 성공을 거둘 수 있다.

물론 일반적인 통념과는 다르게 대기업들은 늘 혁신을 추구한다. R&D 예산이 가장 큰 비중을 차지하는 곳도 대기업이다. 대기업은 대학에도 막대한 자금을 지원한다. 또 해마다 엄청난 양의 특허를 취득한다. 혁신에 대한 정신이 부족하지도 않을 뿐 아니라 장기간 지속되는 평균 이상의 수익을 창출해 내려는 열의도 부족하지 않다. 하지만 과거의 성공경험을 고집하는 고정화된 태도는 획기적인 성과를 이루는 데 방해가 된다. 방어와 확장경영을 하려는 성향을 극복할 수 있어야 조직과 구성원들이 내놓은 아이디어가 장기적으로 성공을 거두는 것이다.

PC 열풍을 그리워했기 때문인지는 몰라도, IBM은 기존의 컴퓨터 사업부문에서 불시착하는 실수를 범하고 말았다. 하지만 이 때 IBM은 다른 모습으로 재탄생할 수 있었고, 서비스 제공업체로서 과거보다 생명력이 강한 회사로 탈바꿈했다. 자기 회사를 장기 우량기업으로 회생시키려는 의지를 갖고 있다면 IBM의 선례를 따라야 한다. 그렇게 하려면 기존의 방어와 확장경영에서 과감히 탈피해 피닉스 법칙을 이행하려는 의지를 가져야 한다.

5/ 방어와 확장경영을 피하라

● ○ ●

피닉스 법칙을 실천하는 기업이 해야 할 첫 번째 단계는 무엇인가? 어떻게 하면 기업들이 방어와 확장경영 방식을 중단하고, 미래의 시장 수요에 맞는 계획을 세울 것인가?

● ○ ●

문제점 깨닫기

공상과학 소설가로 잘 알려진 아이작 아시모프 Isaac Asimov 는 저명한 생화학자이자 대학교수였으며, 멘사 Mensa 의 부사장이자 과학 칼럼니스트였다. 1990년대에 그는 "오늘날 우리가 살아가는 세상을 지배하는 요소는 바로 지속적이며 필연적으로 발생하는 변화다"라고 말했다. 이제는 우리가 살아가는 현재의 세상뿐 아니라 앞으로 세상이 어떻게 변할지에 대해서도 예측하지 않으면 분별 있는 결정을 내리기 힘든 시대가 되었다.

프로 하키 선수였던 웨인 그레츠키 Wayne Gretzky 는 "나는 하키를 하면서 공이 어느 방향으로 흘러갈지를 예상한다"라는 말로 미래에 다가올 변화에 대한 대처가 필요함을 강조했다.

방어와 확장경영이 기존의 성공공식을 탄생시키고 지속시키는 데 일조했다면, 이제는 새로운 성공공식을 고안해 낼 신경영 방법이 필요한 때가 되었다. 새로운 경영방법은 미래의 수요에 맞춰 기업들이 발전할 수 있도록 할 것이며, 지금까지 내린 결정방식과 결정을 고수하기보다는 새로운 경쟁을 준비함으로써 성공할 수 있게 할 것이다.

빠르게 변화하는 세상에서 경영자는 변화하는 시장이 경쟁을 정의한다는 사실을 깨달아야 한다. 성공하는 사람들은 변화하는 시장을 조직에 반영시킴으로써 조직을 더욱 역동적으로 만들 것이다.

경영자는 지금까지도 그랬고, 앞으로도 마찬가지로 현재 하는 일만을 고수해서는 안 된다. 경영자는 과거의 실적에 대해 오래도록 만족하는 태도를 삼가야 한다. 경영자는 더 많은 시간을 투자해 고객과 시장이 미래에 어느 방향으로 흘러갈지를 간파해야 한다. 성공적인 경영자라면 경쟁사들이 한 발 앞서기 전에 남들보다 경쟁력 있는 위치에 도달하는 방법을 배워야 한다.

이제는 경영자들이 자신의 강점과 약점 및 기존의 시장과 고객들을 파악하는 것만으로는 충분하지 않다. 기업이 경쟁사들을 제대로 이해하는 것만으로 시장에서 오래 살아남을 수 있다고 기대하기에는 무리가 있다. 과거와 현재 지닌 능력과 경쟁사들을 제대로 파악하고 있다는 사실만으로는 빠르게 변화하는 시장에서 성공을 기약할 수 없을 것이다. 끊임없는 변화에 제대로 대처하기 위해 경영자는 시장과 고객, 그리고 경쟁사들이 미래의 어느 시장에 눈을 돌리고 있는지를 항상 주시해야 한다.

옛날 속담에 "구덩이에 빠져 있는 자신을 발견하는 즉시 첫 번째 할 일은 구멍을 그만 파는 것이다"라는 말이 있다. 이 속담은 두 가지 신중한 행동을 요한다. 첫 번째는, 자신이 구덩이에 빠져 있다는 사실을 깨달아야 한다는 점이다. 두 번째는, 계속 파내기만 하면 구덩이에서 빠져나올 수 없다는 사실을 깨달아야 한다는 점이다.

위기에서 빠져나오기 위해서는 다른 조치를 취해야 한다. 우리가 해오던 일을 즐기고 계속 파내기만 한다면, 우리는 그 속에 점점 더 깊숙이 빠지게 될 것이다. 방어와 확장경영을 성공공식으로 삼는다면 우리는 구덩이 속에 더 깊이 빠지게 되는 결과를 얻을 것이다. 왜냐하면 방어와 확장경영을 한다는 것은 자신의 무덤을 더 깊이 판다는 뜻이기 때문이다.

성공공식과 고정화, 그리고 방어와 확장경영 방식은 기업이나 조직이나 개인은 도저히 해결할 수 없을 것처럼 보이는 문제들을 해결하기 위해 필요한 언어가 무엇인지를 보여준다. 문제를 해결하는 첫 번째 단계는 문제점을 깨닫고 그것에 관해 이야기하는 것이다. 성공공식과 고정화를 이야기함으로써 경영진은 문제점을 파악하고 대안을 제시할 수 있다.

성공공식을 가지고 있는 경영자들은 그것에 대해 공공연하게 말하는 경향이 있다. 경영자들은 정체성, 전략, 그리고 전술을 분명히 구체화해 드러낼 수 있다. 이러한 것들이 어떻게 발전을 해왔으며 어떤 목적을 이루었는지에 대해 이야기할 수 있다. 그들이 가진 노련한 경험은 조직의 초기 조건과 연결되며, 곧이어 조직의 문제점을 깨닫고 그것을 변화시킬 수 있게 된다.

더 중요한 점은, 경영자가 어떻게 성공공식이 고정화되었는지에 대해 이야기할 수 있다는 점이다. 불변의 법칙은, 그것이 구조적이든 행동주의적이든 간에 전에는 암묵적이었다면 지금은 명시적인 것이 되었으며, 그것이 어떻게 성공공식을 뒷받침하는지와 관련되어 있다. 고정화에 대해 공공연히 말함으로써 의도적인 행동을 변화시킬 것이다.

반면, 방어와 확장경영의 언어는 문제점에 대해 서로 다른 이야기를 한다. 경영자들이 성공공식을 새롭게 정의 내리고 고정화를 다시 세우기 위해 급류에 머무르든지, 고정화를 깨고 성공공식을 새롭게 정립하기 위해 평지나 늪지 또는 소용돌이 속에 머무르든지 간에, 문제점에 대해 활발히 논의함으로써 조직원들의 훌륭한 아이디어를 시장변화에 대한 새로운 해결책을 제시하는 데 적용시킬 수 있다.

'변화경영 방법'에 관한 저서는 보통 경영자가 미래에 대한 계획을 세울 수 있으며, 더 나은 결과를 향한 경로를 설정할 수 있다는 가정 아래 이야기를 시작한다. 그러한 책들은 경영방법이 마치 맵퀘스트Mapquest처럼 간단하고 단순하다고 이야기한다. 이러한 방어와 확장경영 방법은 변화에 유일한 훼방꾼이 목표, 교육, 그리고 계획세우기인 것처럼 말함으로써 스스로 변화할 것을 강요한다. 사람들에게 더나은 미래가 기다린다고 확신시키는 것이 그것에 대한 방법이다. 그리고 그러한 경영방법에는 심리적인 도구를 이용해 사람들로 하여금 변화하도록 설득시킨다. 그러나 고정화를 무시함으로써 이러한 노력들은 결국 인사교체 정도에 그치며 별다른 성공을 거두지 못한다.

대부분의 사람들은 경영상의 문제점이 무엇인지 알고 문제점들을 자세히 말할 수 있다. 사람들이 다르게 행동하는 것을 방해하는 요인은 그들이 가지고 있는 자료와 논리에 있지 않다. 변화에 대한 접근방

역동적인 행동 가르치기

처음 축구를 배울 때 모든 아이들은 공을 따라다닌다. 공을 좇는 목적은 공이 있는 곳을 찾아 공을 발로 차기 위한 것이다. 수업을 시작하면서 아이들에게 공간을 넓혀 빈 공간을 만들고, 서로에게 공을 패스하라고 가르친다. 아이들은 누군가가 공을 골로 연결시킬 때까지, 같은 팀원들에게 공을 패스하는 것을 배우게 된다.

하지만 실제 경기에서는 상대방 선수들이 가만히 서 있지 않는다. 공을 같은 팀 선수에게 주려고 할 때마다 상대 팀 선수는 공이 패스되는 것을 방해하기 위해 달려간다. 그래서 감독은 선수들에게 계속 움직일 것을 주문한다. 가만히 서 있는 선수에게 공을 전달해 그 선수를 수비하던 상대방 선수로 하여금 공을 가로채게 하지 않기 위해서는 잔디의 빈 공간으로 공이 연결되어야 하며, 선수 중의 누군가가 공의 전달 위치를 미리 파악해 그 쪽으로 달려가야 한다. 선수들은 활발하게 움직일 것과 끊임없이 움직이는 상대선수를 수비하라고 지시받는다.

대부분의 감독들은 이러한 과정이 최소한 4년에서 최대 6년까지 걸릴 것으로 예상한다. 고등학교에서도 이기기 위한 가장 중요한 요소인, 선수들로 하여금 잔디에서 계속 뛰게 만드는 일은 무척 어렵다. 어떻게 하면 더 활발하게 경기할 수 있는지에 대해서만 생각하는 운동선수들에게도 이러한 과정이 어렵다면, 복잡한 비즈니스 조직에 똑같은 과정을 가르치는 것 또한 무리가 아니겠는가?

식이 방어 확장의 경영방식만큼이나 구식인 것이다.

고정화 변화에 의한 조직의 성과 향상시키기

'경영 문화'나 '경영 유산'에 대해 말하는 것은 이제 쓸모없는 일이 되었다. 미래의 비전에 대해 정의를 내리려는 시도 또한 마찬가지다. 변화는 고정화(조직 내의 위계질서 또는 비판할 수 없는 대상) 또는 원가 관계(주요 자산 매각, 공급망 폐쇄 또는 신기술 수용)를 바꿈으로써 가능해진다. 피닉스 법칙을 시행하면서 경영자들은 모호하고 뚜렷한 의미가 없는 '기업문화'에 대해 이야기하며, 멍한 상태로 경영실적이나 갉아먹는 일을 멈출 수 있게 되었다. 대신에 경영자들은 방어와 확장경영을 추구하던 고정화를 변화시킴으로써 시장 변화에 맞추어 사업을 진취적으로 발전시켜 나갈 수 있게 된다.

● ○ ●

과거보다 미래를 향한 계획 세우기

방어와 확장경영을 중단하라는 것은 말처럼 쉬운 일이 아니다. 고정화는 우리가 과거에 하던 일을 계속하게 만든다. 멈추지 않음으로써 예상되는 미래의 결과를 말하는 동안 '멈춰!'라고 외칠 수 있다면, 우리 모두는 날씬해질 뿐만 아니라 담배와 술과 마약의 중독으로부터 자유로워질 것이다. 무엇인가를 중단하는 일은 항상 해오던 일을 대체하기 위해 변화된 새로운 방법을 택할 것을 요구한다. 우리는 '그일을 하는 대신, 이것을 해'라고 말해야만 한다.

계획설정에 대한 방법을 바꿈으로써 방어와 확장경영을 중단하라. 대부분의 전략과 계획설정 과정은 밖에서부터 안으로가 아니라, 안에서부터 밖으로 실행하도록 설계되어 있다. 그러한 전략과 계획은 기업이 성공공식을 바꾸기보다는 기존의 것을 그대로 지키는 일에 주력하도록 되어 있다. 그러한 경향을 극복하고 고정화를 깨려면 계획설정 과정을 다시 해야 한다.

계획설정에서의 첫 번째 단계는 지난 몇 분기 또는 몇 년 동안의 실적을 보여주는 차트를 만드는 것이다. 과거는 계획설정에서 '포인트 jumping off point'가 되어왔다. 하지만 과거는 방어와 확장경영 방법에 따른 계획설정 이외에는 어떠한 이점도 가져다주지 못한다. 과거는 고정화의 과거 행동을 더욱 고수하게 만들거나 그것의 결과를 더욱 강조하거나 둘 중 하나다. 그것은 경영자들이 더 역동적이면서 다른 미래를 향한 계획을 세우는 일에는 전혀 도움이 되지 않는다.

만약 회사의 수익이 100에서 108로 올라갔다면, 기존의 계획설정 과정에서는 "수익이 전체 시장보다 더 높은 8%나 올랐다"라고 할 것이다. 하지만 신기술에 투자하기 위해서는 훨씬 더 많은 자금이 필요하다. 기업이 장기적으로 살아남기 위해서는 계획을 세울 때 "수익이 8% 올랐지만, 경쟁력을 유지하기 위해 필요한 정도로는 30%밖에 채우지 못했다"라고 해야 한다. 첫 번째 설명이 과거에 관한 것이었다면, 두 번째 설명은 미래에 관한 것이다. 잘 했다고 등을 두드려주는 것은 분명 기분 좋은 일이지만 미래의 성공에는 아무런 보탬이 되지 않는다.

계획설정에서 두 번째 할 일은 기존의 시장을 설명하는 것이다. 여기에는 기존의 고객층과 그들의 선호도가 포함된다. 거기에는 아마도 경쟁사들이 최근 시장에서 거둔 성공과 자신들의 역량이 포함될 것이다. 하지만 이것은 우리가 고정화라는 렌즈를 통해 본 과거에 관한 것으로서 이미 아는 내용이다. 이것은 방어와 확장경영 방법을 부추기거나 그것이 가져올 위험을 지적할 것이다. 놓치고 있는 것이 가장 좋은 미래의 기회일 수 있는데, 여기에서 말하는 기회는 과거의 고객, 시장, 제품, 경쟁사들을 의미하지는 않는다.

애플 컴퓨터는 데스크탑 컴퓨터 시장의 성장에 매우 중요한 역할을 했으며, 가히 혁명적인 기업이라고 할 수 있다. 시간이 지나면서 애플은 급류를 향해 더 위로 올라갔고, 자사만의 컴퓨터 성공공식과 맥킨토시라는 고정화에 빠지게 되었다. 존 스컬리John Scully는 PDA의 1세대라고 할 수 있는 뉴턴Newton을 처음 출시했다. 다양한 매체에 광고를 한 결과, 초기의 고질적인 문제점이었던 핸드라이팅 인터페이스 문제를 극복하고 37만 5,000대를 판매했다.

하지만 안타깝게도 뉴턴은 맥킨토시 제품 출시 계획에 포함되지 못했다. 수백만 대가 판매된 맥킨트시는 애플 경영자들의 관심을 사로잡기에 충분했다. 스컬리의 경영 부서 팀원들은 애플의 이사회실로 가서 스컬리를 당장 해고시켜야 하며, 맥 컴퓨터에 사람들의 '관심'이 다시 쏠렸을 때 뉴턴의 '다각화 사업'을 조기에 폐쇄시켜야 한다고 주장했다. 왜냐하면 맥킨토시가 윈도 체제를 바탕으로 한 PC로부터 강력한 도전을 받고 있었기 때문이다.

안타깝게도 애플은 모든 기업들이 윈도 체제로 표준화하면서 윈텔로의 시장 변화를 늦추는 데 실패했다. 막대한 기술과 광고 투자에도 불구하고 애플은 휘청거렸다. 애플은 자신들이 뉴턴을 포기했을 때 윈도 PC가 재빠르게 가격을 떨어뜨리고, 기업 고객들이 윈도로 표준화한다는 사실을 알았다. 하지만 애플의 계획설정 과정이 맥킨토시를 방어하고 확장하는 데에만 집중되었기 때문에 후에 팜PALM이 성공을 거둔 PDA 시장은 애플의 관심을 얻지 못하고 말았다.

2004년 애플은 맥킨토시와는 상당히 거리가 먼 아이팟과 아이튠스를 출시했다. 그리고 애플은 다시 한번 공고한 입지를 되찾게 되었다. 2007년 애플의 아이폰은 핸드폰 시장에서 높은 성장세를 기록했다. 이러한 제품들 모두 PC 기술이나 애플이 전통적으로 강했던 컴퓨터 시장과 아무 관련도 없었다. 파산 직전의 회사를 다시 일으켜 세우기 위해 애플은 계획설정을 맥킨토시로부터 완전히 다른 제품과 시장으로 변화시켜야만 했다.

현재와 과거를 기술하면서 시작하는 계획설정 과정에는 분명 문제가 있다. 경영자들은 '상자 밖에서 생각하기'를 원하지만, 그러한 상자들이 무엇인지에 대해 새로운 정의를 내릴 때마다 좋은 아이디어가 채택될 가능성은 점차 줄어들 것이다. 과거를 바라보는 일은 계획설정 영역을 조이는 일이며, 절대로 느슨하게 만들지 않는다.

계획설정이 시작점에서 기술되어야 하는가, 또는 목적지를 결정짓고 시작되어야 하는가? 《이상한 나라의 앨리스Alice's Adventures in Wonderland》를 쓴 루이스 캐롤Lewis Carroll은 "어디로 가고 있는지 당신이 모른다면, 어떤 길도 당신에게 목적지를 가르쳐주지 않을 것이다"라고 썼다. 계획설정은 지금 현재의 위치에 관한 것이 아니라, 가고 싶은 목적지에 관한 것이어야 한다. 어디에서 출발하는지 알고 있다는 사실이 당신을 기분 좋게 만들 수는 있겠지만, 목적지를 알고 있다는 사실은 과연 어떠한 면에서 좋을까? 출발점을 알고 있다는 것은 지도를 한 장 가지고 출발한다는 것을 의미하며, 분명한 길이 안 보이는 시장에서 고군분투하는 상황과는 분명 다르다. 하지만 그보다는 어디로 가고 싶은지를 먼저 파악하고, 거기에 도착하기 위해 거쳐야 하는 길을 찾는 것이 더 중요한 과정이다.

경영에서 성공에 다다르기 위한 화려한 길이란 존재하지 않는다. 소시지를 만드는 일과 같이 경영은 때로 매우 복잡한 과정이다. 고객과 경쟁사들은 끊임없이 예측 불가능한 행동을 한다. 기술, 금융,

제품, 그리고 가격 요인들은 끊임없이 변화하기 때문에 앞으로 나아가는 과정을 마치 포장된 도로를 선택해서 가기보다는 황야를 헤쳐나가는 일에 더 가깝게 만든다. 경영자들은 현대의 자유로운 여행가라기보다는 거대한 마차 수송대의 정찰병처럼 행동해야 한다. 계획설정은 어느 길로 가야 A부터 B까지 갈 수 있는지를 결정하기보다는, 옳은 방향을 가르쳐주는 단서를 하나씩 찾아가는 과정이어야 한다.

과거만을 바라보면서 성공의 길에 도달하는 기업은 없다. 래리 페이지Larry Page와 세르게이 브린Sergey Brin이 구글을 창립한 이후 24개월 동안 회사의 수익을 통계적으로 정확히 예측할 수 있었겠는가? 제프 베조스Jeff Bezos가 취임 후 첫 4분기 동안의 결과로 3년 후의 아마존 규모를 예측할 수 있었겠는가?

피에르 오미디야르Pierre Omidyar가 페즈 디스펜서Pez dispensers를 대체하기 위해 이베이를 창립했을 때, 그는 자신의 정보수집가로서의 과거 경력을 바탕으로 이베이가 수십억 달러를 벌어들이는 사업이 되리라고 예측했겠는가? 델의 투자자들이 첫해의 가정용 PC 판매량을 보고 기업의 연간 수익이 수십억 달러가 되리라고 예상했겠는가?

경영자들은 왜 계획을 설정할 때 과거의 자료가 가치 있다고 생각하는가? 만약 기업가들이 계획을 세울 때 과거 자료에 의존하지 않는다면, 왜 기존의 경영자들은 그러한가? 과거 자료를 가지고 있으면 계획을 더 잘 세운다는 것을 의미하는가? 또는 과거자료가 계획설정 과정에는 도움이 되지 않지만, 심적으로 안정되게 만들기 때문인가?

성공적인 계획설정은 반드시 미래에 관한 것이어야 한다. 경영자들은 미래 성장을 관측할 때 과거자료를 없애야만 하며, 과거에 존재하던 시장에서 얻었던 성장으로 한정시켜서는 안 된다. 성장은 어느 곳에서든지 찾아올 수 있다. 넓은 그물망을 던지는 일이 중요하다.

뉴스 코퍼레이션News Corporation은 호주의 영세 신문사로 출발했다. 어디에서 출발했는지에 대해 상관하지 않고, 오직 성장만을 목표로 좇다 보니 뉴스 코퍼레이션은 신문 판매량을 방어하고 확장하는 것 이상의 길로 나아갔다. 오늘날 이 회사는 신문뿐 아니라 텔레비전 뉴스, 방송, 프로덕션, 케이블 텔레비전 소유권, 다이렉트 위성방송, 영화제작, 잡지, 삽입 광고, 책, 그리고 인터넷 등 다양한 분야에서 두각을 보이며 전세계에 걸쳐 고객을 확보하는 기업으로 거듭나고 있다.

100년 동안 싱어Singer 하면 떠오르는 것이 재봉틀이었다. 1960년대 재봉틀 제조업체 간의 경쟁이 매우 치열했기 때문에 싱어의 수익은 감소했다. 아시아 기업들이 시장에 진출했고 싱어로부터 시장 지분을 앗아갔다. 싱어의 경영진은 그 동안 해왔던 것처럼 재봉틀 분야에서 경쟁을 벌이는 것은 사업 전망에 득이 되지 못하리라는 것을 알았다. 과거 경험했던 시장과 역량을 방어하고 확장하는 방법을 택하는 대신, 싱어의 경영진은 가능한 한 시야를 넓히려고 노력했다. 베트남 전쟁으로 인해 전쟁산업 분야의 수요가 늘어난다는 것을 알고 난 후 싱어는 빠르게 성장하는 군수물품 시장에 진출하려고 계획했고, 이러한 계획은 회사에 일생일대의 혁명을 가져다주었다. 1980년대 로널드 레이건 대통령이 군 증강 정책을 펼치자 싱어는 모든 자산을 해외의 경쟁사에게 팔아버렸다. 그 수익으로 군수시장 부문에 투자했고 마침내 군수물품 제공 업체로 전환하는 데 성공했다.

성공적인 계획설정에서 중요한 일은 성장 기회를 포착할 수 있는 넓은 시야를 갖는 것이다. 왜 쓸데없이 성장 가능성도 낮고 경쟁도 치열한 시장에서 에너지를 낭비하는가? 그것은 바로 기존의 제품, 시장, 그리고 역량을 지키려고만 하는 고집에서 나오는 생각들 때문이다.

'현실이 반영된 계획세우기'는 사업 확장을 위한 제한된 선택과 예전의 성공공식을 유지하려는 태도에 대한 완곡한 표현에 지나지 않는다. 계획을 세우는 사람들은 중학교 때 배운 과학적 방법을 사용해야 한다. 일단, 미래의 성공공식에 대한 가정을 세우고, 거기에 도달하기 위한 통찰력을 제공할 수 있는 실험들을 설계해야 한다. 미래의 일어나지도 않을 일에 대해서는 집중하지 마라. 대신 거기에 다다르기 위해 필요한 것이 무엇인지 생각하라. 주요 문제를 해결하기 위해 필요한 도구와 기술, 그리고 자료들을 수집하라. 현재 이미 가지고 있는지 여부에 상관없이, 필요한 역량을 얻기 위해서는 개발 프로젝트와 시험을 설계해야 한다. 이러한 과정은 획기적인 기술과 제품을 개발하기 위해 R&D와 엔지니어링 분야에서 이미 널리 쓰이고 있으며, 이것을 사업의 계획설정에 적용시키지 못할 이유는 어디에도 없다.

1990년대 AT&T는 무선전화가 유선전화 시장을 잠식할 것이라는 사실을 알았다. 그러나 AT&T는 미국의 전화 시장이 유선 없이 지속되리라는 생각을 하지 못했고, 따라서 무선시장으로는 장거리 서비스를 할 수 없다고 판단하다가, 후어 무선시장의 성공을 대비한 계획을 세웠다. 만약 이러한 시나리오가 AT&T의 핵심 계획설정 과정에 반영되었다면, AT&T는 거의 파산직전에 있던 장거리 전화 서비스 사업을 방어하고 확장하지는 않았을 것이다. 결국 AT&T는 무선전화 사업에 막대한 투자를 하고도 이동통신 사업에서 성공을 거두지 못했고, 경영악화에까지 이르러 SBC에 인수되었다.

코닥은 어떤 기업보다도 디지털 사진 분야에서 많은 특허를 얻었다. 경영진은 디지털 사진이 아마추어용 사진기였던 필름 카메라를 능가할 것이라고 믿었다. 하지만 그 기간 동안 필름 카메라의 판매와 영업이익을 살펴본 것을 시작으로 계획을 세웠으며, 그러고 난 후 필름 카메라를 계속 지켜나가기로 사업계획을 바꾸었다. 그 결과 코닥은 디지털 카메라 시장에 늦게 진출했고, 결국 시장에서 리더십을 잃게 되었다.

만약 코닥이 사업계획을 '디지털 카메라가 언젠가는 아마추어 카메라 시장을 지배할 것이다. 카메라 시장에서 승리자가 되기 위해서는 무엇을 해야 하는가?'라는 물음으로 시작했다면, 회사는 초기에 가졌던 디지털 카메라 시장에서의 혁신을 발휘할 수 있었을 것이다. 현재 상황을 평가하기보다는 미래 시장에 집중했다면, 코닥은 늦은 시장 진입으로 말미암아 얻은 수익 하락을 걱정하지 않아도 됐을 것이다. 코닥은 문제가 너무 커져 더 이상 피할 수 없을 때까지 방치하기보다는 지금 더 빨리 디지털 카메라 시장이 가져온 피해에 대처할 수 있었을 것이다. 미래의 시나리오 설정은 과거의 경험에 따른 분석에 있지 않고, 그 계획이 출발하는 지점에 있어야 한다.

장애물 제거하기

기업은 보통 본사 회의실이나 호텔 근처 회의 장소에서 사업계획을 세우게 된다. 현재 상황에 대한 보고를 들은 후 경영자들은 보통 이렇게 말한다. "좋아, 그럼 이제 상자 밖에서 한번 생각해 봅시다." 이런 식의 방법으로는 아이디어가 몇 개 떠오르지 않을 것이라는 사실이 놀랍지 않은가?

오늘날 모든 기업은 글로벌 경쟁에 적응해야 한다. 이전에 미국과 유럽에서 행해지던 작업의 대부분은 이제 인도, 중국, 러시아, 헝가리 (특히 농업부문), 브라질, 멕시코, 그리고 아르헨티나에서 대체되고 있다. 이제는 해외의 경쟁사들이 국내 경쟁사들보다 더 시장 상황을 변화시키는 주요 요인이라는 사실은 분명해졌다. 하지만 기업 내에서 계획을 세우는 사람들은 글로벌 경쟁자들에 대한 정보가 거의 없기 때문에 그들이 어떻게 행동할지 잘 모르고 자신들처럼 행동하리라고 생각하면서 계획을 세운다. 설상가상으로 자신들이 무엇을 모르고 있다는 사실조차 모르기 때문에, 현재 알고 있는 사실을 단지 확장해서 계획을 세울 뿐이다.

왜 첸나이, 하이데라바드, 베이징, 항저우, 상트페테르부르크 또는 브라질리아에서 계획설정 회의를 하지 않는가? 왜 미리 현지의 기업과 연락해서 관광 겸 회의를 할 수 있도록 지시하지 않는가?

사업에 대한 글로벌 경쟁사들의 생각과 그들이 실제로 어떻게 사업을 운영하는지를 살펴보는 것은 분명 잃어버린 통찰력을 제시해 줄 것이다. 계획설정이 끝난 후에는 현지의 경영자들과 회의를 함께 해라. 한 주가 끝날 때쯤 회의를 통해 나온 계획안은 본사나 몇 마일 떨어진 리조트에서 생각해 낸 의견과는 한 차원 다른 결과로 나타날 것이다. 만약 사업을 벌이는 데 높은 비용이 예상된다면 실패했을 경우에 드는 비용과 비교해 보아라.

상자 밖으로 나가기

미국의 최대 신문사 중 하나가 인터넷 경쟁사들로부터 빼앗긴 광고 수입 때문에 비용 삭감이라는 엄청난 압박을 받고 있었다. 기존에 해 오던 비용 삭감정책을 몇 년 동안 펼친 후 경영진은 스스로에게 더 나은 해결책이 있는지를 물어보았다. 경영진은 해결책을 알아보기 위해 인도로 출장을 떠났는데, 거기에서 인도 최대 규모의 출판사와 다양한 서비스 공급업체를 만나게 되었다. 그들은 유수의 인도 대학에서 만남을 가졌다. 인도에서 얻은 계획안은 애초에 생각했던 것보다 매우 달랐다. 몇 주 이내에 그 회사는 고객의 요구에 더 잘 부응하고, 비용곡선을 바꾸기 위해 아웃소싱을 주기로 결정했다.

지금 하는 일보다 모르는 일을 대비해 계획을 세워라

훌륭한 기회는 사람들이 알기 힘들거나 눈에 띄지 않는 형태로 되어 있다. 경영자들이 이제는 새로운 아이디어와 시장을 발견하기 위해 세계로 눈을 돌림에 따라서 뒤집어지지 않은 돌은 없게 되었다. 훌륭한 잠재성을 가진 기회는 알려지지 않은 것이 아니라, 안 알려진 기회로서 보통 불변의 법칙을 고수하는 기업들이 볼 수 없는 기회이기도 하다.

　많은 기업들이 우수 고객에 대한 정보를 보유하고 있다는 사실에 대해 큰 자부심을 가진다. 우수 고객을 회사로 초청해 사업계획을 세우는 일에 참여시킬 뿐 아니라, 고객의 만족도를 향상시키기 위해 어떤 노력을 해야 하는지에 대해서도 고객에게 질문하곤 한다. 그러나 이러한 방식조차 또 다른 형태의 방어와 확장경영일 뿐이다.

이와 유사하게 요즘에는 고객자원관리Customer Resource Management ∶ CRM 시스템이 고객들의 가치에 따라 고객 프로파일을 만드는 일을 한다. 수입 또는 마진에 따라 고객을 플래티넘, 골드, 실버 등급으로 나누고 각 레벨에 맞추어 고객들을 대한다. 그러나 이러한 시스템조차 고객들이 즉시 기업의 성공공식을 받아들이지 않는다면, 고객을 레벨로 나누는 데 따른 이익보다 비용이 훨씬 커서 자연스럽게 포트폴리오에서 고객을 제외시킬 수밖에 없게 만든다.

미래를 대비한 계획을 세울 때 기업에 가장 가치 있는 고객은 현재의 훌륭한 고객이 아니다. 현재의 훌륭한 고객은 동시에 결함이 있다는 말이기도 하다. 과거의 고객은 경쟁사들이나 기업이 미래에 살아남기 위해 변화시켜야 하는 요소들에 대해 알고 있다. 그들의 통찰력은 다른 어떤 기업의 성공공식이 좀 더 매력적으로 보이는지를 결정할 수 있게 한다. 우리가 놓친 고객은 시장 변화와 시장에 미칠 난제를 더 잘 이해할 수 있도록 하는 기회이기도 하다. 따라서 이들을 무시하는 것은 기업의 미래 수익에 부정적인 영향을 미칠 수 있는 아주 위험한 행동이다.

종종, CRM에서는 가장 덜 매력적이라고 판단한 고객층이 실제로는 가장 소중한 고객인 경우가 있다. "왜 이러한 고객들은 고객층이 더 크거나 더 많은 수익을 가져다주지 않습니까? 어떻게 그 고객들이 더 많은 수익을 가져다줍니까?"와 같은 질문들을 해봄으로써, 시장에 다가올 난제에 대해 알 수 있을 것이다. 기존의 성공공식은 플래티넘이나 골드 고객의 요구에 맞춰져 있기 때문에, 앞으로 가장 흥미로운 고객층은 이 카테고리에 포함되지 않은 고객들이 될 것이다. 현재까지 기업에 별다른 영향력을 끼치지 못하는 고객들이 시장의 변화와 부상하는 경쟁사들의 위협에 대처할 수 있는 통찰력을 가져다줄 가능성이 가장 클 것이다.

고객들과 함께 그룹으로 골프를 치는 행위는 고객들로 하여금 그 기업 제품을 계속 사용하도록 하는 충성심을 유지할지라도, 어떠한 경우에 고객들이 등을 돌리는지에 대해서까지 알게 해줄 수는 없을 것이다. 대형 고객층은 자신들이 기업에 등을 돌리는 그 순간까지도 매우 만족스러운 표정을 지을 것이다. 왜냐하면 그들은 등을 돌리기로 마음먹기 전까지는 기업과의 변하지 않는 관계를 유지해야 얻을 것이 많다고 생각하기 때문이다. 대신에 기업은 경쟁사에 빼앗긴 고객과 아직은 기업의 수익에 큰 영향을 미치지는 못하지만 그럴 가능성이 큰 고객들의 말에 귀를 기울이는 태도가 더 현명하다. 이러한 고객들은 기업이 가지고 있는 고정화를 자신들과 공유하는 것을 덜 원하기 때문에 시장 변화에 대해 기업이 무엇을 모르고 있는지를 솔직하게 말해 줄 가능성이 더욱 크다.

기존의 계획설계가들이 매크로 트렌드를 안다고 하더라고, 그들이 그러한 트렌드가 기업에 어떻게 영향을 미칠지에 대해서는 알지 못했을 가능성이 매우 높다. 성공공식을 지금보다 강화시키고, 지금 다가오는 문제점에 대해 언급한 것이 철저히 무시당했을 때 트렌드에 대해 이야기하게 된다. 계획설계자들은 으레 엄청난 발전은 포기하고 약간의 전략상 변화만을 가한 채 과거의 행위를 계속 확장시켜 나가는 데 만족한다.

인텔 창립자 고든 무어 Gordon Moore 는 1965년, 컴퓨터의 파워가 24개월마다 두 배씩 증가한다는 예측을 내놓아 명성을 얻게 되었다. 무어의 법칙이라고 불리는 이 법칙은, 컴퓨터가 매우 강력한 힘을 지니게 되며 싼 가격이 되기까지 오랜 시간이 걸리지 않는다는 것이다.

하지만 그 후 25년 동안 컴퓨터 기술을 경쟁력 있는 도구로 이용한 기업은 거의 없었다. 심지어 초기의 컴퓨터 전문가들과 데이터 센터 관리자들까지도 강력한 힘을 가진 값싼 컴퓨터가 경쟁력에 미칠 영향에 대해 별다른 대비를 하지 않았다. 컴퓨터 속도가 더욱 빨라지고, 가격이 점점 하락하며, 컴퓨터 사용방법을 아는 사람들이 점점 늘어남에도 불구하고 컴퓨터 기술의 잠재적인 가치는 여전히 외면받았다.

매크로 트렌드

- 미국인의 평균 수명은 곧 90세가 될 것이다. .
- 인도의 상위 25% 고등학교에 다니는 학생들은 모든 미국인 고등학생의 수를 합친 것보다 많다.
- 만약 모든 미국의 제조업 분야 일자리가 중국으로 넘어간다 해도 미국은 여전히 노동력 흑자상태를 유지할 것이다.
- 2,000개의 영화가 단 하나의 유리 섬유로 바뀔 수 있다.
- 미국은 인터넷 보급률이 가장 높은 상위 15개국에 끼지 못한다.
- 인간 게놈은 지도화되어 있다.
- 가축 복제는 성공적으로 진행 중이다.
- 이슬람은 세계에서 가장 빠르게 성장하는 종교다.
- 지난 40년 동안 지구대기의 작은 변화가 가까운 미래의 전세계적인 기후양상을 크게 변화시키고 있다
- 지구에 사는 사람의 숫자보다 하루에 주고받는 문자 수가 더 많다.
  이러한 트렌드들이 어떠한 경쟁 가능한 도전을 암시하는가?

그 결과 대부분의 IT 전문가들과 기업의 경영자들은 컴퓨터 본체, 미니컴퓨터 및 그들이 지원하고 있던 기술에만 과다한 투자를 했으며, 기업의 경쟁력을 제고할 수 있는 기회는 자연히 놓치고 말았다. 1990년대가 돼서야 경영자들은 컴퓨터 기술을 오늘날 게임 변화자로서 적용시키는 것에 대해 생각하기 시작했으며, 오늘날 많은 기업들이 여전히 IT를 전략적으로 다루지 못한다.

대부분의 계획설계자들은 그 당시에 널리 알려진 것을 기반으로 전략을 세운다. 하지만 오늘을 안다는 사실이 미래에 대해서는 무지한 사람을 낳을 수가 있다. 만약 어떤 투자자가 1905년에 어떤 기업의 계획을 평가했다면, 포장된 도로가 144마일밖에 없다는 것과 자동차가 8,000대밖에 없다는 사실을 알고 있어야 했다.

이러한 사실 때문에 그는 자동차 산업에 막대한 투자를 하기보다는 말의 식량이나 말 대여소에 투자했을 것이다. 만약 그가 동시에 1905년에는 95%의 아기가 집에서 태어나고 90%의 미국 외과의사들이 대학을 졸업하지 않았다는 사실을 알았다면, 병원이나 의료보험 회사에 투자할 수 있었을까? 계획설계자들은 지금 세상이 돌아가는 상황을 기반으로 계획을 세우지 않고 앞으로 세상이 어떻게 변할지를 미리 파악하고 계획을 세우는 것이 중요하다.

1970년대에 대부분의 기업들은 '시간 공유'라는 서비스를 통해 거대 데이터 센터로부터 컴퓨터 이용 시간을 렌트했다. 보잉 컴퓨터 서비스BCS는 세계에서 가장 큰 시간 공유업체였다. 1970년대 말 BCS의 최고경영자는 소규모의 기업들이 마이크로프로세서를 장착한 것에 대한 그의 사견을 요청받았다. 그는 그러한 장치들이 필요하다고 생각한 적이 없다고 대답했으며, 오락용 장난감에 불과하다고 비하했다. 물론 스티브 잡스, 스티브 워즈니악Steve Wozniak과 빌 게이츠는 그와 의견이 달랐다.

계획설정 때 시나리오 설계를 하는 것은 매우 중요하다. 새로운 기술이나 시장에 뛰어난 통찰력을 가지고 있는 사람들조차 미리 볼 수 있는 크리스털 공을 가지고 있지는 않다. 따라서 미래에 대해 다양한 시나리오를 예상하고, 시나리오의 진전 상태를 관찰하는 태도는 매우 중요하다. 투자 지침서로서 시나리오를 세우는 일은 과거의 결과에 따라 미래의 투자계획을 세우는 일보다 평균 이상의 수익을 창출할 가능성이 높다. 시나리오를 세우는 일은 잠재적 결과를 위한 루트를 세우는 길로 나아갈 수 있게 한다. 하나의 계획에만 집중하는 것보다는 다양한 기회들이 따라올 수 있다.

1970년대에 IBM, RCA, 그리고 GE는 컴퓨터 본체 사업부문에서 경쟁 중이었다. IBM이 압도적인 선두를 지키고, RCA와 GE는 2위 자리를 놓고 치열하게 다투었지만 많은 수익을 거두지는 못했다. GE는 미래를 예측하기 위해 시나리오를 이용했고, 시장에서 독점적 행태를 벌이던 IBM과의 경쟁은 불가능에 가까운 일이라고 판단했다. RCA와의 경쟁은 막대한 투자를 해야 하는 일이었지만, 그에 상응하는 수익을 기대하기는 힘들어 보였다. GE는 컴퓨터 사업을 RCA에 매각했으며, 결과적으로 GE에게 이익을 가져다주었다. RCA는 결국 컴퓨터 본체 시장에서 손실처분을 신청했고, GE는 다른 시장에서 큰 성공을 거두었다.

싱어의 이야기는 기업이 방향을 재설정할 때 어떤 방식으로 시나리오를 이용하는지를 극명하게 보여주는 사례. 방어와 확장경영 방식은 싱어가 경쟁적 우위를 잃은 지 오랜 기간이 흘러도 재봉틀 시장에서 경쟁을 하도록 부추겼다. 내부의 '핵심경쟁력'을 찾으려는 노력을 기울인 결과는 하청 제조업 분야에서의 낮은 수익을 받을 수밖에 없는 옵션들뿐이었다. 그러나 시나리오 계획대로 한 결과 미국의 국방예산은 폭발적으로 증가한다는 것을 알게 되었으며, 높은 성장률을 보이는 시장에 진출할 수 있었다. 군수용품 제공업체로의 성장을 기반으로 한 시나리오는 높은 수익을 창출하는 기회를 만들었다.

계획설계 과정은 조직에게 필요한 최고 경영활동에 포함된다. 때로는 낮은 직급의 관리자들도 계획설계 과정에 참여하도록 유도될 수 있다. 하지만 회사와 업계 밖에 있는 사람들이 얼마나 자주 참여할 수 있겠는가? 컨설턴트들, 심지어 기업의 전문가들조차 참여한다고 해도, 자신들이 계획설계에 얼마나 조예가 깊은지에 대해 증명해야 한다. 만약 계획설계가 이루어지는 방 안에 있는 모든 사람들이 똑같은 배경과 똑같은 경험을 했다면, 그 방에서 어떻게 문제에 대한 새로운 시각이 도출될 수 있겠는가? 어디에서 '상자 밖' 생각이 나올 수 있겠는가?

개연성이 매우 높은 예측임에도 불구하고 이러한 예측은 기존의 계획설계 방법에 반영되지 못한다. 매크로 트렌드와 개연성 있는 미래의 결과를 계획에 포함하려면 상자 밖에 있는 누군가가 나서서 현재의 트렌드를 논의 대상에 올려야 한다. 불변의 법칙을 고수하려는 태도가 부족한 아웃사이더들은 기술, 경영방식, 세계화에서부터 다른 분야에 이르기까지 경영에 새로운 트렌드를 적용시킬 기회를 볼 수 있는 혜안의 소유자다. 사업에 대해 아무것도 모르는 진정한 의미의 아웃사이더들이 계획설계 과정에 포함되어야 한다는 것은 매우 중요한 사실이다.

대기업의 CEO는 최선의 투자 선택이 판매력을 확장하는 수단이라고 확신한다. 마케팅 팀장은 판매력을 키울수록 비용은 상승하고 추가판매는 거의 없다는 사실을 염려했다. 너무 염려한 나머지 그 마케팅 팀장은 한 대학생에게 어떻게 경쟁사들이 인터넷을 이용해 기존의 고객들에게 다가가는지 증명해 달라고 부탁했다. CEO는 그러한 의견에 부정적인 입장을 보였다. 그러나 열아홉 살짜리도 어느 제품이 가격경쟁력이 있는지, 벤더 넘버^{vendor number}를 얻어 순서대로 배열할 수 있다는 것을 쉽게 알게 되자 판매 대안 채널을 고려할 필요성에 대해 확신을 갖게 되었다.

대부분의 기업들은 대학 근처에 자리잡고 있다. 하지만 대학을 사업적 이익을 위해 이용하는 기업은 거의 없다. 이제는 모두가 나노 기술과 생명공학이 빠른 속도로 발전한다는 사실을 알지만, 실제로 이러한 기술이 무엇인지 제대로 인식하는 경영자들은 거의 없기 때문에 제대로 대접을 받지 못한다. 이와 유사하게 많은 경영학과 교수들이 로케이션 독립 글로벌 비즈니스 모델 이용방법을 연구하고 가르치지만, 한 개 이상의 국가에서 사업을 해본 적이 없는 대부분의 미국 대기업 경영자들은 이 모델을 이해하지 못한다. 왜 대기업들이 근처의 대학 교수들과 대학원생들을 계획설계 과정에 참여시키지 않는가?

앞으로 20년 동안 세계화, 나노 기술 및 생명공학의 매크로 트렌드에서 벗어날 수 있는 기업은 없을 것이다. 하지만 나노 기술이 적용된 지 10년 이상이 흘렀음에도 불구하고 나노 기술 워크숍을 여는 기업은 거의 없다. 또한 나노 기술 또는 생명공학을 기존의 경쟁구도를 바꾸기 위한 기회로 생각하는 기업은 더욱 없다. 차세대 고성장 기술이 무엇이 될지에 대해 예측하고 투자하려는 기업은 더군다나 없다. 학계 또는 컨설턴트를 통해서든, 널리 알려진 기술 분야의 전문지식을 계획에 포함시키는 일은 획기적인 기회를 만들 수 있는 가능성을 열어준다.

위와 같은 계획을 세울 당시 완전히 무시하던 사람들도 지금은 이들 혁신적인 흐름에 대해 쉽게 듣고 이야기를 나눌 수 있게 되었다. 고정화는 계획 수립방식의 흐름을 만든다. 이러한 정보혁명의 초기에, 미래의 성공은 산업혁명 시기의 혁신과는 다른 기술과 다른 비즈니스 방식을 통해 이뤄질 것이라고 예상할 수 있다. 예상할 수 있는

얼마 남지 않은 실현 가능한 과제들

만약 다음과 같은 혁신이 이루어지면 비즈니스에 어떤 영향을 미칠까?

- 팔다리, 내장 또는 여러 장기를 배양하는 줄기세포
- 가정에서 사용할 수 있는 레이저 눈 수술 기계
- 원가 1만 달러짜리 개인용 핵 발전기
- 모든 자료를 저장할 수 있는 각설탕 크기의 슈퍼컴퓨터
- 독소, 생화학 무기 또는 첩보원을 탐지하는 공수부대 복장
- 영하의 온도에서도 인간 장기의 손상을 막아주는 부동액 단백질
- 먼지를 없애주는 가정용 바닥 타일
- 귀에 꽂음으로써 언제든 세상과 소통할 수 있는 무료 컴퓨터 네트워크

이 같은 혁신이 생소하게 느껴진다면, 다음은 40년 전의 비즈니스 리더들에게 얼마나 허무맹랑하게 들렸을까?

- 핸드폰
- 채널이 100개가 넘는 24시간 텔레비전 방송
- 집에서 30달러 미만의 기기를 이용해 한 편당 4.99달러에 무제한으로 즐길 수 있는 신작 영화
- 집에서 무료로 모두가 이용할 수 있는 브리태니커 백과사전(또는 전체 도서관 자료)의 정보
- 5분 안에 감자를 찔 수 있는 30달러짜리 오븐
- 다리 동맥 안으로 실을 넣어 심장을 관통시킨 다음, 뇌까지 보내 고인 핏덩이를 꺼내거나 제거함으로써 발작을 막는 의술
- 에어컨도 가동되면서 1갤런에 45km 이상을 갈 수 있는 시속 120km의 오토바이

이런 진보는 우리 스스로가 이뤄내야 한다.

이러한 전문 기술은 극히 저렴한 가격에 만들어낼 수 있다. 전문가들 중에서도 과학상을 수상한 경험이 없거나, 비인기 저술가들이 저렴한 비용으로 전문기술을 만들어낼 가능성을 갖고 있다. 미국의 많은 대학들은 비즈니스 플랜을 개발하기 위해 대학교수뿐 아니라 학생들을 고용한 사업체, 즉 '소규모 비즈니스 개발 센터'를 운용 중이다. 이들 소규모의 센터는 고정화를 극복하고 사람들이 자유롭게 아이디어로 경쟁할 수 있도록 한다. 많은 대학이 학생들에게 당면한 현실 문제에 관해 연구를 하거나 해결책을 찾도록 하는 것에 대해 교수들도 매우 기뻐한다. 또한 비즈니스 아이디어는 어디에서나 만들어낼 수 있는 것이 아니며, 이들 소규모 센터를 전문 연구기관으로 격상시킨다면 장기에 걸쳐 좋은 비즈니스 아이디어를 얻게 될 것이다.

인터넷으로 외국에 있는 작은 컨설턴트 회사를 찾는 것은 어떨까? 인도의 한 회사는 새로운 혁신을 응용하면서 완전히 다른 관점을 적용했다. 가격 또한 매우 저렴했다.

1990년도 후반 인터넷 붐이 일어났을 때 소수의 경영자만이 인터넷에 관해 지식이 있었다. 당시 경영자들은 이메일을 사용하거나 웹서핑을 하지 않았다. 사무실에는 몇 대의 컴퓨터만 놓여 있었다. 경영자들이 인터넷을 사용함으로써 가격을 낮추고 매출 증가의 기회를 얻을 수 있었지만, 대다수 경영자들이 인터넷을 잘 몰랐기 때문에 매번 인터넷에 대한 투자를 놓치기 일쑤였다.

인도의 회사가 인터넷을 접하게 되었을 때, 한 진취적인 최고정보책임자가 고교생들을 이용해 CEO를 포함한 경영진에게 인터넷 사용에 대한 시범을 보여주었다. 이 학생들은 웹서핑하는 방법, 주문하는 방법, 정보를 검색하는 방법, 친구들과 이메일을 주고받는 방법에 대해 회사의 어느 누구보다 잘 알고 있었다. 30분 동안의 시범이 끝난 후 잇달아 질의 및 응답시간을 갖고 나서 경영자는 재빨리 웹사이트에 대한 투자를 승인했다. 또한 고교생들도 이 회사가 필요로 하는 많은 양의 정보들을 외부에서 입수해 왔다.

많은 기업들은 컨설턴트에 관해 부정적인 견해를 갖고 있다.

선 마이크로시스템스의 스콧 맥닐리는 컨설턴트 고용을 승인해 달라는 관리자들에게 자주 이렇게 반문하곤 했다. "만약 내가 컨설턴트를 고용해야 한다면 왜 내가 당신을 필요로 할까?" 알아야 할 모든 내용은 회사 안에도 널리 알려져 있었다. 그러나 관리자들은 고정화 안에서 운영하고 성공공식을 이행해야 한다는 책임을 느끼고 있었다. 관리자들은 자신의 위치에서 목표를 달성해야 하기 때문에 외부로부터 영감을 얻으라고 하는 것은 사실 비현실적이다.

외부 컨설턴트들의 강력한 네트워크는 어떤 조직이라도 지식을 이용할 수 있고 향상시킬 수 있다. 컨설턴트들은 협력사의 성공공식에 고정화되어 있지 않기 때문에, 협력 초기에 기회를 위한 조사를 실시하고 또 새로운 응용방법을 만들어낼 수 있다. 비즈니스의 고정화 밖에 있는 이들 컨설턴트는 전문가로서 혁신, 기술, 비즈니스 실행의 장단점을 경험해 보았고 적용하는 방법을 잘 알고 있다.

그들은 고정화에 의해 방해받을 때에도 비즈니스 기회를 향상시키는 방법에 대해 잘 알고 있다. 성장을 위한 문을 열어주는 메커니즘으로서 컨설턴트는 계획을 세울 때 방어와 확장방식을 넘나들면서 움직이기 위한 중요한 도구다.

대부분 기업들은 자신이 속한 업계 회의에 참여한다. 이들은 회의에 자료를 제출하거나 연설할 수도 있을 것이다. 이는 고객을 위한 이벤트로는 가치를 가질 수 있지만, 이것만으로는 대량의 정보를 얻을 수 없을 것이다. 또한 관리자들은 대부분 알고 있는 내용에 불과할 것이다.

오히려 자신의 비즈니스와 관련되지 않은 산업회의에 참여함으로써 통찰력을 얻는 경우가 더 많다. 그런 곳에 참여한다견 당신의 업계에 적용 가능한 새로운 큰 흐름에 관해 귀 기울이고 들어야 한다. 당신이 참여하지 않는 업계에서 오히려 많은 것을 배울 수 있을 뿐 아니라 생산, 서비스, 고객들을 위해 중요한 아이디어를 도출해 낼 수 있다. 다른 산업회의에 참석하면 당신이 뭔가를 다르게 할 수 있다는 수평적 사고가 도출되는 되는 것이다. 이렇게 많은 것을 얻을 수 있음에도 불구하고, 대부분의 회사들은 군수품 조달 회의나 무기 관련 회의에는 참석하지 않으려 한다. 예를 들어 오토바이 제조업자들 처지에서 볼 때 제과 업계는 빅3 자동차 회사보다 더 큰 고객이 될 수 있음에도 불구하고 제과업계 회의에 전혀 참석하지 않는다. 몇몇 부동산 개발업자들도 나노기술 업계 회의에 참석하지 않는다. 심지어 새로운 나노기술을 토대로 더 나은 가치의 빌딩을 만들려고 시도하지 않는다.

이들 활동의 목표는 새로운 무언가를 아는 것에만 머물지 않고 계획으로 실행할 수 있는 통찰력을 배우는 것이 목표가 되어야 한다. 그래야만 비즈니스에 적용할 수 있기 때문이다. 리더들은 관리자와 사원들이 고정화에서 벗어날 기회와 새로운 성공공식을 연구하도록 기회를 줘야 한다. 그러기 위해 다른 업계의 성공한 회사를 염두에 두고 새로운 방식으로 경쟁기회를 만들어낼 수 있어야 한다. 이러한 통찰력을 계획의 중심에 둠으로써 계획을 향상시켜 나갈 수 있는 것이다.

일리노이 주립대학의 슈퍼컴퓨터 센터에서 연구하는 공학자들은 ARPA넷 인터페이스 도구를 갖고 모자이크를 개발해 냈다. ARPA넷은 업무용 인터넷 네트워크의 선구자였던 것이다. 그 후 공학자들은 새로운 네트워크 사용자들을 위한 브라우저로서 스파이글래스와 넷스케이프라는 두 회사를 설립하게 되었다.

초기의 브라우저 경쟁이 중반에 돌입하자 MS가 인터넷 익스플로러를 선보였다. 넷스케이프는 브라우저 비즈니스를 방어하려고 했지만 이처럼 강력한 소프트웨어들이 출시되어 치열한 경쟁에 놓이게 되었다. 몇 년이 흘러 고군분투하던 넷스케이프는 궁극적으로 시장에서 사라지고 말았다. MS가 인터넷 익스플로러를 개발한 후 스파이글래스에서는 전혀 다른 방향을 모색했다.

이 회사의 리더들은 MS와 맞서는 전략이 결코 현명하지 못하다고 판단했다. 그래서 스파이글래스는 언제 어디에서나 네트워크에 접속할 수 있는 유비쿼터스에 대해 연구하기 시작했다. 인터넷은 스파이글래스에게 개인용 컴퓨터 말고도 다른 플랫폼에 쉽게 접근할 수 있음을 의미했다. 지속적인 연구 끝에 스파이글래스의 설립 목적과 전혀 다른 텔레비전이나 PDA 송수신기, 휴대폰과 같은 상용화된 네트워크 접속 기술이 필요하다는 것을 확인할 수 있었다. 그럼에도 불구하고 스파이글래스는 이런 대안적 네트워크 접속 플랫폼을 위한 브라우저의 가능성을 계속 개발해 나갔다. 비록 몇몇 연구 과정에서 큰 고비를 넘어야 했지만 스파이글래스는 표본이 될 만한 제품을 신속히 개발해 내기로 결정했다. 몇 년 후 스파이글래스는 자신들이 개발한 오픈 TV 기술과 함께 23억 달러에 매각되었다.

스파이글래스는 어떻게 하면 컴퓨터 브라우저를 더 빠르고 더 좋고 더 저렴하게 실행할 수 있을지를 모색함으로써 계획 과정을 변경해 나간 것이다.

방어와 확장경영 중단

방어와 확장방식 사이클을 중단시키는 것은 가능하다. 이를 위한 첫 단계는 전략과 계획수립 방식을 바꾸는 것이다. 대부분의 전략과 계획은 낡은 성공공식을 붙잡거나 그것을 조금 더 확장하는 방법을 찾도록 고안되어 있다. 이와 같이 중대한 방식을 바꿈으로써 조직은 새로운 성공공식을 개발하고 수익 개선을 위한 기회를 새롭게 찾을 수 있다. 계획을 수립하는 방식을 바꿈으로써 리더는 다음과 같은 사항을 포함해 특별한 행동을 취할 수 있다.

- 시장의 도전과 문제에 접근하고, 관점을 바꾸기 위해 성공공식, 방어와 확장, 고정화, 성공공식의 언어를 사용하라.
- 미래의 계획을 수립할 때 과거 자료의 사용은 피하라.
- 현재나 과거보다는 미래의 활동 계획에 초점을 맞춰라.
- 현재보다는 차라리 불확실한 미래에 대한 계획을 세워라.
- 어느 분야에 속해 있는지 상관하지 말고 성장하는 시장을 찾아라.
- 고려할 수 있는 기회에 제한을 두지 말라.
- 변화에 대한 통찰력을 얻기 위해 소수의 구매자들을 활용하라.

- 교육기관과 학생, 그리고 컨설턴트 등 외부인들도 계획에 동참시켜라.
- 비즈니스에 연관이 없어 보이는 기술이나 흐름을 잘 살펴라.
- 큰 흐름이 단기간에만 효과를 발휘하더라도 큰 흐름을 비즈니스에 적용하라.
- 비즈니스 기회와 새로운 통찰력 개발을 위한 시나리오 계획을 이용하라.
- 다른 업계의 산업회의에 참석하라.
- 새로운 전략을 개발하기 위해 조직 안팎에서 젊은 인력의 고용을 장려하라.

6/ 경쟁자가 고집하는 고정화 공략

● ○ ●

어떻게 하면 '피닉스 법칙'의 장점을 신속히 활용할 수 있을까? 급성장을 위해 '방어와 확장'에 관한 지식을 지렛대로 활용하려면 어떻게 해야 할까?

● ○ ●

문제를 찾아내는 최선의 방법

급성장을 위해서는 자기 자신의 성공공식과 고정화를 찾아내야 하지만 쉬운 일은 아니다. 자신을 분석한다는 것은 누군가의 도움을 받는다 하더라도 항상 난제다. 고정화는 성공공식 안에 구축된 세상에 관한 가정을 만들어내고, 제한된 관점 안에서 사고하도록 선택과 초점을 이동시킨다. 과거의 성공경험에 고정화되면 당연하다그 생각되는 방향으로 의사결정이 이뤄진다. 따라서 어떤 사안을 별도로 검토할 필요 없이 가정을 이용해 신속히 결정할 수 있다. 이려한 가정은 경영자에게 더 세밀한 전술을 개발할 수 있게 할뿐더러 성공공식을 방어하고 확장할 수 있게 하며, 문제를 신속히 해결할 수 있게 해준다. 따라서 급성장 단계에서는 가정을 갖고 있는 것이 유리하다. 더 빠르고 저렴한 비용으로 더 많은 일을 할 수 있게 함으로써 생산성을 높여주기 때문이다. 경영자들이 많은 요소를 당연하게 받아들이는 상황이므로 의사결정도 신속히 내릴 수 있는 것이다.

제3장에서 설명한 소떼들의 움직임을 막아보자는 내 아이디어를 도무지 이해하지 못한 인도의 택시 운전사 이야기를 떠올려보자. 그리고 '고정화'에 대해 다시 한번 생각해 보자. 그 운전기사는 소떼들이 반드시 자유롭게 거닐어야 한다고 가정했다. 그래서 자동차와 소떼가 교차할 때 이를 해결하는 방식에서 다른 가능성들은 전혀 고려하지 못했다. 반면 나는 인도인이 아니고 힌두교도도 아니기 때문에 다른 선택지를 떠올리기가 쉬웠다. 그러나 그 운전기사에게는 매우 어려운 일이었다. 그는 내 제안을 고려해 보기만 하는데도, 소에 대한 사고방식에 영향을 미치는 어떤 가정을 갖고 있다는 점을 인식하고, 그 가정이 정말 고수할 만한 것인지에 대해 근본적으로 생각해 봐야 했다. 쉽지 않은 일이었다.

AM의 사장은 군인 가정에서 태어나 미국 육군사관학교를 졸업했다. 그리고 사장이 되기 전에 장교로 몇 년 동안 복무했다. 그래서인지 그는 자신의 엄격한 규율 아래 행동했다. 매일 아침 6시 30분이면 정확히 회사에 출근했고, 구내식당에서 11시 30분에 점심을 먹고, 오후 5시면 정확히 퇴근했다. 그는 언제나 청색 양복에 흰색 와이셔츠, 그리고 무늬 없는 평범한 넥타이를 갰다.

1990년대 초 AM의 경영진이 '평상복 입는 금요일'을 지정하자는 요청을 했다. 그 동안은 매일 정장을 입었지만 1주일에 하루 정도는 캐주

얼 복장을 하고 출근하고 싶었던 것이다. 그 말에 경영자는 "이 요청이 생산성에 어떤 도움이 될 것인지 도무지 예측할 수 없네. 왜 그런 제안을 하는지 이해하지 못하겠어. 아주 나쁜 생각이야. 우리 회사가 그렇게 되진 않을 걸세!"라고 잘라 말했다. 복장 기준은 바뀌지 않았다.

한편, 생산성 개선을 위한 노력이 지속되면서 회사의 경영진은 생산공정 재정비계획을 추진하기로 결정했다. 새로운 계획에는 교대근무제, 작업흐름 개선 노력 등이 포함되었다. 경영진과 생산 팀은 여러 차례 회의를 했는데, 어느 날 경영자가 다음과 같이 말했다.

"생산직 사원들이 변화에 매우 심하게 저항을 하는군. 그 친구들은 생산방식이 바뀌면 어떤 이익이 있는지 전혀 이해하지 못하겠다는 거야. 왜 한번 시도도 해보려 하지 않는 걸까? 새로운 방식이 어떻게 생산성을 개선하는지 보려고 하지 않는 걸까."

이 말에 제일 먼저 실소를 보인 건 CFO였다. 곧 마케팅 부서의 최고 관리자, 생산직 담당 부사장 등이 잇따라 웃음을 터뜨리기 시작했다. 웃음거리가 된 경영자는 테이블 주위를 돌아다보며 눈을 크게 뜨고 물었다.

"뭐가 그렇게 우스운가? 무엇 때문에 웃는 거야? 내가 말하는 건 그저, 생산직 직원들이 왜 그렇게 고집이 센지 모르겠다는 것인데 말야."

이 말에 방 안은 순식간에 더 큰 웃음의 도가니에 빠져버렸다. 다른 사람들에게 너무나 분명해 보이는 것을 경영자만 간과하고 있었기 때문이다.

항상 해오던 방식에 빠져 그 방식에 고정화되면 결국 방식이 행동과 의사결정을 좌우하게 된다. 더욱이 자신의 결정을 지탱하는 가정이 무엇인지 인식조차 못하게 된다. 조직을 변화시키려고 노력한다면, 반드시 기존의 성공공식과 더불어 어떤 가정에 고정화되어 있는지 분명히 인식할 필요가 있다. 그런데 이 때 자신의 문제를 되돌아보는 것보다 다른 사람의 문제를 분석하는 것이 훨씬 더 쉽다.

경쟁자를 분석하면 우리는 자신 안에 있는 BIAS(Belief 믿음, Interpretations 해석체계, Assumptions 가정, Strategies 전략)로부터 탈출할 수 있다는 희망을 가질 수 있다. 경쟁자들이 행동과 결정을 고정화하기 위해 사용하는 전술, 기존의 성공공식을 유지하기 위한 전략, 그리고 이런 것들의 연결고리를 파악하기가 훨씬 더 쉽기 때문이다. 여기에 경쟁자들의 행동 패턴을 연구하면 업계 전반에 걸쳐 나타나는 공통점도 알 수 있게 된다. 또한 경쟁자의 대응 전략도 알고, 업계에서 전반적으로 사용하는 성공공식과 고정화 요소들을 쉽게 알 수 있다. 즉 경쟁자를 분석하면 새로운 성공공식의 가장 근본적인 기준을 만들 수 있게 되는 것이다.

일단 분석할 회사의 성공공식과 고정화 요인이 무엇인지 밝혀지기만 하면 다른 경쟁자들을 분석하는 일은 훨씬 쉬워진다. 그런 다음 당신과 경쟁자를 비교해 보라. 당신의 성공공식과 고정화 요소가 무엇인지 금방 알 수 있을 것이다. 기준을 갖고 사물을 비교하면 텅 빈 종이를 놓고 자기 자신을 평가하는 것보다 훨씬 더 쉬울 것이다.

"우리 회사는 어떤 점에 고정화되어 있나?"와 같은 질문은 모호할 수밖에 없다. 오히려 "나 역시 그런 것에 고정화되어 있지 않을까?" 또는 "어떻게 하면 목표를 달성할 수 있을까?"와 같은 질문에 대답하는 것이 훨씬 더 좋다. 경쟁자가 고정화되어 있는 부분을 알고 나면 반면교사로 삼을 수 있는 것이다.

미국의 한 고교에서 풋볼 감독을 하는 55세의 남자가 있었다. 그는 풋볼 기술을 미 중서부 북쪽 고장에서 배웠다. 그가 가장 좋아하는 스타일은 초기 풋볼 리그의 중부 쪽에서 영향을 받았는데, 이 곳의 기술은 볼 러닝, 블로킹, 태클 등 몸을 매우 격렬하게 써야 했다. 이 때문에 그는 '블랙 앤 블루'라는 별명을 얻게 되었다. 그 역시 강하게 상대를 가격하는 스타일을 지칭하는 '스매시 마우스 풋볼'을 좋아한다고 말하곤 했다. 그가 이끄는 팀의 승률은 좋은 편이긴 했지만 뛰어난 편은 아니었다.

30년 정도 감독 생활을 하던 어느 해, 마지막 한 시즌을 남겨두고 그의 팀은 무패 행진을 이어가고 있었다. 내셔널리그에서 상위권을 유지했으며 우승 가능성이 매우 높았다. 가장 강력한 라이벌 팀과의 경기를 앞둔 어느 날, 팀 코치가 상대편 감독의 성향에 대해 질문을 했다. 한 시간 정도의 토론 끝에 그들은 상대방의 코칭 스타일에 대해 분명히 알 수 있었다. 상대편 감독은 예측하기 매우 쉬운 인물이었다. 감독은 코치의 질문에 대답하면서 상대 팀의 약점을 알게 되었을 뿐 아니라, 상대 팀 감독과 자신을 비교하게 되었다. 그리고 자신이 세우는 전략 역시 매우 쉽게 예측 가능하다는 사실을 깨달았다. 팀이 위험에 노출되었다는 것을 알게 된 순간이었다. '스매시 마우스' 감독은 자신의 플레이 스타일을 즉시 바꿨다. 상대 팀이 공격할 가능성이 높은 부분에 대해서는 방어 대책을 마련하면서, 상대 팀이 전혀 예측할 수 없는 몇 가지 새로운 공격 패턴을 만들어낸 것이다. 이렇게 새로운 공격 방식을 선보인 경기의 두 번째 쿼터였다. 그의 팀은 상대 팀을 놀라게 하고도 남을 정도로 경기를 잘 풀어나갔고, 하프 타임에는 상당한 점수를 따며 앞서갔다. 그리고 게임에서도 승리할 수 있었다. 이미 상대방의 공격을 예측하고 있었기 때문에 훌륭히 방어할 수 있었던 것이다. 또한 새로운 공격방식으로 상대를 혼란스럽게 함으로써 계속 득점 기회를 만들어나갔고 결국 승리할 수 있었다.

물론 비즈니스 세계의 경쟁은 고교 풋볼 경기보다 훨씬 더 복잡하다. 하지만 경영자가 경쟁자를 연구하고 이를 통해 자신의 약점을 확인하는 것은 언제나 가능하다. 그런 다음 승리를 위한 새로운 패턴을 개발해 내고 경쟁자의 약점을 공략할 수 있어야 한다.

● ○ ●
정면 승부보다 색다른 경쟁 전술

앞에서 설명했듯이 대부분의 경영 기획은 업계에 고정화된 방어와 확장방식인 경우가 많다. 즉 생산비용, 공급 커버리지distribution coverage 또는 상품사양 등과 같은 전통적 요소들을 통해 경쟁자의 강점을 분석한다. 그런 다음 각각의 요소에서 자사의 경쟁력을 높이는 방법을 강구한다. 경영전략을 다루는 대부분의 서적들도 래리 보시디와 짐 콜린스의 주장처럼 '경쟁자들을 정면에서 물리쳐라'고 경영자들에게 조언한다.

그러나 정면돌파 전략은 소모전을 불러올 뿐이다. 즉 단 하나의 승리자만 남을 때까지 모든 사람이 경쟁해야 하기 때문이다. 아니면 똑같은 기술을 계속 사용하기 때문에 더 이상 수익을 올릴 수 없게 되고, 결국은 소수의 몇몇 기업만 남게 될 것이다. 이런 경쟁은 테스토스테론 호르몬의 분비는 촉진할지 모르지만 현명한 방법은 아니다. 모든 경쟁자가 사투를 벌여야 하고 생존자도 거의 남지 않는다는 것이 너무 명백하기 때문이다. 장기적으로 보면 기껏해야 단 한 사람 또는 단 한 개의 회사만이 남아 높은 수익을 올릴 것이다. 그나마도 장기간에 걸쳐 성공을 계속 유지할 확률은 매우 낮다.

비즈니스를 스포츠 세계와 빗대어 비교하는 것은 문제가 있다. 스포츠는 처음부터 정면돌파를 통해 단 하나의 승자만을 남기는 방식으로 고안되었다. 올림픽에서 금메달을 따기 위해 수천 명이 도전하지만, 단 한 사람만 그 목표를 달성할 뿐이다. 스포츠 세계의 규칙은 정면돌파 경쟁방식, 즉 단 한 사람의 승리자만 남도록 만들어졌다. 하지만 비즈니스 세계에서는 다양한 방식으로 경쟁한다. 스포츠와 달리 비즈니스 세계에서는 정해진 규칙이 없다. 경쟁력에 영향을 미치는 새로운 요소를 찾아내면 우위를 차지할 기회가 널려 있는 것이다. 비즈니스 세계는 무모한 정면돌파 방식의 경쟁보다 더 많은 수입을 올릴 수 있는 근원을 찾아 수익 자체를 높이도록 게임의 규칙을 바꿀 사람을 기다린다.

정면돌파 경쟁을 선택하면 비용도 매우 높아진다. 생산 공장에 투자해야 하고, 공급망을 확보해야 하고, 물류 유통기지와 R&D센터를 구축해야 하고, 신상품을 개발해야 한다. 가격경쟁에서 경쟁자에게 이겨야 하기 때문이다. 정면돌파 경쟁에서는 경쟁자들이 끊임없이 점유율을 빼앗으려 하기 때문에, 가격전쟁이 이어질 수밖에 없다. 그러나 새로운 경쟁방법을 찾는다면 비용을 줄일 수 있을 뿐 아니라 가격전쟁도 피할 수 있다. 경쟁에서 색다른 전술을 마련하면 아예 비용 곡선을 변화시켜 가치를 창출할 수도 있고, 상대적으로 높은 가격도 소비자가 기꺼이 수용할 수 있도록 상품의 차별화를 통해 가격 정당성을 창출할 수도 있다.

할인 업체 타깃, 콜Kohl과 월마트를 비교해 보자. 월마트는 실로 오랫동안 미국 유통업의 골리앗으로 군림했다. 미국 내에서 가장 큰 상점이자 의심할 여지없이 가장 저가의 제품을 공급하는 할인 업체이기 때문이다. 그 어떤 업체도 월마트보다 더 저렴한 가격에 제품을 제공할 수 없었다. 월마트는 저비용, 저가방식을 추구했고 확실히 우위도 굳혔다. 이런 상황에서 월마트와 정면으로 경쟁한 K마트는 참담한 실패를 맛보며 도산했다.

이에 타깃은 다른 방식을 채택했다. 타깃은 가격에 전적으로 초점을 맞추기보다 고객들에게 유행에 민감한 섬유제품을 공급하기로 했다. 상점의 분위기를 한층 더 밝게 바꿨고 보다 전위적인 광고를 내보냈다. 콜 역시 가격을 낮췄지만 백화점 제품과 비슷한 질의 의류를 제공하는 데 초점을 맞췄다. 월마트의 1위 자리는 규모 면에서나 가격 면에서 여전히 변함없지만, 두 경쟁 유통업체도 계속 번성하고 있다. 월마트와 정면돌파하는 식의 가격경쟁을 피하면서 차별화 요인들을 찾고 높은 수익을 창출하며 급성장한 것이다.

'방어와 확장전략'에서는 이미 알려진 지표와 기존의 성과를 측정함으로써 경쟁자를 평가한다. 또한 그 기준에 맞춰 성과를 극대화할 수 있는 전술을 채택한다. 반면 '피닉스 법칙'에서는 기존의 경쟁방식을 버리고 완전히 새로운 방식을 추구하라고 요구한다. 기존의 방식은 오히려 피해야 할 대상이 된다. 새로운 경쟁방식이 경쟁자에게 위협적이라면 굳이 기존의 방식으로 비즈니스를 시작할 필요가 없는 것이다. 당신이 시장에 진입하면 경쟁자들은 이미 신속히 자신들의 입지를 방어할 준비 태세에 들어갈 것이다.

1990년대 중반 미국의 출판 시장은 경쟁이 매우 치열했다. 보더스, 반스 앤 노블스, 크라운 북스와 같은 거대 소매점의 등장에 대항해 어떻게든 살아남으려는 중소형 서점들이 몸부림치던 시절이었다. 소매 서점들은 틈새시장에 초점을 맞추고 베스트셀러 위주로 상당한 금액의 할인판매를 실시했다. 이에 마진은 줄어들었고 경쟁은 날이 갈수록 치열해져 크라운 북스 서점을 비롯하여 수많은 소매업자들이 도산 위기에 처했다.

한편, 운영자들은 고객이 서점에서 책을 들춰볼 수 있도록 하는 것이 서점 운영에 가장 중요하다는 생각에 고정화되어 있었다. 그들은 모두 선반에 재고를 가득 쌓아두고 손님들이 책을 훑어볼 수 있도록 했다. 고객이 좋아할 만한 책을 찾을 수 있도록 책에 일가견이 있는 점원을 고용했고, 모든 고객이 베스트셀러 리스트와 리뷰를 쉽게 이용할 수 있도록 구비해 놓았다.

이렇듯 서점 간 경쟁 강도가 거세지고 서가에 책을 진열해야 한다는 생각이 고정화되고 있었음에도 불구하고, 아마존은 뒤늦게 인터넷 서점 비즈니스에 뛰어들었다. 아마존의 창업자 제프 베조스는 서점 운영에 우위를 점할 만한 요소가 아무것도 없었다. 책에 대한 지식이 뛰어난 것도 아니고, 어떤 책이 좋은지에 대해 조언해 줄 직원도 고용하지 않았고, 재고도 확보해 놓지 않았다. 심지어 간판도 없었다. 더구나 고객에게 즉시 책을 제공하는 것이 아니라 책이 배달될 때까지 기다리도록 했다. 인터넷을 통해서만 책을 살 수 있도록 했기 때문이다.

초기에 아마존닷컴은 판매가 순조로운 베스트 상점이 아니었다. 그 대신 기존의 상점에 재고가 없어 출판사에 직접 주문해야 할 책들을 집중적으로 팔았다. 결과적으로 아마존은 큰 성공을 거두었다. 아마존은 전통적인 경쟁요소에서 완벽히 벗어나 서점 시장에서 성공을 거둘 수 있었다.

E트레이드 역시 아마존 닷컴과 비슷하게 개인 중개인, 애널리스

트, 리서치 리포트 등 증권업에서 전통적으로 중요하게 여기는 경쟁 도구 중에서 어느 하나도 갖추지 않고 성공한 사례다. 메릴린치, 스미스 바니, 그리고 다른 월 스트리트의 증권사들은 고객에게 제공할 비즈니스 아이템을 다양하게 갖고 있었다. 이들 기업은 광범위한 분야의 조사 보고서와 질 높은 고객 서비스를 제공해야 한다는 관념에 고정화되어 있었다. 그래서 고객의 질문에 대응할 수 있도록 브로커를 고용하고, 고객 포트폴리오의 수익 증진을 돕기 위해 거대한 규모의 조사부서를 운영 중이었다. 이들 기업은 고객을 위해 공격적으로 경영하는, 자본이 풍부한 거대 조직이었다.

하지만 E트레이드는 누구에게나 공개되는 무료 조사보고서를 웹사이트에 올려 고객이 쉽게 접근할 수 있도록 했다. 또한 낮은 거래 수수료라는 혜택을 제공하며 증권 시장에 진입했다. 이 기업은 소매 중개업에서 중요하다고 여기는 기존의 모든 요소를 무시했다. 그리고 새로운 경쟁방식인 수수료를 아주 낮게 책정하는 방법으로 엄청난 수의 고객을 확보할 수 있었다. 물론 기존의 대기업들과 무조건 정반대로 행동한다고 해서 언제나 성공이 보장되는 것은 아니다. 그러나 시장 참여자가 정면돌파 경쟁을 피하면 진입 시기에 소요되는 비용을 크게 줄일 수 있다는 것만은 확실하다. 만약 모두 다 행하는 똑같은 방법으로 시작한다면 '게임의 룰을 바꾸는 사람'이 되기는 어려울 것이다. 그러나 색다른 경쟁방식을 택한다면 급성장을 이룩하고 평균 이상의 수익을 올릴 수 있다.

사람들은 아마존이나 E트레이드의 사례를 인터넷 기반의 경제로 진입하면서 나타난 사례 가운데 극히 일부일 뿐이라고 말할 수도 있다. 하지만 이런 견해는 이 두 벤처 기업이 전통적 경쟁도구들을 얼마나 과감히 무시했는지를 과소평가한 말이다. 인터넷은 이 두 업체가 경쟁이 치열하고 성숙된 시장에 진입하면서 초기의 수익을 확보하고 지렛대 효과를 올리기 위해 선택한 '완벽히 새로운 경쟁도구' 중 하나였을 뿐이다. 그러나 이 두 기업은 인터넷을 통해 경쟁의 범위를 확대했고, 경쟁자들이 시장에서 생존하기 위해 고수하던 방식에서 과감히 탈피했다.

경쟁자의 성공공식을 정의할 때 명백해 보이는 것도 간과하지 마라

2000년대 초 미국에서는 부동산업이 번창했다. 금리가 전례 없이 떨어지자 매달 갚아야 할 원금 및 이자가 급격히 줄어들었다. 집이 없던 사람들은 저금리를 이용해 주택을 구입하려 했고, 주택을 보유한 사람들도 더 좋은 집으로 갈아타기를 했다. 또는 한 채 더 사거나 부동산 관련 투자상품들을 구매하기 시작했다. 이 때 거의 모든 거래가 대출을 끼고 이뤄졌다.

한편 동시에 수백만 명의 집주인들은 매달 갚는 대출 비용을 줄이고 현금을 확보하기 위해 자산을 매각하기도 했다.

이렇듯 대출과 관련된 경제 행위가 늘어나면서 자산평가에 대한 수요도 늘어났다. 그러나 2000년 당시 부동산 자산평가업은 영세 수준을 탈피하지 못했고, 1960년대와 비교해도 별로 달라진 게 없었다. 그저 지역의 감정평가사가 주택을 둘러보면서 위치, 규모, 건축의 질, 건물 디자인 등을 살펴보고, 인근의 비슷한 다른 빌딩과 가치를 비교하는 게 전부였다. 그런 다음 해당 자산에 적정한 가격을 매기고 보고서를 작성해 금융업자에게 제출했다. 감정평가사가 이 모든 것을 마무리하는 데까지는 대개 2주 정도 걸렸다.

어떤 평가사는 이미 확보된 데이터베이스를 이용해 자동화 평가 모델 시스템을 만들기도 했다. 컴퓨터 평가 시스템에 접속해 자산의 특이사항과 주소를 입력하면 시스템이 자산의 가치를 추측하도록 한 것이다. 그러나 이 절차 역시 자산이 있는 곳을 방문한 누군가의 검증이 있어야 했다. 이런 기술의 도움을 받아도 평가까지는 1주일 이상이 소모됐다.

부동산 붐이 일자 새로운 비즈니스 기회를 찾던 어떤 사업가가 이토록 낙후된 자산평가 시스템은 분명 비즈니스 기회가 될 것이라고 내다봤다. 그는 먼저 기존의 감정평가 시스템이 고수하려는 바가 무엇인지를 살펴봤다. 감정평가사와 대출 업체는 평가사가 직접 자산을 평가해야 한다는 관념에 고정화되었다. 이 관행이 정말 오랫동안 당연한 듯 지속되어 왔다는 점, 지역 부동산 시장에서 활동하는 감정 평가사의 행동 패턴 또한 모두 같았다. 이 점을 고려해 보니 마치 상식처럼 보이는 과정들이 실은 고정화되어 연간 수백만 건의 모기지 대출을 지연시키고 있었던 것이다.

왜 평가사가 직접 주택 자산을 방문해서 봐야 하는가? 구글이나 맵퀘스트와 같은 위성사진이 활성화된 상황에서 굳이 직접 방문할 필요가 있을까? 현장을 방문해야 한다는 관념을 고집하는 것은 기존의 성공공식을 강화시키긴 하지만 그것이 정말로 필요한 절차일까?

캐나다 캘거리에서 시작한 업체. 자이오^{Zaio}는 부동산 업계가 이점에 고정화되어 있다는 사실을 발견하고 여기에 도전했다. 모기지 신청 절차와 관련해 일일이 자산을 방문하고 평가하는 것은 매우 비효율적이다. 그래서 자이오는 북미 250개 표준 대도시에 있는 모든 빌딩을 촬영하기로 결정했다. 이들 사진을 데이터베이스에 저장해 두면 평가사들이 무작위로 현장을 방문하는 것보다 훨씬 더 효율적이기 때문이다. 또한 언제든 재사용이 가능하다는 장점이 있었다.

자이오는 프리랜서 사진가들을 고용해 그들이 사는 지역을 돌아다니면서 주택, 주차장, 사무용 빌딩을 주소별로 모두 찍어오도록 했다. 그리고 이들 사진을 자이오 데이터베이스에 저장해 두고 주소 및 크기와 같은 기존의 정보들과 결합했다. 초기에는 데이터를 만들기 위해 각 평가사들이 이미 확보해 둔 정보들까지 모두 모았다. 이런 노력으로 인해 이제는 방문 평가를 하지 않고서도 온라인상에서 클릭만으로 자산을 평가할 수 있게 되었다. 자산평가에 필요한 노력은 급격히 줄었고 이에 따라 비용도 줄었다. 몇 주가 걸리던 자산평가 과정을 며칠 만에 처리할 수 있게 되자 모기지 신청 절차도 매우 빠르게 진행되었다.

모든 빌딩을 다 돌아봐야 한다는 이 명백한 고정화 요인을 공략하는 것은 새로운 경쟁력을 확보하는 데 핵심 요소였다. 이 사업에서 가장 중요한 것은 대출 심사자가 서류심사를 신속히 끝낼 수 있도록 도와주는 것에서 가치가 창출된다는 점이다. 대출 신청을 신속히 진행해 부동산 구매자가 더 빨리 주택을 구입할 수 있게 해주는 것이 핵심 요소였던 것이다.

자이오는 1만 개의 빌딩 정보가 확보되어 있는 데이터베이스를 9,500달러를 받고 팔았다. 소규모 평가사들이 이 정보를 인수한다면 사업을 빠르게 확장할 수 있을 것이다. 또한 인건비 때문에 고전하는, 규모가 큰 평가회사를 따라잡을 수도 있을 것이다. 그러나 이를 구입하는 평가업체는 거의 없었다. 새로운 데이터베이스를 이용해 얻는 이득이 크고 즉각적이었음에도 불구하고 평가사들이 신기술 채택을 꺼린 것이다. 자이오의 상품이 기존 업체들의 성공공식 안에 고정화되어 있는 요소와 가정을 공격하는 것이었기 때문이다. 그래서 자이오의 최초 고객은 평가업체가 아닌 규모가 큰 대출 회사였다. 이들은 자이오가 제공하는 혜택을 누리고자 했고 과거의 성공공식에 매몰되어 있지 않았다. 후에 전통적 평가회사들의 경쟁력이 크게 위협받았음은 당연한 일이다.

● ○ ●
비즈니스에 대한 정의

1990년대 에어로큅Aeroquip은 세계 제1의 수력 제품인 호스 및 부속품을 생산하는 업체라는 것을 자랑스럽게 내세웠고 마땅히 그럴 만했다. 에어로큅은 비록 널리 알려진 회사는 아니었다. 하지만 이 회사의 제품은 브레이크 라인, 랜딩 기어, 제분기 등 기계 내부의 압력이 높은 곳에 쓰이는 부품들 중에서도 성능이 뛰어났다. 말 그대로 거의 모든 수력 제품에 사용되고 있었다. 에어로큅은 업계 최초의 설립자가 누릴 수 있는 온갖 혜택뿐 아니라 생산하는 제품의 질에도 매우 만족했다.

한편, 당시에는 수력 호스와 부속제품 생산을 둘러싼 업계 내의 치열한 경쟁이 있었다. 에어로큅의 특허권은 이미 만료되었기 때문에 국내는 물론이고 해외 업체들까지도 에어로큅의 카탈로그와 거의 똑같은 제품을 생산하고 있었다. 에어로큅이나 경쟁업체 모두 가격 면에서 이렇다 할 수익을 내지 못하는 상황이었다. 오히려 해외 업체가 시장점유율을 점점 높여가고 있었다. 값싼 노동력을 활용할 수 있었고 더 낮은 가격으로 제품을 공급할 수 있었기 때문이다. 에어로큅의 품질이 월등하다고 아무리 강조해도 타사 제품들도 이미 전미자동차 기술협회에서 제시하는 기준에 도달해 있었다. 그 정도 수준이면 제품에 전혀 무리가 없었다.

에어로큅은 이 치열한 가격경쟁에서 빠져나가기 위해 가능한 거의 모든 일을 했다. 그러나 에어로큅은 그저 차별화된 경쟁요소를 찾으려고 무익한 시도만 할 뿐이었다. 당시 업계의 리더였던 에어로큅은 자사가 경쟁에서 가장 앞서 있긴 하지만 다른 업체들과의 간극이 점차 줄어든다는 사실을 알았다. 결국, 경영진은 이 난국을 돌파하기 위해 다른 업체들이 경쟁을 어떻게 정의하는지 알아보기로 했다. 그리고 새로운 방법을 찾아낼 수 있었다.

조사 결과 에어로큅은 다른 업체들이 '생산품'을 기준으로 자신의 회사를 정의하고 있다는 사실을 알았다. 경쟁업체들에서는 대부분 엔지니어가 회사의 가장 높은 자리를 차지하고 있었다. 다른 어떤 분야보다 공기 역학과 관련된 분야에서 일한 경험 많은 사람들이 경영진을 구성하고 있었다. 거의 대부분의 경쟁자들은 자신들이 생산하는 제품을 토대로 정체성을 구축하고 있었다. 즉 모든 경쟁자들은 자사를 '호스와 부품을 생산하는 기업'으로 정의하고 있었다.

이에 에어로큅의 CEO는 새로운 경쟁전략을 모색하기 시작했다. 제품의 사양이나 가격, 배달 시스템 외에 정말로 중요한 요소는 없을까? 에어로큅은 자사와 거래하다 최근에 다른 경쟁업체와 계약한 고객을 만나 상담을 했다. 어떤 고객은 더 좋은 가격 조건을 제시받았다고 이야기했다. 그러나 이야기를 자세히 들으면서 어떤 요인이 반복되고 있음을 알게 되었다. 결국 어어로큅보다 더 거래하기 편한 업체로 거래처를 바꿨던 것이다.

에어로큅은 경쟁자들 역시 호스와 부품을 잘 만든다는 사실을 인정했다. 따라서 만약 제품의 질과 가격으로 경쟁한다면 수익은 계속 낮아질 수밖에 없을 것이었다. 결국 경영진은 제3의 요소까지 고려한 새로운 경쟁력을 갖춰야 한다는 결론에 도달하게 되었다. 물론 이 질문에 답을 한다는 것은 쉬운 일이 아니다. 하지만 그렇다고 해서 경쟁자와 정면 대결할 수도 없는 일이었다.

에어로큅의 경영진은 고객 인터뷰 내용을 다시 검토하기 시작했다. 그런 다음 대부분의 고객들이 호스와 부품을 중요한 아이템으로 여기지 않고 있다는 사실에 주목했다. 고객은 일단 가격이 싸면 다른 차이에 대해서는 그다지 신경쓰지 않았다. 그들을 정말 짜증나게 하는 것은 배송이 늦거나 불량이 발생했을 때였다. 대부분의 고객들이 '저스트 인 타임(적시공급 시스템)' 방식으로 공장을 운영하고 있었기 때문에 호스나 부품이 필요할 때 도착해 있지 않으면 그것처럼 화나는 일이 없었던 것이다. 그래서 대부분의 고객들이 필요 이상으로 재고를 확보하고 있었다. 게다가 대부분의 고객들은 부품을 조립하는 장소의 귀퉁이에 '호스 룸'까지 운영해야 했다.

그러나 고객들은 이 호스룸을 마뜩잖게 여기고 있었다. 남아도는 재고도 좋아하지 않았고 하부 부품을 다시 조립하기 위해 인력을 운용하는 것도 좋아하지 않았다. 그러나 天가 부품의 재고가 없어 자재를 급히 찾아야 할 상황이 발생하는 것도 싫어했다. 그래서 에어로큅의 고객인 제조회사들은 울며 겨자먹기로 호스 룸을 운영하고 있었다.

에어로쿱은 여기에서 새로운 경쟁력의 실마리를 찾을 수 있었다. 부품 자체에 한정해서 경쟁하기보다는 고객의 운영비를 낮춰주는 방식으로 경쟁할 수 있을 것이라고 보았다. 이렇게 에어로쿱은 거래처의 고민을 해결하고 간접비용을 줄이는 데 도움을 줌으로써 업계에서 사업하기가 가장 편한 상대가 되었다. 에어로쿱은 호스 품질을 높이는 것에만 고정화되지 않고 배송의 정확성을 높이고 의존도를 높였다. 고객의 생산 스케줄을 검토해 주문이 들어오기 전에 미리 제품을 준비하는 방법도 고안했다. 또한 이후 더 많은 거래가 가능하다는 조건이 확보되면 기존에 쌓여 있던 재고를 언제든 회수하는 등의 고객 편의도 제공했다. 경영진은 고객의 생산 스케줄이 바뀌어 급박하게 제품을 운송해야 할 경우를 대비해 운송절차까지 재정비했다. 또한 각 지역 사무소에 반품된 재고를 비치해 두고 언제 있을지 모를 새로운 주문에 대비했다.

에어로쿱은 여기에 추가로 웹사이트를 구축해 생산자가 주문과 배송 상태를 확인할 수 있도록 배려했다. 온라인에서도 송장 작성이 가능해지자 주문은 더욱 쉽게 이뤄졌다. 에어로쿱은 고객들을 위해 호스 룸을 아웃소싱하는 방법에 대해서도 논의하기 시작했다. 한번은 에어로쿱의 경영자가 고객사의 부사장에게 다음과 같이 물었다. "이런 서비스에 대한 관심이 그토록 높았음에도 불구하고, 왜 우리가 지난 10년 동안 계속 가격경쟁만 하게 했죠?" 그랬더니 그가 이렇게 대답했다. "글쎄요. 지난 10년 동안 당신네 회사에서 우리가 무엇을 원하는지 말할 기회를 주지 않았거든요. 이제야 비로소 그 쪽에서 우리가 관심을 갖고 있는 게 뭔지를 알게 된 것 같아요. 정말 유익한 대화였던 것 같습니다."

에어로쿱은 비즈니스를 경쟁사들이 어떻게 인식하고 어떻게 정의하는지 발견하자마자 이에 대응할 새로운 방법을 찾아냈다. 이 회사 역시 동종 업계의 다른 회사들과 마찬가지로 기존의 방식에 고정화되어 있었다. 하지만 고객의 요구에 부응하려고 노력했고, 경쟁자의 고정화에 초점을 맞추면서 경쟁의 틀을 '제품 생산'에서 '서비스'로 바꿀 수 있었다.

경쟁자의 강점은 무엇인가

요식업만큼 도산율이 높은 업종도 없다. 식당 간의 경쟁이 너무 치열한 나머지 10개 중에서 9개가 문을 닫는다는 통계가 있을 정도다. 거의 모든 지역에서 시장이 성숙되어 있고 성장이 낮은 지역에도 식당이 너무 많기 때문이다. 이 중에서도 경쟁이 가장 치열한 분야가 피자 사업이다. 미국의 모든 마을에는 피자 가게가 있으며 어떤 곳에는 한 블록에 하나씩 있을 정도다. 하지만 시작이 좋지 않았음에도 불구하고 피자헛은 놀라운 성공을 거두었다. 피자헛은 뉴욕, 시카고의 이탈리아인들이 집단으로 거주하는 곳에서 사업을 시작하지 않았다. 캔자스 주의 위치토에서 1호점을 개업한 것이다. 이렇듯 피자헛의 시작은 초라했지만 경쟁자들을 물리치고 미국 전역, 아니 전세계로 프랜차이즈 사업을 확대할 정도로 큰 성공을 거뒀다. 피자헛은 인구 1,000명 이상의 마을이면 어디든지 분점을 열었고, 규모가 가장 크고 가장 성공을 거둔 피자 전문점이 되었다.

피자헛은 성장과정에서 품질을 강조하는 광고를 내보내면서 다양한 종류의 토핑을 개발했다. 또한 딥 디시와 같이 피자헛만의 독특한 제품을 개발했다. 1980년대가 되자 피자헛은 북미 피자 시장의 표준이 되어갔다. 어떤 요리사가 만든 피자가 최고인지에 대해서는 의견이 갈릴 수 있다. 하지만 미국인들이 여느 레스토랑의 피자보다 피자헛의 피자를 선호한다는 점은 거의 이론의 여지가 없다

한편 피자헛이 번창 일로인 반면 톰 모나한Tom Managhan은 자신의 피자 가게를 살리려고 안간힘을 쓰고 있었다. 그러나 아무리 최선을 다해도 지속적인 주문을 이끌어낼 수가 없었다. 그는 마린에서 하던 가게를 그만두고 형과 동업으로 디트로이트 외곽에 피자 가게를 다시 열었다. 하지만 형과 톰 모나한은 여기에서도 몇 차례나 파산 위기에 처하곤 했다. 고객이 반복해서 구매하는 맛 좋고 질 좋은 피자를 만들어낼 수 없었던 것이다.

그러다 1970년대에 톰은 미시간 대학의 학생들 가운데 고객층이 형성되고 있다는 것을 발견했다. 모나한의 피자 가게는 거의 비어 있다고 봐도 될 정도였지만 피자를 주문하는 학생들은 반복해서 배달 주문을 해왔다. 톰 모나한이 피자헛을 포함한 경쟁 업체를 연구했더니, 그들은 대부분 피자의 질에 초점을 맞추고 있었다. 도우와 토핑의 신선도를 계속해서 강조하고 있었다. 특히 피자헛은 피자의 질에서만은 누구보다도 자신이 있다는 것을 광고를 통해 강조하고 있었다.

톰 모나한이 경쟁자보다 더 나은 질의 피자를 제공하려고 했을 때는 모든 노력이 수포로 돌아갔다. 그러나 배달에서 자신의 경쟁력을 활용할 수 있다면 미래가 훨씬 밝을 수 있다는 것을 알았을 때 모든 것이 바뀌었다. 경쟁자인 피자헛은 질 좋은 피자를 제공하기 위해 배달은 하지 않았고 그럴 의도도 없어 보였다. 그래서 톰의 피자 가

게인 도미노에서는 배달을 강화하기로 했다. 피자헛이 질에 대해 자랑하는 동안 도미노는 질에 대해서는 전혀 언급하지 않고, "30분 내에 도착하지 않으면 공짜입니다!"라는 전략으로 시장을 공략했다.

도미노 피자가 점점 성장하자 피자헛은 새롭게 등장한 이 경쟁자의 전략을 평가해 보았다. 피자헛의 경영진은 도미노 피자를 먹어본 다음, 피자헛의 질에 한참 못 미친다는 결론을 내렸다. 피자헛이 매일매일 신선한 도우를 만드는 데 비해, 도미노는 외부에서 조달한 냉동 피자 볼을 썼기 때문이다. 피자헛이 최상의 재료를 사용한다면 도미노는 재료 가격을 최대한 낮게 유지하려 했다. 여러 번의 검증 끝에 피자헛은, 고객들이 도미노보다는 피자헛을 선호할 것이라고 결론을 내렸다.

사실 고객들은 피자헛의 제품을 더 좋아할 뿐 아니라, 피자헛의 트레이드 마크인 빨간 지붕에서 긍정적인 이미지를 떠올렸다. 가게가 깨끗하고 좋아보였던 것이다. 이와는 대조적으로 도미노 피자 가게는 규모가 작았고, 대개 임대료가 싼 지역에 허름하게 위치했다. 그래서 그 안에서 식사하고 싶어 하는 사람이 거의 없었다. 도미노 피자의 레스토랑은 질 높은 식사를 제공하는 장소라고, 사진으로 찍어 광고할 만한 곳이 아니었다.

피자헛의 경영진은 피자의 질에 계속 초점을 맞추고 도미노 피자에 대해 염려하지 않기로 했다. 고객이 신선한 피자를 먹기 위해 기꺼이 피자헛 레스토랑으로 차를 몰고 와 피자를 주문해서 갖고 갈 정도로 수고를 감내할 것으로 생각했다.

한편, 도미노 피자는 가장 큰 경쟁자인 피자헛이 경쟁력을 측정하는 방식을 역이용하여 지렛대 효과까지 누릴 수 있었다. 피자헛이 질에 몰두하는 동안 도미노는 배달로 승부를 걸기로 한 것이다. 결국 도미노는 전세계 최고의 피자 레스토랑으로 성장할 수 있었다. 1980년 대에 톰 모나한은 피자헛이 배달을 시작하여 도미노 피자의 성장을 방해하지 않을까 걱정하지 않느냐는 질문을 받았다. 이에 그는 피자 헛이 배달에 얼마나 관심이 있는지 모르겠다며, 관심을 보이기 전까 지는 걱정하지 않을 것이라고 대답했다.

피자헛은 자사의 성공공식에 고정화되어 있었다. 이 점을 잘 알고 있던 도미노 피자는 규모도 훨씬 더 크고 자본도 튼튼한 경쟁자 피 자헛의 성공공식을 따르지 않았다. 이것이 창업자 톰 모나한을 성장 도 느리고 경쟁도 치열한 피자 업계에서 억만장자로 만들어준 요인 이었다.

최상급의 시계를 본 적이 있는가? 롤렉스나 피아제, 브라이틀링과 같은 시계 말이다. 이들은 정말 값이 비싸다. 판매상에게 그 이유를 물어보면 이들 시계의 작동 원리를 한참동안 설명할 것이다. 그런데 1970년대 후반까지도 이런 종류의 기계 작동방식이 경쟁력을 가늠하 는 차별화 요소였다는 사실을 기억하는 사람은 별로 없다.

따라서 모든 시계 제조업자들은 시계 내부의 작동 원리에 초점을 맞춰 경쟁하려고 했다. 이 시대의 광고는 숙련공들의 사진을 보여주 면서 정확성에 대해 설명한다. 스위스는 많은 시계 생산업자들의 고 향과도 같은 곳이다. 이 곳에서는 모두가 시계 숙련공에 초점을 맞추 고 있다. 주로 저가의 시계로 경쟁하던 미국의 생산자들조차 스위스 제품의 질에 대해서는 인정했다. 1960년대에 인기를 끈 시계 광고를 살펴보자. 존 카메론 스웨이즈가 나와서 "타이멕스, 한번 보면 반하 고, 놀라울 만큼 정확해"라고 말하며, 그 브랜드의 시계가 얼마나 정 확하고 튼튼한지를 강조한다.

한편, 1970년대 들어서자 일본 기업들은 새로운 제품에 트랜지스터와 솔리드스테이트 회로 기술을 사용하고 있었다. 그들은 라디오와 텔레비전의 진공관을 대체하는 방법을 찾아내어 제품의 질과 정확성과 수명을 늘려나갔다. 그러다 그런 신기술을 활용할 수 있는 새로운 분야를 찾던 중에 스위스의 시계 산업을 발견했다. 당시 시계 제조사들은 시계는 기계식으로 작동해야 한다는 관념에 완벽히 고정화되어 있었다.

카시오는 당시 LED를 솔리드스테이트 전자부품과 결합해 디지털 시계를 만들어냈다. 카시오는 읽기 편한 시간표시 장치와 놀라운 정확성을 가진 기술을 보유하고 있었다. 전자부품을 이용하기 때문에 시계는 1년에 1분 정도의 오차가 있었을 뿐이다. 이를 1일 기준으로 환산하면 놀라울 정도로 높은 정확성이었다. 관리에서도 문제될 것이 없었다. 태엽을 감아주지 않아드 되고 그저 1년에 한 차례 정도 배터리만 교체하면 되었기 때문이다. 게다가 대량생산 체제를 갖춰 노동 집약적으로 생산한 기계식 시겨에 비해 말할 수 없을 정도로 저렴한 가격에 시계를 만들어냈다.

전자시계의 효용성을 완전히 간과한 스위스와 미국의 시계 제조회사들은 일본 경쟁자의 출현을 가뿐한 마음으로 무시했다. 이들에게 일본 업체들은 시계 제조사가 아니라 전자제품 기업일 뿐이었다. 전통적인 시계 생산업체들은 전자시계를 우습게 생각하고 사람들에게 인기가 있을 리 없다고 확신했다.

하지만 일본 업체들은 발 빠르게 생산량을 늘려나갔다. 다른 전자제품 제조에 사용하느라고 예전에 개발해 놓은 다수의 장치들을 이용하여 시계 가격을 90%나 낮출 수 있었다. 높은 신뢰도, 감지 않아도 되는 점, 그리고 유지 및 관리 비용이 거의 들지 않는 점 등으로 인해 전자시계는 불과 10년 만에 시계 시장의 80% 이상을 차지했다.

전통적 시계 제조업자들 가운데에서는 단 한 사람도 전자시계로 옮겨간 사람이 없었다. 기존의 시계 제조회사들이 자신들의 경쟁력을 기계식으로 측정하고 있을 때, 카시오는 경쟁자들로부터 거의 아무런 제약도 받지 않으면서 시계 시장을 그야말로 통째로 '접수' 해버린 것이다.

● ○ ●
차별화 요인에 고정화되어 있을 때의 전략

1990년대 IT 서비스 산업은 수십억 달러를 벌어들이는 업종이었다. 컴퓨터가 모든 기업에서 핵심이 되자 IT 부서는 거대해졌다. 또한 대부분이 외부 업체를 고용해 소프트웨어 개발과 설치 등을 맡겼다. 이처럼 컴퓨터 응용 업무에 대한 수요가 늘어나자 IT 서비스의 수요도 증가했다.

이에 앤더슨 컨설팅, 딜로이트 컨설팅, 그리고 쿠퍼스 앤 라이브랜드 컨설팅은 각각 수천 명의 IT 컨설턴트를 고용했다. 그 밖에도 수천 명의 컨설턴트가 EDS, CSC, IBM과 여타 컨설팅 업체 등에 합류했다. 일련의 소규모 경쟁사들이 시장에 진입 중에 있었지만, 여전히 거대 컨설팅 기업이 대기업을 장악하고 있었다. 이들이 IT 업계 전체를 장악하는 것은 시간문제였다.

거대 IT 컨설팅 기업들은 성장이라는 고정관념에 묶여 있던 고객사들을 위해 독특한 차별화 전략을 구사했다. 앤더슨 컨설팅(액센추어로 개명함)은 '방법 1'이라는 전략을 썼다. 즉 자사의 컨설턴트들이 지속적으로 훈련을 받고 있으며, 독점적 방식으로 컨설팅을 제공하겠다는 보장을 해주었다. 고객들 역시 특별한 방법으로 훈련을 받았고, 이런 방식은 서비스 공급업체에 다한 고정화를 더욱 심화시켰다.

이들 거대 컨설팅 기업은 고객사와 계약을 맺을 때 장기간 일할 수 있도록 직원을 파견했다. 새롭게 가발한 독특한 시스템의 운영방법 및 적절한 컨설턴트들을 연결하여 고객사와 일관되고 장기적인 관계를 구축한 것이다. IT 서비스 기업이 인력을 제공할 때의 계약 기간은 보통 12개월에서 24개월이었다. 게다가 고객사 역시 하나의 컨설팅 회사에 거의 100% 의존했다. 그리고 고객사는 어지간하면 컨설팅 서비스 회사를 바꾸지 않는데, 그 이유는 교체 비용이 만만치 않았기 때문이다.

결국 IT 컨설팅 서비스 업자와 고객은 서로 고정화되어 갔다. 회사의 몇몇 경영진은 컨설팅 회사와 너무 친밀한 나머지 컨설팅 비용이 너무 많이 소요된다고 불만을 터트리기도 했다. 그럼에도 불구하고 대부분의 비즈니스 리더들은 장기적인 관계를 맺었다.

인도 방갈로르의 인포시스 테크놀로지는 1981년 설립되었다. 설립 당시 인포시스는 컴퓨터 소프트웨어 기술에 관한 컨설팅 서비스를 제공하는 기업이었다. 당시 대부분의 인도 기업과 마찬가지로 인포시스 역시 인도 내에 있는 기업들에 서비스를 제공했다. 1990년대 초반이 되자 인도 정부는 자유무역 지대를 지정하여 IT 서비스 기업들이 해외로 영업을 확대할 수 있도록 했다. 외화를 더 많이 벌어들여야 했기 때문이다. 이에 인포시스도 외국 기업들과 거래를 트기 위해 분주하게 움직였다.

인포시스는 토머스 프리드먼의 베스트셀러 《세계는 평평하다^{The} World is Flat》에도 소개된 바 있는 회사다. 인도에 기반을 두고 급성장한 이 IT 서비스 기업에 대해 독자들은 인터넷을 사용할 수 있는 환경과 인도의 낮은 인건비 요인이 결합되어 급성장했다고 단정할지 모른다. 그러나 이런 관점은 당시에 존재하던 미국의 서비스 기업들이 구축한 진입장벽을 간과한 것이다. 만약 그런 단순한 견해에 따른다면, 싼 노동력을 확보하면 누구든 시장에서 성공할 수 있다는 결론에 도달할 것이다.

사실 인포시스가 미국이 주도하던 시장에 진출했을 때 어떤 고객도 이 회사를 먼저 찾지 않았다. 저렴한 비용보다 서비스의 질에 더 관심을 보이던 미국 고객들은 이 회사의 제안을 번번이 거절했다. 만약 어떤 소프트웨어를 실행함에 있어서 허술한 방법을 제시하거나 프로그램 실행 방식이 미숙하거나 컨설턴트가 숙련되지 않아 이행이 지체된다면 막대한 비용이 발생할 수 있다. 이는 저렴한 비용으로 얻는 모든 이익을 상쇄하고도 남을 것이다. 만약 새로운 생산방식, 세일즈 자동화 또는 새로운 회계 프로그램을 도입했는데, 서비스 제공업체의 미숙함 때문에 비용 부담이 늘어난다면 이 회사의 CIO나 참모들은 아예 일자리를 잃을 수도 있다.

IT 서비스 제공업체를 선택할 때 저렴한 비용보다 더 중요한 것이 바로 위험 관리다. 신뢰가 쌓인 회사와 장기적인 관계를 이어가는 관행을 고집하는 데에는 그만한 이유가 있는 것이다. 기업의 IT 시스템은 정보를 공유하는 다양한 어플리케이션과 데이터베이스가 복잡하게 얽힌 혼합물과도 같다. 장기간 함께 일하면 서비스 제공업체들은 다양한 시스템에 친숙해지고, 데이터의 흐름과 운영방법에 대해 깊이 있는 지식을 갖게 될 것이다. 또한 능숙한 컨설턴트들이 고객사를 위해 교육하고 신기술을 이전하기 위해 항상 준비하고 있을 것이다.

인포시스의 경쟁자들은 자사의 컨설턴트와 고객사를 연결해 장기적인 관계를 맺도록 하는 것에 고정화되어 있었다. 인포시스는 이들의 고정화를 공략하고 나섰다. 그 일환으로 카네기멜론 대학의 SEI연구소에서 개발한 능력성숙도 모델인 CMM^{Capability Maturity Model}을 도입했다. CMM은 소프트웨어 개발과 이행에 관한 모델을 제공하고 기업의 이행 성숙도를 평가하는 도구까지 제공했다.

CMM은 IT 이행을 평가하는 데 기준을 제공한다. CMM은 외부적으로 검증할 방법도 없고 효율성 또한 평가할 길이 없는 컨설팅 회사가 개발한 운영기법과는 달랐다. CMM은 거의 모든 사람에게 공개되어 있었다. 또 누군가에게 잘 보여야 할 필요성이나 이익을 추구하는 서비스 제공회사가 시스템을 관리하지도 않았다. 유명 대학의 독립적인 연구소가 관리와 평가를 실행한 것이다. 만약 SEI연구소가 서비스 제공회사의 성숙도를 4단계라고 평가하면, 연구소의 서비스를 이용하는 고객은 컨설팅 제공회사의 신뢰도를 확신할 수 있게 된다.

CMM의 채택은 기존의 서비스 공급회사들이 고집하던 고정화를 공격한 것이었다. 이미 자신만의 독특한 방식을 개발하느라고 많은 돈을 투자했기 때문에 경쟁자들은 자신들의 '신성한 소'를 포기할 수 없었다. 또한 자사만의 독특한 운영기법이 차별화를 만들고, 프로그램 이행 측면에서도 고객을 안심시킬 수 있기 때문에 계약이 계속 유지될 것으로 봤다. 그래서 경쟁자들은 업계에 새롭게 확산되는 기준을 받아들이려 하지 않았다. 대신 기존에 사용하던 방식을 방어하고 확장하는 데 집중했다.

인포시스가 CMM에 투자하면서 5단계 성숙도에 진입한 첫 번째 IT 서비스 공급자가 되었고 빠르게 주목받기 시작했다. 인포시스는 소프트웨어 개발을 위한 CCM 방식을 권장했고, 결점을 개선하기 위해 모토로라의 빌 스미스가 1986년 개발한 방식, 그리고 식스 시그마를 통해 시스템의 질을 높여나갔다.

CMM과 시그마 식스를 통해 IT 기술의 질을 높이고 위험을 줄인 그들의 방식은 주효했다. 인포시스는 인건비가 저렴한 인도의 엔지니어들을 활용하는 것에 만족하지 않고 업계 내부에 고착화된 고정화 요소를 공략했다. 그 결과 경쟁자들을 이길 수 있는 기회를 찾아낸 것이다.

인포시스는 1981년 설립되었는데, 1992년이 되기 전에 이미 인도에서 공식적으로 시장에 상장했다. 1993년에는 ISO 9001 인증을 받고 미국에 발을 내디뎠다. 또한 1997년에는 SEI의 CMM 4단계 인증을 획득했고, 1999년에는 CMM 5단계 등급을 받고 나스닥에 상장했다. 인포시스가 품질에서 표준 등급을 받고 연매출 1억 달러를 달성하기까지는 18년이 걸렸다.

1999~2001년 사이 인포시스의 연매출은 네 배로 성장하여 4억 달러가 되었다. 1990년대 말 IT 산업이 몰락하던 기간 동안에 '프라이스워터하우스쿠퍼스PwC'는 고용한 컨설턴트를 70%나 해고한 후에 IBM에 합병되었다. 액센추어는 일리노이 주의 세인트 찰스 대학에 있던 직원 훈련기관을 폐쇄했고, EDS와 CSC 역시 수천 명의 컨설턴트를 해고해야만 했다.

그러나 인포시스의 경우 2001~2004년 연매출이 매년 35% 이상 향상되어 10억 달러의 매출을 달성했다. 2007년 3월 인포시스의 연매출은 다시 3배로 뛰어 30억 달러가 되었다. 불과 7년 만에 매출을 30배로 늘린 것이다.

대부분의 거대 IT 서비스 공급회사들은 고객과의 관계를 고정화하기 위해 IT 부서를 아웃소싱하는 고급 시장전략을 취한다. 그러나 시장의 경쟁이 너무 치열해 마진은 갈수록 축소되었다. 이로 인해 EDS는 2000년대 초반 파산 일보 직전의 위험에 처했고, 경쟁력을 확보하기 위해 아웃소싱 단가를 낮춰야 했다. 그러나 이 모든 상황에서도 인포시스는 별 영향을 받지 않았다. 특화된 판매 솔루션을 찾기보다 업계의 품질을 선도하는 위치를 구축했기 때문이다. 그런 한편 어디에서나 통용되는 표준 기준을 만들어냄으로써, 인포시스의 수익률은 매출 성장과 함께 뛰어올랐다. 2007년에는 자기자본 대비 수익률이 30.8%에 달하는 놀라운 실적을 올렸다. 총자산 수익률도 27.5%였고 매출 총이익은 44.4%, 순익은 27.5%였다.

인포시스의 성공은 인터넷 사용과 저렴한 노동력에서 비롯된 것이 아니다. 업계 표준을 활용함으로써 경쟁자의 고정화를 파괴한 좋은 사례였다.

● ○ ●
경쟁자를 묶어두는 방법

앞에서 설명했듯이 성장세가 정체되는 것은 치명적이다. 평균 이상의 성과를 내기 위해서는 경쟁자를 봉쇄해야만 한다. 경쟁자가 어떤 점에 고정화되어 있는지를 찾아낼 떠, 그들의 성장을 봉쇄할 수 있는 새로운 경쟁비결을 찾아낼 수 있다. '성숙된' 시장에서 자금이 풍부한 오래된 거대기업이 있다손 치더라도, 그들을 가로막고 성장할 수 있는 길은 언제나 열려 있는 법이다.

비즈니스를 할 때 성장에 제약이 있는 것처럼 보이는 거대 시장을 두려워할 필요가 없다. 경쟁자가 언제든 다시 성장할 수 있는 가능성을 갖고 있다 하더라도 두려워할 필요가 없다. 경쟁자들이 끝까지 고집하는 고정화를 찾아내어 공략한다면 성공의 가능성은 얼마든지 열려 있기 때문이다. 거대 경쟁자가 이미 하고 있는 것을 더 잘 하기는 쉽지 않다. 하지만 색다른 방식으로 경쟁자의 고정화를 공략한다면 오히려 새롭게 '게임의 룰'을 만들어나갈 수 있다.

당신의 회사가 급류기에 있지 않다면 기존의 성공공식을 극대화하기는 어렵다. 대부분의 라이프사이클과 마찬가지로 일단 성공적인 전략을 수립하려면, 먼저 경쟁자의 고정화를 찾아내고 공략하는 단계가 필요하다. 성공공식을 방어하고 확장하기 위해 마이클 포터가 제시한 경쟁의 '산업구조모델5 force Model'을 이용하지 말고, 가장 먼저 경쟁자의 고정화를 찾아내서 공략해야 한다. 자신의 비즈니스를 보호하려 하기보다는 경쟁자를 패퇴시키려고 노력할 때 비로소 성공을 이루는 경우가 많다.

경쟁자의 성공공식에 대해 적어두어라. 어떤 부분에 고정화되어 있는지 분명히 알게 될 때까지 경쟁자의 정체성, 전략, 그리고 전술을 명료하게 정의하라. 우리가 앞에서 살펴봤듯이 경쟁자의 고정화를 추적해 찾아내면 경쟁의 룰 자체를 바꿀 수 있고, 당신의 행동에 경쟁자가 대응도 못하게 만들 수 있다.

경쟁자를 평가하려면 제4장의 '성공의 이면: 방어확장경영'에 제시된 고정화 목록을 꿰뚫어보아야 한다. 경쟁자가 비즈니스를 방어하고 확장하기 위해 성공공식을 어떻게 고정화하며 또 어떻게 이행하는지 살펴보라.

- 시장에 대한 그들의 정의가 완고하거나 경직되어 있는가?
- 그들이 생산 라인과 공급망 또는 기술적 측면에서 계속 고수하려는 '신성한 소'는 무엇인가?
- 그들이 상품개발에서 초점을 닺추는 것이 무엇인가? 그것을 위해 얼마나 투자하고 있는가?
- 그들이 성공전략을 고수하기 위해 최근 내세운 변명은 무엇인가?
- 그들의 위계가 방어와 확장경영 방식을 어떻게 유지해 주고 있는가?
- 그들은 어떤 자산을 유지하려고 애쓰는가?
- 그들이 최근 실행한 재무적 도구는 무엇인가?
- 그들의 전략에서 어떤 치우침이 보이는가?
- 그들의 인력관리와 고용에서 어떤 점을 예측할 수 있는가? 또 어떤 종류의 사람들이 계속해서 선발되는가?
- 그들은 IT에 어느 정도 투자하는가? 또 그들의 시스템과 운영에 미치는 영향이 무엇인지 알고 있는가?
- 그들은 합병, 생산공장, 공급망 파트너십 구축에 얼마나 투자하고 있는가? 그들의 투자 방식에 대해 당신은 얼마나 알고 있으며, 그 투자가 또 다른 투자를 낳는가?
- 그들 조직에서 누가 정보를 축적하고 있는가? 또 전문가는 누구이며 누가 현재 상황을 유지하려고 하는가?
- 그들의 가격 모델은 어떤가? 고정비와 변동비는 무엇인가? 투자나

계약에서 고정화되어 있는 비용은 무엇인가?

각각의 고정화에 대해 그 강도가 어느 정도인지 살펴보라. 그 고정화는 얼마나 강력한가? 성공공식을 유지하기 위해 그것을 얼마나 중요하게 여기는가? 어떤 고정화가 그들의 성공공식을 방어하고 확장하는 데 가장 중요한가?

어떤 고정화가 취약함으로 만들어내고 있는가? 그들이 갖고 있는 그 어떤 고정화도 두려워하지 말라. 경쟁자는 마이클 포터가 말한 진입장벽을 갖고 있을지 모르고, 막대한 투자를 쏟아 부을지도 모른다. 그러나 진입장벽을 두텁게 하려고 더 많은 투자를 하면 할수록 더 많이 경직되기만 할 뿐이다. 그리고 그들이 더 많이 경직될수록 색다른 방법으로 도전해 오는 경쟁자에 대응하기가 더 어려워질 것이다.

대부분의 거대 항공사는 과거 군에서 근무하던 인사들이 창업한 경우가 많다. 이들은 자신만의 성공공식을 고수하고 다음 요소들을 고정화한다.

- 국내선과 국제선
- 몇몇 주요 도시를 거점으로 삼고 여러 목적지를 연결하는 일종의 '축과 부챗살 체계'
- 저렴한 가격을 유지하기 위해 서비스 공급회사 이용
- 업무의 관례화
- 티켓 배분 회사를 소유하고, 세일즈 직원들을 이용해 여행사와 협력
- 새로운 항공기술에 지속적으로 투자하고, 저렴한 가격을 유지하는 방식으로 수익률 높이기

- 고객 1인당 비행에 붙는 수익을 늘리기 위한 가격 설정의 다양화

사우스웨스트 항공은 업계에 고정화되어 있는 이런 점들을 공략했다. 뉴욕 변호사가 설립한 사우스웨스트 항공은 처음에는 텍사스 안에서만 운행을 하다가 점점 새로운 도시를 더해 나갔다. 지역 거점을 만들기보다는 주로 도시 간 비행을 하도록 했다. 공급회사와 직원 모두와 협력했을 뿐 아니라 사원 개인의 역량을 높여 더 다양한 역할을 수행할 수 있게 했다. 티켓 배분 희사를 소유하지도 않았고 여행사에 커미션을 주지도 않았다. 대신에 고객에게 직접 티켓을 팔았다. 사우스웨스트 항공은 단 한 종류의 비행기만을 사용했는데, 모든 좌석의 가격을 모든 사람에게 똑같이 책정했다.

30여 년이 지났을 때 사우스웨스트 항공은 미국의 어느 항공사보다 높은 수익을 올리게 되었다. 그러나 주요 항공사 중 어떤 곳도 사우스웨스트 항공을 따라하기는커녕 고정화를 바꾸려고 하지 않았다. 사우스웨스트 항공의 운영과 관련된 여러 권의 서적이 출판되기도 했지만 유나이티드, 아메리칸, 델타, 노스웨스트, 그리고 다른 항공사들은 여전히, 그리고 절대로 지속적인 수익을 낼 수 없는 그들의 오래된 성공공식을 추구하느라 도산 위험에 처하고 말았다.

고정화된 채로 남아 있으려는 그들의 의욕을 과소평가하지 마라. 그들은 자신들이 오도 가도 못하게 되고, 자신들의 고정화가 성과 개선에서 비효율적이라는 점이 입증되어도 여전히 고정화를 고수할 것이다. 경쟁자가 매몰되어 있는 그 고정화를 공략하는 것만이 당신의 성공 가능성을 높이는 길이다. 또한 당신에게도 고수하려는 고정화가 없는지를 알아볼, 가치 있는 통찰력을 얻는 가장 빠른 길이다.

7 / 창조적 파괴와 피닉스 법칙

● ○ ●

어떻게 하면 고정화에서 벗어날 수 있을까? 어떻게 하면 구식의 경영방식인 방어와 확장방식에서 벗어날 수 있을까? 어떻게 하면 성공공식을 발전시킬 수 있을까?

● ○ ●

창조적 파괴의 효과

지금까지는 그다지 중요하지 않은 행동변화를 필요로 하는 성과향상에 대해 살펴보았다. 앞의 두 장에서는 고정화와 성공공식을 변화시키려는 시도를 하지 않았기 때문에 의외로 실행하기 쉬운 활동에 대해서만 설명했다. 또한 고정화와 성공공식에 대한 명료함을 더 높여주긴 했지만, 어느 부분에서도 변화를 다루지는 않았다. 그리고 증상에 대해서는 설명했지만 장기간에 걸친 치료방법은 언급하지 않았다.

'피닉스 법칙'의 회사는 성공공식을 변화시킴으로써 비약적인 성과를 거둔다. 이들은 시장의 도전에 응할 수 있도록 고정화한 다음, 장기에 걸친 성과를 거두기 위해 성공공식을 발전시켜 나간다. 신화 속의 불사조를 모방하듯이 성공공식의 끊임없는 소생을 필요로 하는 것이다.

변화란 경영에서 가장 두려운 단어다. 종종 "사람들은 변화를 싫어해!"라고 말한다. 경영자들 역시 변화 모색이라는 말을 싫어한다. "당신이 변하면 되기 때문에 나는 변하지 않아도 돼!"라는 말은 변화에 대한 경영자들의 인식을 단적으로 보여준다. 하지만 장기에 걸쳐 평균 이상의 성과를 올리는 회사들은 변화에 능숙하다. 이런 회사들은 변화나 변화 경영을 입에 담지도 않는다. 그러나 나이키의 "일단 한 번 해봐!"라는 슬로건처럼 회사를 운영한다. 어떻게?

'피닉스 법칙'의 회사는 변화 자체에 초점을 맞추지 않는다. 고정화를 공격하기 위해 창조적 파괴를 하고, 고정화에서 탈피함으로써 발전의 기회를 만들어낸다. 이들은 비전이나 세일즈, 잠재적 결과에 초점을 맞추지 않고 시장의 도전에 장애가 되는 고정화를 파괴한다. 고정화 파괴는 늪지 밖으로 조직이 나올 수 있도록 해준다.

비전을 제시하거나 설교한다거나 위협한다거나 분석 자료를 제시하는 것은 고정화된 성공공식을 탈피하는 데 아무 도움도 주지 못한다. 그럼에도 불구하고 고정화에 대한 경영자들의 신념은 확고하다.

폴라로이드, 몽고메리 워드, DEC, 브래치스 캔디의 경영자, 관리자, 그리고 모든 직원들은 새로운 해결책이 필요하다는 것을 잘 알고 있었다. 그러나 커뮤니케이션이나 데이터도 그들의 행동과 구조, 비용에 관한 고정화를 벗어나게는 하지 못했다. 고정화에 대한 확신은 더 이상 필요하지도 않고 고정화를 극복하는 방법만이 필요할 뿐인

데도 말이다.

성공공식을 방어하기 위해 만들어진 고정화는 행동과 과정이 얽힌 거미줄처럼 복잡하다. 성공공식을 변화시키는 데 분석 결과를 이용하는 것은 기상학자들이 일기예보 컴퓨터에 돌풍을 멈춰달라고 부탁하는 것과 마찬가지다. 분석자는 원인이 무엇이고, 형식을 바꿀 수 있는 것이 무엇인지는 설명할 수 있다. 하지만 분석가의 자료나 욕구는 상황 변화에 아무런 도움을 주지 못한다. 1년이 걸리는 비즈니스 절차를 재구축하는 계획이나, 4년이 걸린 ERP 이행 작업의 어려움을 겪어본 사람들은 분석이 너무 비현실적이라는 사실을 잘 알고 있다.

더 효과적인 변화를 원하는 회사들은 성공공식을 업그레이드한다. 예를 들어 애플은 맥킨토시에만 집중되어 있던 성공공식을 음반 유통과 음악 플레이어 판매로 전환했다. 더 최근에는 비록 큰 비즈니스는 아닐지라도 마케팅에서 큰 반향을 일으키면서 휴대전화 사업에도 뛰어들었다. 이제 애플은 더 이상 '컴퓨터' 회사가 아닌 것이다.

'비밀'은 무엇일까? 성공공식을 발전시키는 열쇠는 창조적 파괴를 효과적으로 사용하는 것이다. 경영에서 창조적 파괴는 피닉스 법칙의 중요한 기술이며, 평균 이상의 성과를 거두고 유지하는 토대를 제공한다.

● ○ ●

새로운 성공의 공식

창조적 파괴에 대한 정의나 이행을 설명하기 전에 다음 질문에 대답해 보라. "왜 새로운 성공공식을 만들고 실행하지 않는 걸까?" "새로운 이익창출 계획을 실행하거나 새로운 공장 문을 열듯이 왜 새로운 성공공식을 만들지 않는 것일까?" 또 "왜 당장 계획을 수립하고 실행하지 않는 것일까?"

효율성과 생산성은 강력한 개념이다. 하지만 가끔 효율적으로 보이던 해결책이 비효율적이라는 데서 문제가 발생한다. 토목건설 전문가들이 파나마 운하를 만들려고 할 때, 그들은 건설과는 아무 관련 없는 문제 때문에 어려움을 겪어야 했다. 운하사업계획은 쉬운 듯 보였다. 하지만 말라리아 모기와 늪지대의 수렁은 성공이 보장된 것처럼 보이던 운하사업을 몇 번이나 중단하게 만들었다. 그러나 새로운 방법을 모색하던 기술자는 늪지의 물을 배출시키는 것에 초점을 맞췄다. 그런 다음 공사를 시작했다. 늪지 문제가 해결된 후에야 비로소 운하건설에 착수할 수 있었던 것이다.

이와 유사하게 성공공식은 단지 변화를 제시하는 것만으로는 발전되지 않는다. 고정화는 운하사업에서 볼 때 모기와 늪지대의 역할을 한다. 왜냐하면 성공공식이 고정화되면 그것을 변화시킬 수 없기 때문이다. 그래서 고정화를 변화시키거나 공격하는 것에 초점을 둬야 한다. 성공공식을 변화시킬 때에도 고정화는 계속해서 우리를 늪 속으로 빠져들게 하고 모기와 싸우게 하며 비즈니스의 전개를 방해한다. 우리는 이 늪지를 없앤 후에 다음 단계로 넘어가야 한다.

평균 이상의 성과를 거두게 하는 성공공식은 급류기에서 혹독한 시련을 준다. 성공공식이 시장에서 가치를 부여받는 것은 오로지 경쟁을 통해 고객의 기대에 부응했을 때다. 그런데 생산적인 고정화들이 개발되고 적절한 곳에 위치하는 시기는 이 급류기에 있을 때인 것이다. 만약 리더들이 새로운 성공공식을 개발하고자 한다면 반드시 급류기로 돌아갈 방법을 모색해야 한다. 유일한 방법은 회사를 평지나 한층 더 깊은 늪으로 밀어 넣음으로써 고정화를 극복하는 것이다.

● ○ ●
창조적 파괴란 무엇인가

창조적 파괴는 고정화의 패턴을 거부한다.
- 창조적 파괴는 외부가 아니라 내부에서 일어난다.
- 창조적 파괴는 성공공식이 아니라 고정화에 초점을 맞춘다.
- 창조적 파괴는 조직의 재구축과 재평가를 불러온다.

먼저, 창조적 파괴를 이해하기 위해 무엇이 창조적 파괴가 아닌지 살펴봐야 한다. 경영자들은 불충분한 단기간의 변화를 창조적 파괴라고 생각하는 경향이 있다. 그러나 창조적 파괴는 중대해 보이는 고정화를 공격하고, 성공공식에 대한 재평가를 요구함으로써 회사를 재구축하는 것이다. 더욱이 창조적 파괴는 현상유지 방안을 바꾸도록 위협한다.

회사의 경영진은 이익과 매출이 줄었다거나 고객이 줄어든 것을 창조적 파괴라고 말할지 모른다. 그러나 그것은 창조적 파괴가 아니다. 그런 상황은 시장의 도전 때문에 불거진 문제에 불과하다. 비슷한 예로 극단적인 가격 폭락, 경쟁자의 부도, 산업 전체의 수요 감소 역시 창조적 파괴가 아니다. 이런 상황은 그저 시장 도전에 대한 외부 반응일 뿐이다.

문제가 발생할 때 기업들은 인원 감축, 마케팅 및 광고비의 축소, 연구개발과 새로운 상품개발 비용을 삭감할 것이다. 그리고 흔히 이런 조치를 창조적 파괴로서 생각하기 쉽다. 그러나 다시 한번 강조하지만 그것은 결코 창조적 파괴가 아니다. 비록 내부에서 일종의 변화가 일어난다 하더라도, 단기적인 비용절감을 위해 예전의 성공공식을 방어하고 연장한 조치일 뿐이다. 왜냐하면 현재의 고정화가 바뀌거나 현상유지 방안의 파워가 줄어드는 것이 아니기 때문이다.

닭장 후려치기—재방문

더 많은 달걀을 얻기 위해 닭장을 후려치는 농부를 기억하는가? 농부는 닭을 협박하는 것이 달걀의 생산성을 높인다는 생각에 고정화되어 있었다. 그러나 닭장을 후려치며 닭들을 괴롭혀도 창조적 파괴는 일어나지 않았다. 단기적으로 볼 때 그의 협박은 성공공식의 파괴로 이어지기에는 역부족이었고 오히려 생산성만 떨어뜨렸다. 장기에 걸친 생산성의 증가는 꿈도 못 꿀 일이었다. 농부는 생산성 향상 전략으로 위협이라는 고정화에 초점을 맞춘 것이다. 하지만 농부는 닭들을 협박하는 대신에 닭들이 살아가는 환경 개선에 신경을 썼어야 했다. 괴롭힘과 협박이라는 방식에서 벗어나 먹이, 온도, 조명을 바꾸려고 시도했어야 했다. 이런 시도는 닭장의 환경을 변화시킬 것이고 생산성 향상으로 이어졌을 것이다.

창조적 파괴는 외부가 아닌 내부에서 항상 일어난다. 문제가 되는 외부의 상황은 시장의 도전들이다. 또한 외부의 상황은 창조적 파괴를 일으키지도 않는다. 창조적 파괴는 내부의 고정화를 변화시키겠다는 의지에서 비롯된다. 그리고 그 고정화를 공격함으로써 성장의 기회를 얻을 수 있다. 안정적인 성공공식과 안정적인 고정화에서 벗어나야 한다는 걸 깨달을 때 새로운 길을 걸어갈 수 있다.

2001년 9월 11일 미국 항공사들의 도전

2001년 9월 11일 납치된 두 대의 항공기가 뉴욕 세계무역센터 빌딩에 충돌했다. 많은 전문가들은 이 사건이 항공사들에게 창조적 파괴를 가져올 것으로 생각했다. 하지만 오히려 이 사건은 미국 항공업계가 직면한 문제점을 뚜렷이 인식할 수 있게 해주었다. 당시 미국 항공사들은 1주일 동안 항공기 여행 중지명령을 받았는데, 이 때 항공사들이 터무니없는 기회를 얻게 된 것이다. 업계 전체적으로 봤을 때 항공사들은 고객만족을 얻지도 못했고 주주들을 위해 뛰어난 수익을 올리지도 못하고 있었다. 그 사건 후에라도 항공업계가 창조적 파괴를 실행했더라면 많은 문제들을 해결할 수 있었을 것이다.

그러나 항공사들은 이익창출이나 소비자 만족에 아무런 영향을 미치지 못하는 몇몇 문제에 대응했다. 또한 자신들의 고정화를 공격하지도 않은 채 사업이 빨리 재개되기만을 기다렸다. 앞 장에서 설명했듯이 이들은 성공공식을 변화시킬 기회를 놓쳐버린 것이다. 그 결과 그들이 얻게 된 것은 다음 해의 탑승객 감소, 보안예산의 인상, 노동자와 사용자 간에 지속되는 무익한 관계뿐이었다. 공항 검색대의 줄은 더 길어졌고 탑승자가 갖고 탈 수 있는 물건도 제한되었다. 또한 여타 자금 감축으로 인해 애로사항이 많아지면서 소비자 만족도는 예전보다 더 떨어졌다.

정부의 운항 중지명령은 경영자들의 개선 노력을 방해하던 고정화를 공격할 훌륭한 기회를 제공했다. 항공사들이 대도시 터미널 집중 방식으로 전환할 수 있었기 때문이다. 이 방식은 더 많은 탑승객과 더 많은 운항 구간, 그리고 더 많은 출항을 가능하게 했을 것이다. 이런 새로운 시도는 요금을 저렴하게 하여 탑승객들에게 더 많은 만족을 주었을 것이다. 다른 한편으로는 항공사 직원들의 높은 임금을 줄일 수도 있었을 것이다. 이 대참사로 인하여 정부와 항공사, 탑승자 대표들은 이용자들의 만족을 위해 새로운 아이디어를 모색할 수 있었던 것이다.

2001년의 9·11 사태는 창조적 파괴가 아니다. 그러나 이 사건은 창조적 파괴로 이어질 수 있는 기회를 제공했다. 고전하던 항공업계의 수익 개선과 소비자 만족도를 향상시킬 기회였던 것이다. 결국 고정화를 극복하지 못함으로써 몇몇 항공사는 강력한 노조와 불만족스러운 소비자들에 의해 짧은 시간에 부도를 맞게 되었다.

회사가 영향을 받았다고 해서 창조적 파괴라고 정의할 수는 없다. 앞에서 말한 행동들은 그저 성공공식을 약간 개선한 임시방편일 뿐이다. 회사에 어떤 일이 일어나 고통을 느낄 때에도 성공공식이 창조적으로 파괴되었다고 볼 수는 없다. 고정화가 그대로 남아 있고 비즈니스는 예전과 마찬가지(잘 되면 생산성이 향상될 것이라는 기대)로 진행될 것이기 때문이다.

새로운 선택을 위해 문을 열어주는 창조적 파괴는 고정화를 공격하기 위해 반드시 조직 내부에서 일어나야 한다. 한때는 고정화가 자기 역할을 충실히 수행하기도 했다. 하지만 창조적 파괴는 그것이 더 이상 유용하지 않다는 것을 입증한다. 현상유지 방안은 고정화를 유지하려는 반응이기 때문에, 창조적 파괴는 반드시 명백하고 이해할 수 있는 방법으로 현상유지의 파워를 없애야 하는 것이다.

업계 분석가들과 경영자들은 항공사의 수익 문제로 고민에 빠져 있다. 그러나 항공사의 경영자들이 내부의 변화 필요성을 무시한다면 창조적 파괴는 일어나지 않을 것이다. 경영자들이 자신의 책임을 기름값, 법규, 노조에 떠넘긴다면 조직은 절대로 변하지 못한다. 그러나 애플의 설립자이자 현재 경영인으로 다시 돌아온 스티브 잡스는 신속히 새로운 성공공식을 만들어냈다. 이전에 오로지 맥킨토시 개발에만 투자하던 개발자금을 새로운 연구에 사용하기 시작한 것이다. 현상유지 방안에 대한 공격과 변화의 필요성을 인식한 스티브 잡스는 옛것을 창조적으로 파괴하고 새로운 발전을 위해 해결책을 마련한 것이다.

창조적 파괴는 조직의 잘못된 경영을 멈추게 하는데, 이는 매우 중요하다. "달리는 전차에서는 객차를 갈아탈 수 없다"라는 격언을 떠올려보자. 많은 경영자들은 비즈니스를 유지하면서 창조적 파괴가 이루어지길 원한다. 또한 비즈니스의 구조가 완전히 바뀌길 원하면서 예전의 성공공식에 고정화되어 있다. 이들은 미래를 받아들이려고 함과 동시에 과거에서 벗어나기를 싫어한다. 또한 예전의 성공공식에 절대적인 변화가 필요하다는 걸 알면서도 유용하다고 주장한다. 이들의 주장이 과연 실현될 수 있을까.

CSC Computer Science Corporation 사의 광고 컨설팅 사업부는 지역 사무소를 유지하고 직원들의 충성심을 유지하면서도 높은 수익을 올릴 것으로 예측했다. 그러나 고정화를 유지하면서 경쟁자를 이길 수 있는 해결책을 찾으려는 것은 그들의 비즈니스에 희망이 없다는 것을 의미한다.

효과적인 창조적 파괴는 사람들로 하여금 하던 일을 멈추고 "와, 우리가 정말 색다른 일을 하고 있구나!"라고 느끼게 한다. 사람들은 의사결정이 간소화되고 행동 감시자가 없어졌다는 것을 깨닫는 것이다. 잘못된 경영을 멈추게 하고 행동과 의사결정 과정을 바꾸도록 압력을 가하는 것이 창조적 파괴의 가장 큰 특징이다. 사람들이 "오, 세상에!"라고 외칠 때 창조적 파괴를 통한 변화가 이뤄지는 것이다.

● ○ ●

좋은 지도자의 조건

성공공식의 변화는 개인적인 일로 생각하기 쉽다. 이사회는 너무 자주 '안성맞춤'의 경영자를 원한다. 즉 '슈퍼스타'로 일컬어지는 카리스마와 분석력이 뛰어난 전문 경영인을 채용함으로써 회사를 변화시킬 수 있다고 믿는다. 그러나 그렇게 하더라도 성공공식을 개선할 수는 없다. 수많은 CEO나 경영자들은 신화와도 같은 개인의 능력으로 고정화를 극복할 것이라는 믿음 때문에 실패했다. 비즈니스가 영웅을 숭배한다 해도 영웅들이 장기적인 성공의 열쇠가 될 수는 없다.

어떤 리더도 목표나 계획에 의존해 성과를 기대한다면 실패할 것이다. 마찬가지로 만약 경영자가 고정화를 창조적으로 파괴하고 끊임없이 조직을 급류기로 돌아가게 한다면, 어떤 경영자든 장기적인 성과를 거둘 수 있다. 방어와 확장경영 방식의 기업에는 '슈퍼스타'가 필요하지 않다. 내부에 잠재된 능력을 해방시켜 줄 창조적 파괴자가 필요한 것이다. 창조적 파괴를 이용해 고정화를 극복하는 것은 평균 이상의 성과를 올리는 뛰어난 경영자들의 특징이기 때문이다.

제록스와 코닥에는 획기적인 성과를 내지는 못했지만 변화를 시도한 경영자들이 있었다. 이 경영자들은 확실한 비전을 갖고 있었다. 그들은 새로운 전략을 만들기 위해 최고의 전략가들을 고용하고, 직원과 투자자들에게 회사의 비전을 설명했다. 하지만 효과적으로 고정화를 공격하지 못했기 때문에 예전 제품에 대한 방어와 확장을 변화시키지 못했다.

CEO

매트릭스(평가기준)를 변화시킨 사람

GE의 전 CEO 잭 웰치는 긴 재임 기간 중 매출과 수익 성장에 대해 주목할 만한 평가기준을 만들었다. 새로운 기준을 적용하자 GE의 자산가치는 엄청나게 불어났다. 당시 잭 웰치는 CEO들이 가장 존경하는 경영인 가운데 한 사람이었다. 언론에서는 그를 일컬어 '중성자 폭탄 잭^{Neutron Jack}'이라는 별명을 붙이기도 했다. 잭 웰치는 매출과 수익 성장에 필요한 조건을 업계 최초 아니면 두 번째로 적용하고, 지속적으로 평가기준을 변화시켜 나갔다. 잭 웰치의 기준을 충족시키지 못한 다른 회사들은 GE에 흡수 합병되고 말았다. '중성자 폭탄 잭'은 평가기준을 바꾸고 새로운 평가기준과 대립되는 사업체는 매각해 버렸다. 이러한 창조적 파괴는 GE를 고정화에서 벗어날 수 있게 했다.

인터넷 사업이 등장한 1990년대 중반 거의 모든 경영자들은 새로운 발전 가능성이 있는 이 인터넷 사업에 미온적인 태도로 일관했다. 그러나 어떤 경영자들은 회사 내에 있는 IT 관리자들에게 인터넷 비즈니스에 대해 물어보기도 했고, 어떤 회사의 경영자들은 유용한 아이디어를 얻기 위해 컨설턴트를 고용하기도 했다. 이들 회사는 웹을 이용해 수익을 높여나갔다.

잭 웰치는 GE에 '회사파괴닷컴^{DestroyYourBusiness.com}'이라는 팀을 만들어 예산을 할당하고 인터넷 사업에 대응했다. 이 팀은 GE와 경쟁자들까지 이용할 수 있는 아이디어를 팀과 사업체에 초점을 맞춰 보고했다. 이 팀은 문자 그대로 고정화를 공격하는 데 전념했다.

세계화의 문이 외국의 인재들에게까지 열리게 되자 많은 회사들은 미지의 땅으로 진출하는 것이 가치 있는 일인지를 지켜보았다. 그러나 잭 웰치는 중국과 인도가 관심을 끌기 훨씬 전부터 중국과 인도를 방문했다. 2000년도 전에 이미 해외진출 계획과 해외에 생산시설을 짓도록 지시한 것이다. 이는 인도에서 아주 성공적이었던 '주문에서 수금까지'라는 경영기법을 만들어내게 하는 원동력이었다. 인도에 있는 GE의 계열사 젠팩트가 2007년 뉴욕 증시에 상장될 때 기업가치는 5억 3,000만 달러에 달했다.

투자를 변화시킨 사람

스티브 잡스 역시 고정화를 창조적으로 파괴한 인물이다. 잡스는 맥킨토시의 그래픽 사용자 인터페이스GUI를 처음 만들어 컴퓨터의 개선을 모색했다. 쉬운 이용방법에 초점을 맞춘 그는 컴퓨터 전문가들과 애플 직원들은 별것 아니라고 생각하던 파인더(수천 명의 개인 컴퓨터 사용자를 끌어 모은)에 혁신적인 투자를 감행했다.

결국 잡스는 전 펩시코의 경영자 존 스컬리와 공동으로 애플의 최고 자리에 오를 수 있었다. 몇 달 후 이사회는 잡스가 너무 파괴적이라며 그를 해임했고, 잡스는 얼마 후 넥스트를 설립했다. 기술 면에서 넥스트는 큰 성공을 거뒀지만 제품들은 시장을 이끌지는 못했다. 잡스가 자신의 성공공식을 넥스트의 제품에 활용했지만 대중의 관심을 끌고 투자를 받아내지는 못한 것이다.

그래서 잡스는 그래픽 하드웨어와 소프트웨어를 개발하는 픽사를 매입했다. 그러나 픽사는 기술 회사로서는 미래가 불투명했다. 왜냐하면 컴퓨터 그래픽 소프트웨어의 시장 규모가 너무 작았기 때문이다. 소비자들도 이미 시장을 독점하다시피 한 '실리콘 그래픽'사의 제품에 만족하고 있었다. 잡스는 기술과 픽사에 대한 고정화를 영화사로 바꿈으로써 창조적으로 파괴할 수 있었다. 픽사의 소프트웨어를 이용해 잡스는 〈토이 스토리〉를 발표했다. 변화된 픽사는 세계적으로 유명한 애니메이션 회사이자 성공한 영화사인 디즈니에 도전장을 내밀 정도로 성장하게 된다.

그러나 애플은 잡스가 떠난 후에도 컴퓨터에 고정화되어 있었다. 비록 새로운 CEO인 스컬리가 PDA 시장을 개척했지만, 새로운 시장으로 진출하는 것을 내켜 하지 않았다. 다시 한번 창조적 파괴의 위험을 느낀 이사회는 맥킨토시에 대한 투자에 고정화되어, 잡스의 복귀를 거부하고 PDA 투자를 중단한다고 선언했다. 공교롭게도 매년 맥킨토시의 시장점유율은 하락했고, 성능이 향상된 윈드 프로그램 기반의 컴퓨터들이 시장을 차지하게 되었다. 애플은 2000년까지 좁아진 틈새시장에서 컴퓨터를 팔면서 현실적인 연구개발 수준을 유지하느라 악전고투해야 했다.

15년 간의 공백 후 잡스는 애플의 최고 위치로 복귀했다. 그는 재빨리 MP3 아이팟이라는 음악 재생기와 '아이튠스'라는 음악 다운로드 웹사이트 등의 새로운 연구에 투자함으로써 회사를 창조적으로 파괴해 나갔다. 물론 앞에서 설명한 내용은 애플의 PC에 대한 고정화와는 무관하다. 2006년에는 휴대전화 시장의 리더인 모토로라와 함께 뮤직 휴대전화ROKR 개발에 착수했다. 비록 ROKR의 성공은 제한적이었지만, 애플은 2007년 아이폰을 출시함으로써 소비자들의 열광적인 호응을 이끌어냈다. 또한 애플은 한번도 전화통신사업에 참여한 적이 없었다. 그러나 잡스는, 애플이 전화통신사업에 대한 경험과 전문가가 없음에도 불구하고 이에 대한 고정화를 공격했다. 이렇게 새로운 기술에 지속적으로 접근함으로써 새로운 시장에 도전했다.

계급 반대자

창조적 파괴를 단행한 리더들의 이야기는 록 스타와 같은 CEO들에게만 국한되지 않는다. 온순한 성품의 데이비드 위트웜David Whitwam은 월풀에서 오랫동안 CEO로 재직했다. 그러던 2001년 어느 날 '베스트 바이Best Buy'와 같은 전자제품 유통회사들 때문에 이익이 잠식되고 있다는 것을 깨달았다. 베스트 바이와 같은 유통업체들은 제조회사들에게 지속적으로 낮은 가격을 요구하면서 제조회사들을 경쟁시켰다. 그들은 성장하고 있었지만 제조업자들의 이익은 점점 줄어들었다. 위트웜은 새로운 제품을 반드시 개발해 월풀을 다른 경쟁사들과 분리하기로 마음먹었다. 그리고 월풀의 혁신을 방해하는 요소를 극복하기로 했다.

위트웜은 회사의 모든 부서에게 새로운 아이디어를 자신에게 직접 보고하도록 명령함으로써 월풀을 창조적으로 파괴했다. 이런 직접적 보고체제는 월풀의 계급에 대한 고정화를 공격했다. 월풀의 계급제도 아래에서는 모든 아이디어가 z각의 직급 단계를 거쳐 검토되었다. 그 결과 아주 소수의 아이디어만이 경영진에게 보고되었다. 당연히 중간 관리자들은 이런 창조적 파괴에 분노했다. 그렇지만 다양하고 혁신적 아이디어들을 검토할 수 있게 되었다.

전체 부서와 접촉하고 컨설턴트를 고용하는 등 위트웜의 혁신은 자신의 위치를 변화 전도자로 만들었다. 위트웜의 이런 행동은 월풀의 경영진을 창조적으로 파괴했다. 사원들은 "도대체 지금 무슨 일이 일어나고 있는 거지? 왜 우리 CEO가 저런 일을 하고 있는 걸까?"라고 자문하게 되었다. 계급에 대한 공격은 모든 사람들로 하여금 전례 없이 창의적 혁신에 대한 동참을 이끌어냈다. 이러한 창조적 파괴는 월풀의 경영진에게 계급조차 혁신에 비하면 중요하지 않다는 사실을 깨우쳐주었다.

이러한 창조적 파괴로 얻어진 혁신은 대단해 보이지도 않고, 계급 제도 아래에서는 살아남지 못할 것처럼 보였지만 아주 큰 차별화를 만들어냈다. 20년이 넘도록 판매되지 않았던, 소량의 물로 더 효과적인 세탁을 할 수 있게 만드는 프런트 로딩 세탁기를 재판매하자고 제안한 사람이 있었던 것이다. 이것 자체가 혁신이 될 수는 없다. 하지만 세탁기에 서랍장을 설치해 세제와 세탁물을 보관하도록 수납공간을 만든 것은 혁신이었다. 이전의 경영자들은 검토하지도 않았지만 시장에 출시되면서 엄청난 변화를 불러온 일대 혁신이었다.

계급에 대한 창조적 파괴는 연쇄적인 발전을 가져왔다. 즉시 새로운 제품개발뿐 아니라 생산방식과 품질개선에 적용된 것이다.

신성한 소의 사냥꾼

많은 사람들은 카를로스 구티에레스 Carlos Gutierrez 를 조지 부시 행정부의 상무장관으로만 생각한다. 하지만 공직을 맡기 전 그는 켈로그의 CEO로서 큰 변화를 일으킨 창조적 파괴자였다. 구티에레스가 CEO로 재직할 때 켈로그는 시장점유율 유지와 공장을 바쁘게 돌리는 일에만 고정화되어 있었다. 대부분의 마케팅 예산을 브랜드 가치 창조에 사용함으로써 고정화는 강화되어 갔다. 하지만 기업의 수익에 치명타를 안겨줄 가격 전쟁은 이미 불이 붙어 있었다. 월가의 분석가들은 켈로그의 쪼그라든 주가를 보고 그들의 미래까지 비관적으로 보고 있었다.

20년 동안 켈로그에서 근무하던 노련한 구티에레스는 신속히 여러 가지 창조적 파괴를 실행했다. '양보다는 가치 Volume to Value' 라는 캠페인을 실시하고, 모든 보고의 중심을 무게에서 달러로 바꿨다.

무게에 기반한 보고는 이익에 관계없이 양에 맞춰진 고정화를 유지했기 때문이다. 보고 기준의 변화는 양 대비 수익에 관해 논란이 많던 관리자들을 창조적으로 파괴했다. 결국 관리자들은 손해가 날 때까지 제품을 생산하는 대신에, 수익과 시장점유율에 관해 논의하기 시작했다.

미시간에 위치한 초기 공장 배틀 크릭은 신성한 소였다. 그러나 구티에레스는 생산비를 줄여 이 공장을 연구개발 센터로 전환시킴과 동시에 연구개발비를 늘렸다. 그는 이사회를 통해 판매와 제조를 지배하던(현상유지 방안) 안건들을 창조적으로 파괴하면서 새로운 제품개발에 총력을 기울였다. 몇 개월 뒤 켈로그의 매출은 증가하기 시작했다. 분석가들이 미래를 긍정적으로 평가할 만큼 주가도 올라갔다.

창조적 파괴는 CEO들에게만 국한된 것이 아니다

창조적 파괴는 제도화되어야 한다

시스코에서는 정해진 하나의 목표 중에 자신들의 제품을 '쓸모없게 만들자'는 것이 있다. 이는 창조적 파괴가 목표로 하는 본질이다. 대부분의 사업체들은 제품의 라이프사이클을 방어하고 확장하는 것이, 후반부의 라이프사이클에서도 생산성을 향상시킬 것이라고 믿는다. 그러나 시스코는 경쟁자들이 자신들을 쫓아오도록 하는 것이 아니라 자사의 제품들을 아예 쓸모없게 만들었다. 이 같은 창조적 파괴의 최종 목표는 누구를 CEO 자리에 앉히든 시스코를 방어와 확장경영에서 벗어날 수 있게 했다.

관리자들은 큰 영향력을 행사할 수 있다

빌은 중서부 제조회사의 비즈니스 개발팀을 20년 동안 관리했다. 그의 회사는 전통적으로 고도의 기술이 필요한 화학공장에서 제품을 생산했다. 이 회사는 제품의 성능, 기술 특허, 가격경쟁에 초점을 맞추고 있었다. 최근 들어 외국 제조회사들의 시장 진출이 쉬워지고 가격 인하라는 압력이 가중되면서 외국 제조회사들과의 경쟁이 치열해져 갔다. 고객들도 외국 회사의 제품을 사용하기 시작했다.

대부분의 제조회사들과 마찬가지로 빌의 회사 역시 제품제조에 관해 전문가들과 상의했다. 전략회의는 제품의 성능 강화와 기존 제품에 새로운 기능을 추가하는 것, 새로운 시장을 찾아 나서는 것, 공장의 활용 등에 중점을 두었다. 그러나 가장 시급한 문제는 매출과 수익 감소에 대한 우려였다.

빌은 구태의연한 방식으로 만든 구식 제품을 방어하고 확장하는 데 자신의 시간을 사용할 수 있었다. 그러나 빌은 끊임없이 회사를 창조적으로 파괴해 나갔다.

빌은 중서부 지역 대학들을 방문해 어떤 신기술이 혁신적인 제품 개발을 위한 기회가 될지 공부했다. 새로운 기술과 응용방법을 배울 수 있도록 마케터들과 기술자들을 위해 정기적으로 회의를 주최했다. 에너지 투자 부서와 제품개발부를 지원하면서 얻게 된 정보는 동료들에게 즉각 제공했으며, 기술과 이용방법에 관한 보고서는 기술자와 마케터, 경영진에게도 제공했다.

또한 그가 비록 경영진은 아니었지만 회사 차원에서 산업회의를 주최하기로 결정했다. 기술자들과 정부 당국자들에게 회의 참석을 권유했고 정부로부터 약간의 지원금도 받아낼 수 있었다. 연방정부는 프레젠테이션과 공개토론에 참석할 사람들을 후원했다. 이러한 후원을 등에 업고 회사는 회의의 주최자가 될 수 있었다. 곧이어 이 회의는 업계회의와 지역의 기술응용 회의로 확대되었다. 회사에는 서광이 비치기 시작했고 매출도 향상되어 갔다.

빌은 지역 대학에 연구개발을 권장하기 위해 정기적으로 후원금을 지원하기도 했다. 이는 기술자 집단을 창조적으로 파괴했지만 그들로 하여금 새롭게 떠오르는 응용기술에 눈을 뜨게 했다. 그는 새롭게 개발한, 경쟁력이 뛰어난 제품들을 앞세워 신생 벤처 기업들을 찾았고, 이들과 함께할 동업자들을 찾아나서는 등 경영회의도 창조적으로 파괴했다. 빌은 많은 예산과 직원들을 관리할 능력을 갖고 있지 않았다. 하지만 고정화를 창조적으로 파괴하고자 했던 의지가 업계를 이끄는 최고의 회사로 자리매김하도록 했다.

마케팅은 성공을 위해 반드시 필요하다

존은 제조회사의 마케팅 책임자다. 그는 판촉보다는 유통에 중점을 두었고 90%의 마케팅 자금을 판촉물, 가격표, 카탈로그를 만드는 데 사용했다. 마케팅 관리자들은 제품 라인별로 구조화되고, 가격설정 프로그램을 개발하고, 경쟁자에 대응하는 데 대부분의 시간을 투자했다. 존의 부서는 기존 제품의 판매라는 방어와 확장경영에 고정화되어 있었다.

존 휘하의 12명의 관리자들은 1년에 두 번 어떤 사람이 업계회의에 참석할지에 대해 논의했다. 회의에 참석할 수 있는 세 명은 사무실을 떠나 며칠 동안 다른 곳에서 보낼 수 있었다. 그러나 존은 이러한 방식이 가치에 비해 비용이 너무 많이 든다며 비판적이었다.

존은 이에 대한 대안으로 창조적 파괴를 선택했다. 다음 회의에는 관리자 전원이 참석하라고 지시한 것이다. 그런 다음 관리자들을 세 명씩 네 개의 그룹으로 나눴다. 회의에서 들어온 각 팀들은 업계회의에서 논의된 내용을 토대로 2주 안에 새로운 비즈니스 계획을 발표하도록 했다. 이 발표는 존과 회사의 CEO, 그리고 CFO 앞에서 이뤄졌다(그래야만 관리자들이 계획과 발표를 심각하게 받아들일 것이라고 생각했다).

관리자들이 발표한 계획 가운데 하나는 실행을 위해 선택되었다. 그리고 선택된 팀에게는 노력에 대한 보상이 이뤄졌고 마케팅 관리자들에게 보고되었다. 기존 제품을 마케팅하는 관리자에게는 예산을 인상해 주지 않는 대신, 그 자금을 새로운 상품을 개발할 팀에 배정했다. 이렇게 하자 회사에 추가 자금을 요청하지 않아도 되었다. 만약 팀이 새로운 계획을 성공하지 못하면 더 이상 새로운 일거리를 제공하지 않았다.

창조적 파괴는 즉시 효과를 가져왔다. 그는 신성한 소와도 같았던 제품과 제품 라인이라는 고정화를 성공적으로 공격할 수 있었다. 게다가 신성한 소였던 방어와 확장경영을 강화하는 예산에 대한 고정화도 공격했다. 창조적 파괴는 새로운 부서에 새로운 제품과 새로운 시장진출이라는 기회를 개발하도록 예산을 지원하는 계기가 되었다. 동시에 기존 제품에 대한 마케팅 기법을 새로이 개발하도록 하는 압력을 가할 수 있었다.

회사의 마케팅 관리자들은 새로운 경쟁자들이 시장에 등장하고 있음에도 불구하고 제품 향상에만 고정화되어 있었다. 이들의 마케팅은 막대한 금액을 사용해 고객과의 인터뷰나 설문조사에 사용되고 있었다. 고객들 또한 익숙한 기존의 상품을 구매하는 경향이 있었다.

그는 지역 대학생 그룹을 끌어들여 소비를 줄인 소비자들에게 초점을 맞춰 제품개발과 새로운 기술을 응용하면서 창조적 파괴를 실행했다. 성공공식에 고정화되어 있지 않은 학생들은, 소비자들이 소비 경향을 바꾸는 이유에 대해 편견 없이 조사했다. 이 대학생 그룹의 조사는 작은 예산을 들인 학교 과제에 불과했지만, 결과는 지금까지 미처 몰랐던 사실을 깨닫게 해주었다. 즉 새로운 경쟁자들이 소비자들에게 더 많은 영향을 미치고 있었던 것이다.

IT회사의 경영자들은 중대한 역할을 수행할 수 있다

유능한 경영자는 창조적 파괴를 잘 활용한다. 최고정보책임자, 즉 CIO는 직원들과 이용자 사이에서 정보기술에 대한 견해차가 결코 좁혀지지 않을 것으로 생각했다. 그의 회사는 지속적으로 목표를 달성해 왔지만 이용자들의 만족을 얻지는 못했다. 회사의 전형적인 평가기준에 고정화되어 이용자들의 요구에 부합하지 못했기 때문이다.

그래서 CIO는 IT 평가를 위한 기준을 만들어 이용자들이 평가하도록 했다. 그는 회사 내부에서 사용하는 전형적인 평가기준(시스템 가동시간과 같은)을 유지함과 동시에, 이용자들에게도 자사의 IT에 대한 평가기준을 만들도록 허용했다. 또한 보상제도를 보강하고 커뮤니케이션을 개선함으로써 동기를 부여했다. 그러자 시스템 개선과 새로운 소프트웨어에 관한 회의들이 즉시 이뤄졌고 이용자들의 만족도도 개선되어 갔다.

하지만 IT 개발책임자는 스스로가 기존의 플랫폼을 개선하려는 것에 고정화되어 있다는 사실을 깨달았다. 비록 자신의 부서가 신기술 개발을 통해 좋은 평가를 받았지만 그 기술은 거의 사용되지 않았다.

예전의 기술을 사용하는 것이 훨씬 빠르고 손쉽고 저렴했기 때문이다.

그는 매년 새로운 기술을 중요한 시스템에 적용하라고 지시했다. 이와 같은 창조적 파괴는 분석적 통찰력보다 기술을 실제로 경험할 수 있게 해주었다. 그의 팀이 개선된 성능을 실험하고 새로운 기술을 사용함으로써, 새로운 기술은 빠른 속도로 분석에서 실제적인 사용으로 전환되어 갔다. 이 창조적 파괴 덕분에 그의 팀은 수없이 쏟아져 나오는 새로운 기술 중에서도 최첨단 기술을 지속적으로 개발할 수 있었다. 또한 첨단기술을 경쟁자들보다 훨씬 앞서서 실용화함으로써 많은 수익을 창출할 수 있었다.

인사부 관리자들도 중요한 창조적 파괴자가 될 수 있다

인사부의 책임자는 자신들이 보상과 혜택에 고정화되어 있다는 사실을 깨달았다. 휘하의 관리자들은 충실히 임무를 수행했지만, 시장의 도전을 돌파하는 데에는 별로 효과적이지 않은 아이디어들을 갖고 있었다. 그는 일대일로 고객을 관리하도록 지시함으로써 팀에 창조적 파괴를 불러왔다. 매달 관리자들에게 매출, 수익, 고객만족도를 보고하도록 지시했다. 그러자 인사부의 옹색한 능력에 대한 고정화는 점점 파괴되어 갔다. 새로운 시장 도전에 적합한 사람들을 고용할 수 있도록 직무 설명서, 조직 설계, 유연한 보상 계획을 수립하는 데 인사부가 크게 기여한 것이다.

직무 설명서는 모든 직원들을 고정화시켰고 이 고정화는 떠오르는 시장 도전에 적절히 대응할 수 없게 만들었다. 인사부 책임자는 '몬스터닷컴Monster.com'이라는 취업 포털을 개설함으로써 구인체계를 창조적으로 파괴했다. 그 결과 지금까지 회사의 취업 공고를 보고 지원하던 구직자들보다 더 많고 다양한 구직자 정보를 확보할 수 있었다. 그는 구인체계에 대한 고정화를 창조적으로 파괴함으로써 경쟁력 있는 아이디어를 갖춘 사람들을 불러 모을 수 있었다.

이러한 창조적 파괴는 변화에 대한 대응을 방해하는 고정화를 공격했기에 가능했다. 무작위적인 파괴는 혼란만 가중시킨다. 따라서 성공공식의 작동을 방해하고 수익을 떨어뜨리는 고정화를 창조적으로 파괴해야 한다.

● ○ ●
창조적 파괴를 피한다면

경영자들이 창조적 파괴를 피하려는 이유는, 그것이 방어와 확장경영에 속하지 않기 때문이다. 결국 창조적 파괴를 계획하고 실행하는 데에는 용기가 필요한 것이다.

CEO들은 방대한 자원에 접근할 수 있는데, 이것이 CEO들로 하여금 창조적 파괴를 회피하도록 만드는 하나의 원인이 된다. 창조적 파괴를 시도하지 않아도 새로운 시장이나 기술에 얼마든지 자원을 투입할 수 있기 때문이다. 만약 창조적 전문경영인이 회사를 떠나면 회사는 즉시 예전의 성공공식으로 돌아갈 것이다. 그러나 창조적 파괴가 실행되지 않으면 성공공식의 진화도 멈춘다.

1980년대 GM의 회장을 지낸 로저 스미스Roger Smith는 당시 세계 자동차업계의 최고봉에 있던 이 회사를 변화시키려고 모색했다. 뛰어난 통찰력을 가진 그였지만 실행에는 많은 논란이 일었다. 그래서 최소한의 창조적 파괴를 실행함으로써 변화를 이끌어냈다.

정보기술의 성장이 중요하다는 점을 깨달은 그는 미국의 가장 큰 IT 회사 EDS를 매수했다. IT의 이용은 급증했고, 자동차 시장이 아닌 다른 시장에서도 경쟁해야 한다는 필요성을 절감한 것이다. 그는 다시 휴스 일렉트로닉스를 인수했는데 이로써 GM을 IT 업계와 급격한 성장세를 보이던 항공기 업계에 위치하도록 했다. 당시 일본의 자동차 회사들은 전혀 다른 방법으로 경쟁하고 있었다. 이를 실감한 스미스는 자동차라는 GM의 고유영역을 침범하지 않고 아주 새롭고 독자적 사업체 '새턴^{Saturn}'을 설립했다.

이 획기적인 사건은 GM에 새로운 돌파구를 마련한 것처럼 찬사를 받았다. 대부분의 전문가들은 완전히 새로운 이 결정이 장기에 걸쳐 GM을 소생시켜 줄 것으로 전망했다. 새로운 운명을 향해 지금까지 전례 없던 행동을 취했던 것이다.

그러나 20년 후의 결과는, 로저 스미스가 기대한 성과를 이끌어내지 못한 것으로 판명되었다. GM이 회사의 자산을 팔면서 EDS와 휴스 일렉트로닉스를 매각했기 때문이다. 동시에 예산 절감을 위해 다시 자동차와 트럭 시장으로 되돌아갔다. 사람들에게 찬사를 받던 새턴도 단일 경영체제로 돌아간 다른 많은 사업체들처럼 경영 전반에 걸쳐 GM의 통제를 받는 부서로 전락하고 말았다.

2006년부터는 GM이 부도날 것이라는 우려가 제기되고 있다. GM은 미국, 독일, 일본의 자동차 제조회사, 새롭게 부상한 한국의 자동차 제조회사들과의 경쟁 속에서 미래를 장담할 수 없게 되었다. 2006년 GM의 기업가치는 로저 스미스가 변화를 이끌 때보다 더 낮아졌다. GM이 잃어버린 가치를 복구하는 것은 멀게만 느껴진다.

무엇이 잘못된 걸까? 로저 스미스는 GM에서 창조적 파괴를 결코 실행하지 못했다. 합병된 회사들은 GM의 전통과 한참 거리가 멀었다. 또한 로저 스미스는 단 한번도 GM의 경영진, 관리자, 직원 또는 공급자들에게 하던 일을 멈추고 새로이 제기되는 도전을 심각히 고려해 보라고 지시하지도 않았다. 치열한 경쟁과 기업가치 하락, 수익 감소를 되풀이하게 하는 고정화를 공격하지도 않았다.

그러나 로저 스미스가 퇴임한 후 창조적 파괴의 반대는 더 쉽게 이뤄졌다. EDS와 휴스 일렉트로닉스는 매각되었고, 예전의 성공공식을 방어하는 데에만 예산이 사용되었다. 경영진은 새턴의 독자적 운영을 중단했고, 새턴으로 하여금 평범한 방식(전형적인 고정화에 숨는 방법)인 예전의 성공공식을 채택하도록 강요했다.

로저 스미스가 창조적 파괴에 실패하자 GM의 성공공식을 발전시키려던 그의 노력은 수포로 돌아갔다. 예전의 성공공식이 별 볼일 없는 성과를 내고 있음에도 불구하고 다시 예전의 성공공식으로 돌아간 것이다.

1990년대 맥도날드의 회장 잭 그린버그 역시 성공공식을 발전시키려고 노력했다. 그린버그는 치포틀스 그릴, 도나토스, 파졸리스, 프레타망제, 그리고 보스턴 마켓과 같은 회사들을 인수했다. 전통적 맥도날드가 포화상태라는 것을 깨닫고, 인수한 회사들을 통해 직원과 프랜차이즈 가맹점들에게 새로운 성장기회를 제공한 것이다.

그린버그 역시 맥도날드를 창조적으로 파괴하지 못하고 이들 회사를 인수하는 데에 그쳤다. 이렇게 만들어진 계열사들은 성공공식에 고정화된 제한적 성장 가능성과 판매의 문제점을 보완하도록 강요받지 않았다. 자회사들이 모회사에 무시당하고 있었음에도 불구하고 예전의 성공공식을 계속 사용한 것이다. 자회사의 유능한 관리자들이 성장과 수익을 크게 높였음에도 불구화고 그들은 하찮은 취급을 받았다.

2007년 맥도날드는 그린버그 회장이 만든 성공공식에서 벗어나는 길을 택했다. 급성장하던 치포틀스를 매각하고 확보한 자금을 맥도날드의 운영 개선과 지분을 늘리는 데 사용한 것이다. 그린버그가 맥도날드를 떠나자 맥도날드는 다시 햄버거 판매에 초점을 맞추기 시작했다. 시대에 뒤떨어진 구식의 성공공식을 방어하고 확장함으로써 매출을 높일 수 있을 것으로 믿었던 것이다.

로저 스미스와 잭 그린버그는 웅대한 비전을 갖고 있었다. 그리고 고정화라는 문제에 직면했지만, 그들의 노력은 진정한 창조적 파괴를 달성하지 못했다. 비록 그들의 노력이 평가를 받을 수도 있겠지만, 그들의 시도는 장기적으로 회사가 번영하는 데는 도움을 주지 못했다. 창조적 파괴를 이루지 못했기 때문에 그들의 노력이 몇 년 만에 간단히 원래 상태로 회귀한 것이다. 창조적 파괴가 없으면 발전을 위한 노력은 단명에 그친다. 게다가 '핵심 비즈니스'로 돌아가려는 혼란까지 야기한다.

● ○ ●
창조적 파괴의 진정한 가치

앞에서 언급했듯이 사람들은 실패보다 불분명한 것을 더 두려워한다. 그래서 경영자들은 미래를 설계할 때 불확실성을 줄임으로써 사원들의 사기를 높이려고 한다. 그런데 창조적 파괴는 불확실성을 높인다. 이것이 바로 경영자들이 창조적 파괴를 원하지 않는 또 하나의 이유다. 그러나 창조적 파괴 없는 변화는 없다.

창조적 파괴는 초기 단계에는 불안해 보인다. 하지만 사람들은 급류기에서 일하는 것을 더 좋아한다. 급류기에 있을 때 사람들은 더욱 창의적이고 풍부한 자원을 지원받게 되며 더 큰 즐거움을 얻는다. 창조적 파괴가 자유롭게 창의력을 발휘할 수 있게 한다는 걸 깨닫게 함으로써 동기를 부여하기 때문이다. 창조적 파괴는 사람들에게 무엇을 하라고 알려주지 않는다. 또한 평범한 행동과는 대립된다. 이 평범한 행동에 대한 대립은 미래를 위한 성장의 동력이 된다. 창조적 파괴를 통해 고정화를 공격함으로써 사람과 기업은 급류기로 돌아갈 수 있는 것이다. 급류기에서는 진전된 새로운 해결책을 필요로 하고, 또 그것들이 받아들여진다.

지금이야말로 창조적 파괴가 절실한 시점이다. 왜냐하면 많은 기업들이 산업경제에서 뿌리 내린 성공공식을 새롭게 발전시키지 못하기 때문이다. 산업시대의 기업은 창조적 파괴 없이 고정화에서 결코 벗어나지 못한다. 그들은 슘페터의 예측대로 시장에서 도태될 것이다. 또한 지속적으로 쇠락해 가면서 취약점은 더욱 두드러질 것이다. 그리고 마침내는 새로운 경쟁자들이 모든 가치를 가로챌 것이다.

정보화 시대가 심화될수록 우리는 경쟁자들의 행동과 결정을 더 신속히 알 수 있게 된다. 시장의 진입장벽은 급격히 허물어질 것이다. 빠르게 변하는 정보화 시대에 기업은 생존과 번영을 위해 정기적으로 창조적 파괴를 실행해야 한다. 단기간에 더 많은 수익을 얻게 하는 성공공식이 원인이 된 고정화는 단기 라이프사이클에서는 가치가 있다. 그러나 정보화 시대의 경쟁에서는 창조적 파괴에 익숙한 회사들만이 생존할 것이다.

8/ 화이트 스페이스의 성공공식

● ○ ●

성공공식을 발전시키려면 어떻게 해야 할까? 새로운 해결책을 설계하고 이행하려면 어떻게 해야 할까? 또 어떻게 하면 급류기로 돌아갈 수 있을까?

● ○ ●

성공공식이 발전되고 새로워지는 공간

지난 장에서는 "달리는 기차에서는 다른 객차로 갈아탈 수 없다"는 내용에 주목함으로써 창조적 파괴의 시각적 이미지를 살펴보았다. 이번에는 "두 개의 트랙 없이는 다른 객차로 갈아탈 수 없다"는 개념을 통해 화이트 스페이스가 어떤 역할을 하는지 좀 더 자세히 살펴보도록 하겠다.

급류기를 넘어선 조직은 고정화된 성공공식을 갖고 있다. 이렇듯 고정화된 조직들은 자신들의 걸어온 트랙 사이에 끼여 있어 새로운 성공공식을 창조하지 못한다. 새로운 성공공식을 창조하려면 또 하나의 새로운 트랙, 즉 화이트 스페이스가 필요하다. 화이트 스페이스는 새로운 사고와 새로운 시도 및 학습을 위한 공간을 제공한다.

GM의 경영진은 자신들의 고정화 때문에 의사결정을 할 때 다른 대안이 없다는 것을 알고 있다. 고정화된 조직들은 대개 오래된 성공 공식을 방어하고 확장하는 데는 적극적이다. 그러다 보니 이들 기업이 진부해진 성공공식을 통해 가치를 최적화함과 동시에 새로운 성공공식을 개발한다는 것은 불가능하다. 물론 고정화된 경영자들도 지식을 동원하여 대안을 구상하거나 그 대안을 설계하는 데 기여할 수 있지만 이를 실행하지는 못한다. 실행은 시도하고 학습하고 실험하고 발전을 위한 화이트 스페이스를 필요로 한다.

화이트 스페이스는 조직을 급류로 재진입할 수 있게 하는 공간이다. 회사의 경영진이 새로운 성공공식을 만들어내기 위해 백방으로 노력한다. 그러나 파워포인트의 슬라이드에 실려 있는 머릿속의 아이디어가 긍정적인 결과를 낳을 것인지에 대해서는 반드시 시장을 통해 검증되어야 한다. 성과 개선은 시장의 경쟁을 통해서만 확인할 수 있기 때문이다. 미래를 예측하는 수정 구슬을 가진 경영자는 존재하지 않는다. 다만 고정화된 경영자들이 가진 도구란 기존의 성공공식을 방어하고 확장하는 과정에서 얻게 된 불투명한 구슬뿐이다. 따라서 새로운 비즈니스는 반드시 급류에서 경쟁을 통해 시험되어야 한다.

미래를 예측하는 사람들은 자신의 예측을 다른 사람에게 확신시키기 위해 복잡하게 분석하는 경향이 강하다. 하지만 복잡해진다고 해서 예측의 정확성이 높아진다는 증거는 없다. 업계의 기준도 예측보

빗나간 예측

비즈니스 리더들과 전략가들은 과거의 데이터에 의존해 미래를 예측한다. 애석하게도 그런 예측은 정확하지 않았다. 1950~70년대에 등장해 인기를 누리던 몇 가지 빗나간 예측을 소개한다.

- 1979년이 되면 컴퓨터화된 자동차 덕분에 고속도로에서 차량들이 자동적으로 분리될 것이다. 1990년에는 고속도로 기지의 통제를 받는 원격조종 무인 자동차들이 도로 위를 달리게 될 것이다.

- 1978년이 되면 가정용 팩스로 신문이 배달될 것이다.

- 1981년이 되면 해저 광물채집과 해저 농업이 육지 기반의 생필품 생산을 대체하게 될 것이다.

- 2000년이 되면 농업용 트랙터들이 무인 로봇으로 바뀔 것이고 농업 인력은 불필요해질 것이다.

- 2000년이 되면 쇠고기와 돼지고기 가격이 너무 올라 대부분 비동물성 단백질을 섭취하게 될 것이다. 또한 전세계적으로 식량난이 심해지면서 합성 식품의 소비가 급격히 늘어날 것이다.

- 1990년대에는 도심 지역의 통근 수단으로 개인용 헬리콥터가 보편화될 것이다.

- 1980년대에는 토지와 노동력 부족 현상으로 미국의 주택 건설은 규격화된 조립식 주택으로 대체될 것이다.

- 1980년에는 전력난이 확산됨에 따라 전구는 사라지고 발광 페인트가 등장할 것이다.

- 1970년대에는 물이 매우 귀해지고 값이 천정부지로 올라 의복은 초음파로 세탁하게 될 것이다.

- 컬러 TV는 프로그램이 제한적이고 소비자들에게 돌아가는 이득이 거의 없기 때문에 보급률이 전체 가구의 10%를 넘지 않을 것이다.

- 2000년이 되면 모든 자동차들은 더 가볍고 더 작고 크롬이 없는 차로 바뀔 것이다.

- 1990년대에 이르면 극초음속기가 시속 1만 7,000마일로 비행하게 될 것이다. 이렇게 되면 런던에서 시드니까지 67분 만에 도착하게 될 것이다.

다 더 정확하다거나 시장 변동에 따른 오류에서 자유롭다는 통계적 증거도 없다.

이렇듯 예측은 새로운 성공공식을 만들어내는 데 별 도움이 되지 않는다. 경쟁만이 고수익을 올리는 성공공식을 만들어낼 수 있다. 급류에 남아 있는 경쟁자야말로, 기업은 장기에 걸쳐 번성하기 어렵다는 슘페터의 예측을 피할 수 있는 기업들이다. 반면 세련되고 정교한 예측을 시행한 수많은 사람들은 실패를 맛보았다.

묘하게도 전략가들과 비즈니스 리더들은 가장 어려운 시기에 최악의 예측을 하곤 한다. 사실 예측이란 것이 과거의 데이터를 기반으로 하니 놀라운 일도 아니다. 급변하는 시장환경은 예측의 기반인 가정의 진정성을 잃게 만들 뿐 아니라 결과를 더욱 악화시킨다. 예측이란 것은 아주 심각한 문제에 조직이 직면해 있을 때 정말로 아무런 쓸모가 없다.

앞에서 말했듯이 시나리오 개발은 새로운 가정을 전개하기 위한 강력한 도구다. 또한 시나리오는 새로운 선택지를 개발하게 만드는 새로운 잠재적 결과를 나타낸다. 하지만 시나리오 개발이 성공공식의 개발을 의미하지는 않는다. 시나리오는 잠재적 시장변동, 성공공식의 약점, 고정화를 고집할 때 직면하는 위험들을 강조할 뿐이다. 즉 시나리오는 화이트 스페이스를 만들기 위한 프로젝트의 출발점이다. 이 화이트 스페이스에서 시장경쟁을 통해 새롭고 가치 있는 성공공식이 탄생하는 것이다.

성공공식에는 정체성Identities, 전략Strategies, 전술Tactics이 포함된다. 새로운 성공공식을 전개하려면 이 세 가지를 모두 바꾸는 자세가 필요하다. 조직을 발전시키려고 할 때는 대개 전술적 변화에 초점을 맞춘

의도하지 않은 결과 법칙

미래를 예측하기 위해서는 다양한 선택지들을 확인하고 선별하는 작업이 필요하다. 예측은 잠재적 결과에서부터 시작되고, 각각의 결과들은 또 다른 복수의 잠재적 결과를 낳는다. 이렇게 하면 얼마 지나지 않아 잠재적 결과의 수는 폭발적으로 늘어난다. 그래서 이 모든 잠재적 가능성을 고려한다는 것은 불가능해진다. 더 심각한 문제는 이런 상이한 잠재적 결과들이 서로 교차한다는 것이다. 결국 예측 불가능한 상호작용과 선택지는 기하급수적으로 늘어난다.

그림 8.1 기하급수적 옵션 성장

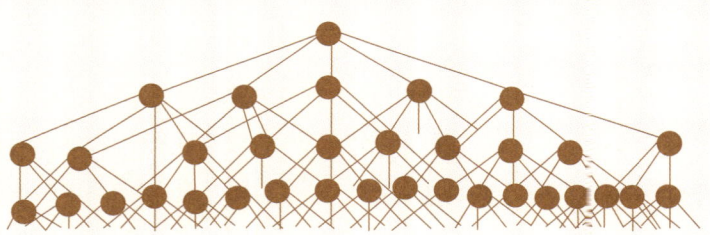

한 가지 예를 들어보자. 현대 의학 덕분에 인간의 평균 수명은 연장되었다. 반면에 수명의 연장을 예측하기는 했지만 장기치료와 노약자 의료 서비스에 따른 비용이 대폭 증가할 것이라는 예측은 못했다. 이 때문에 공공 의료보험 및 개인 의료보험에 심각한 문제가 발생하고 있는데, 이러한 문제는 치료 배급제와 같은 상황으로 이어질 수 있다.

금값이 오르면서 광산 채굴 사업이 증가했다. 브라질의 금광 수도 늘어났다. 브라질의 채광은 광범위한 지역에 걸쳐 산림 벌채로 이어졌고, 이는 브라질의 환경을 심각하게 훼손했다. 결국 이런 일련의 과정은 지구 온난화에 크게 작용했다. 지구 온난화에 대한 우려는 이제 탄소 방출에 부과되는 '탄소 세금'으로까지 이어지고, 이는 다시 에탄올 생산을 빠른 시간 내에 큰 폭으로 증가시키는 방향으로 진행되었다. 에탄올 산업의 빠른 성장은 에탄올의 주원료인 옥수수 가격 상승과 농지 가격의 상승으로 이어졌고 시리얼과 같은 식료품의 가격도 끌어올렸다.

소련의 붕괴는 새롭게 독립한 동유럽 국가들의 격변을 초래했다. 이들 국가에 막대한 원조를 제공하던 소련이 해체되자 중국과 인도는 발 빠르게 대처했다. 그리고 이런 급변은 글로벌 노동시장에 수많은 실업자를 양산해 냈다. 동시에 인플레이션이 일어났고, 직장인과 중간 관리자들의 급여에 인플레이션을 반영하자 수입이 줄었고 직업 안정성마저 흔들리게 되었다.

이는 전혀 예측하지 못한 결과다. 상호작용하는 변수가 너무 많기 때문에 수많은 잠재적 결과를 정확히 예측하지 못하는 것이다. 따라서 미래를 전망하는 사람들은 예기치 못한 상황과 이를 반영한 잠재적 가능성을 신중히 검토해야 한다. 그래야만 '통계적으로 가장 유의미한' 결과에 도달할 수 있다. 어느 쪽이 미래의 문제를 유발하는지는 알기 어렵다. 그 대신 문제들을 간과하게 만든다. 어떤 결과가 전혀 발생할 것 같지 않기 때문에 심각하게 대처하지 않을 때, 미래에 그 일은 반드시 일어날 수 있다. 그렇게 되면 예측은 완전히 빗나가는 것이다.

'의도하지 않은 결과의 법칙'이 우리에게 말해 주는 요지는 이렇다. 매우 복잡하고 변수가 많은 세상에서는 어떤 행동에 대한 장기적 결과를 예측하기가 불가능하다는 것이다. 예상하지 못한 일은 항상 일어난다. 미래의 계획을 세우는 사람들조차 어떤 변수들이 그대로 남아 있을지, 어떤 변수들이 변할지 전혀 모른다. 경쟁이 변수를 변화시키고 그 변수는 다시 결과에 영향을 미치기 때문이다.

다. 하지만 성공공식을 개발할 때는 반드시 정체성과 전략 및 전술을 재규정해야 한다. 고정화된 조직은 정체성을 재규정할 수 없다. 그리고 화이트 스페이스에만 그런 개방성이 존재한다.

화이트 스페이스 팀은 고정화를 탈피해서 일한다. 심지어 시장의 도전에 대한 새로운 해결책을 개발하면서 고정화를 위반한다. 따라서 전통적 조직을, 화이트 스페이스를 통해 개발한 새로운 성공공식을 향해 이동하도록 하는 것이 리더의 역할이다. 화이트 스페이스를 고정화된 조직으로 되돌리려 한다면, 결코 장기간 뛰어난 성과를 거두지 못할 것이다.

그런데 고정화를 위반하면 즉시 눈에 띄어 현상유지 감시자가 즉각 움직이고 그 위반을 제거하려고 할 것이다. 아무리 강한 의지를 가진 CEO라 할지라도 고정화를 방어하고 확장하기 위해 만들어진 조직 내부에 새로운 성공공식이 던져지더라도 이를 보호하기는 어렵다. 그 대신 조직이 새로운 성공공식을 향해 움직이게 함으로써(화이트 스페이스에서처럼 행동하게 함으로써) 비즈니스가 오래 지속되고 평균 이상의 성과를 거둘 수 있게 된다.

● ○ ◉
효율적으로 화이트 스페이스를 창조하기 위한 조건

화이트 스페이스는
- 낡은 고정화를 위반할 수 있게 허용하고,
- 목표달성을 위해 할당된 풍부한 자원을 가진 조직 내부의 특별한 공간이다.

화이트 스페이스는 반드시 급류로 진입해 새로운 성공공식의 개발에만 관여하는 지정된 공간이어야 한다. 화이트 스페이스는 늪지에 빠져 움직이지 못한 채 낡은 성공공식으로 조직을 운영하는 경영자들은 창조할 수 없다. 방어와 확장 방식의 경영자들은 해묵은 성공공식에서 가능한 한 많은 가치를 짜내려고 열중한다. 하지만 경영자는 최적화와 적응이라는 두 사람의 주인을 동시에 섬길 수 없다.

이런 욕구는 단순히 비현실적인 정도가 아니라 아예 실현 불가능하다. 방어와 확장을 추종하는 경영자의 첫 번째 목표는 늘 원래의 성공공식이 갖는 목적을 달성하는 것이다. 따라서 새로운 계획들은 으레 뒷전으로 밀려나게 된다. 관리자들이 해묵은 정체성과 전략 및 전술에 던져진 문제점을 해결하느라 손 쓸 틈이 없기 때문이다. 설령 변화를 원한다고 할지라도 고정화, 심지어 분열된 고정화가 발목을 잡는다.

성공공식 안에 갇힌 관리자들은 고정화에 발맞춰 비즈니스를 운영해야 한다. 이들은 어떤 고정화를 준수하고 어떤 고정화를 무시해도 좋을지 선택할 수 없다. 현상유지 방침이 그런 행동을 용인하지 않기 때문이다. 뿌리 깊이 박힌 의사결정 과정과 업무 방식이, 누군가가 고정화를 위반하려고 할 때는 작동하지 못하게 한다. 따라서 누군가가 새로운 시도를 할 수 있도록 하는 유일한 길은 그렇게 할 수 있는 전용 공간을 만들어주는 것뿐이다.

성공공식이 점점 진부해지고 결과도 별 볼일 없다 하더라도, 구식의 성공공식을 사용하는 관리자의 성과개선에 전혀 도움이 안 되는 아이디어는 바닥을 보이지 않는다. 앞에서 언급한 것처럼 그런 아이디어들은 아주 단기적인 경우를 제외하면 긍정적 차이를 거의 만들어내지 못한다. 그럼에도 불구하고 방어와 확장 지향의 경영자는 끊임없이 자금을 요구하는 것이다. 만약 화이트 스페이스를 위한 금전적 지원을 약속하더라도 지속적으로 방어와 확장방식에 물든 관리자들과 다퉈야 한다면 자금은 금세 증발해 버릴 것이다. 화이트 스페이스에서 일을 잘 한다고 소문난 피터는 강도를 만나게 되고, 그 돈은 낡은 성공공식을 고집하는 폴에게 흘러들어가는 것이다. GM과 맥도날드가 물려받은 유산을 늘리기 위해 잘 나가는 사업처를 어떻게 매각했는지 기억하는가?

방어와 확장 방식의 관리자들은 명료하게 정의되지 않은 화이트 스페이스에서 일하지 못한다. 고정화에서는 의사결정과 행동에 대한 분명한 규칙과 명확한 성과 평가기준이 제공된다. 그러나 화이트 스페이스에서는 새로운 규칙과 평가기준이 개발될 수 있도록 운영의 경계가 적어야 한다. 낡은 평가기준을 토대로 측정된 것에는 성공공식 개발 성과를 측정하기 위한 명확한 유사 벤치마크가 없다. 방어와 확장방식의 관리자들이 가진 도구들은 화이트 스페이스를 관리하는 데 적합하지 않다.

하지만 화이트 스페이스는 스컹크 워크skunk works(국가나 기업이 비밀리에 추진하는 과학기술 분야의 개발 프로젝트 또는 컴퓨터 · 우주선 등의 설계 시에 쓰는 비밀 실험실)가 아니다. 화이트 스페이스 프로젝트는 모두에게 드러나도록 하는 것이 매우 중요하다. 언젠가는 조직 전체가 화이트 스페이스에서 개발된 새로운 성공공식을 향해 이동해 갈 것으로 예상된다. 이렇듯 새로운 성공공식을 이해하고 그 가치에 대해 전념하는 태도를 얻어내려면 더 오래되고 규모가 큰 조직은 화이트 스페이스에서 이루어진 일들에 대해, 그리고 그 이유에 대해 꾸준히 인지하고 있어야 한다.

창조적 파괴는 미래에 대한 불안을 조성한다. 화이트 스페이스에서는 새로운 아이디어들이 검증되고 시장의 성공으로 이어지는데, 이를 관찰함으로써 정보를 얻을 수 있고 잘 모르는 부분도 한층 줄어든다. 또한 화이트 스페이스는 조직을 도전에 노출시키며 기존의 것을 대체할 수 있는 대안적 정체성, 전략 및 전술을 보여준다. 실험을 통해 '배운 경험'은 과감히 내던진다. 따라서 리더, 관리자, 직원, 공급업체, 발명가들이 새로운 성공공식에 자신감을 갖고 이 창조적 파괴를 활용해 이동 경로에 맞춰 스스로를 준비시킨다.

IBM의 플로리다 개발팀은 인텔 마이크로프로세서와 MS의 운영 시스템을 사용하는 현대적 PC를 개발했다. 이들은 신제품을 사용할 고객들을 발굴할 수 있었지만 눈에 띄지 않는 스컹크 워크처럼 일했다. 전통적인 IBM이 마침내 그 PC를 수용하기로 결정했을 때 창조적 파괴를 알지 못하던 IBM은 이를 받아들이지 않았다. IBM은 이 제품이 너무 저렴해서 매출에 따른 성과급이 거의 없을 것이고 기존의 장비와 소프트웨어 판매에 방해가 될 것으로 생각했다. 그리고 IBM이 마치 잠재적 감염을 막는 백혈구처럼 이 PC를 흡수하여 없애버리자 PC 프로젝트를 담당하던 리더들은 IBM을 떠났다.

IBM은 내부에 존재하던 고정화를 분열시켜야 했다. 또한 최고경영자는 주간 심층보고와 같은 도구를 통해 꾸준히 시간을 들여 PC를 담당하던 기존의 비즈니스 관리자들을 평가해야 했다. 이와 동시에 담당 관리자들은 PC 프로젝트가 어떻게 고객들을 유치하고 매출을 증가시켰으며 마진을 늘리고 성장하게 되었는지 보여주었어야 했다. 이들은 추가적인 창조적 파괴를 개발했어야 했다. 그랬으면 전통적인 비즈니스가 고성장 PC 비즈니스처럼 경쟁할 수 있는 방법을 탐구하는 이동 프로젝트가 육성될 수 있었을 것이다.

그렇게 했더라면 IBM은, 고객들이 대용량 서버 메인프레임과 미니컴퓨터를 사용하다가 유닉스와 같은 개방형 구조를 기반으로 한 서버로 이동해 갈 때 발생한 매출 문제를 피할 수 있었을 것이다. IBM은 기존의 성공공식을 유지시키기 위해 너무 오랫동안 과도하게 투자했다. 1990년대에 진행된 사유 서버 및 데스크탑 제품(AIX와 PS2) 개발 등이 그 예다. 10년이 넘도록 기술 개발을 주도하고 수십억 달러를 투자했지만 시장에서의 성공은 미미한 수준에 그치면서 결국 IBM은 대부분의 기존 제품들을 축소하고 새로운 서비스 비즈니스를 개발하기 위한 화이트 스페이스를 만들게 되었다.

한 가지 목적에 집중되어 있으면서도 겉으로 드러나는 화이트 스페이스는 이동 경로 개발의 중심부에 위치한다. 시장의 도전에 부응하기 위해 고정화는 반드시 변화되어야 한다고 깨닫는 순간, 화이트 스페이스는 다 죽어가는 조직에 생명을 공급하는 수단이 된다. 화이트 스페이스는 통찰력을 제공하며 어떻게 하면 조직이 고정화를 극복하고 새로운 성공공식을 수용할 수 있을지에 집중한다. 그렇게 되면 사람들은 자신들이 관찰하고 이해하는 것을 향해 이동하기 때문에 변화에 대한 기존의 장애물은 더 이상 장애물로서의 역할을 하지 않게 된다. 사람들은 변화를 거부하지만 그 거부의 정도가 모르는 것을 두려워하는 만큼은 아니라는 점을 기억하자. 화이트 스페이스를 눈에 보이도록 하면 미지수가 줄어들고 성공으로 향하는 이동 경로를 디자인할 기회가 생긴다.

전혀 새로운 제품이 기존의 영업부서를 통해 도입되면 대개는 성공하지 못한다. 판매 교육을 받더라도 기존의 고객들은 신제품보다 기존 제품을 구매하기 쉽고, 영업사원들은 높은 매출을 올리는 기존 제품에서 더 많은 성과급을 받기 때문에 신제품은 유야무야 사장되어 버린다.

하지만 신제품이 화이트 스페이스를 통해 도입되면 얘기가 달라진다. 기존 영업사원들은 늘 판매하던 물건에 집중하게 되고 신설

부서의 영업사원들이 판매하는 신제품을 비난하기까지 한다. 하지만 신제품의 장점이 입증되고 매출이 오르면 영업사원들은 망설임 없이 신설 부서로의 이전을 요청한다. 일단 더 많은 매출과 수수료를 얻는 방법을 알게 된 이상 이동 경로를 알아내는 것은 훨씬 용이하다.

제1부에서 소개한 AM의 경우를 떠올려보자. AM은 복사기가 발명되면서 인쇄기 판매에 문제가 생겼음을 알고 있었다. 그래서 AM의 리더들은 복사기를 출시했다. 하지만 영업사원들은 판매목표 근처에도 가지 못했다. 기존의 인쇄기 고객들에게 복사기를 판매하려고 했지만 이들은 복사기를 구매하려는 고객이 아니었다. 영업사원들이 사무실 관리자들에게 복사기를 판매하려고 하자 인쇄업자들은 기분이 상했고 경쟁업체로부터 인쇄기, 제판기, 재단기 및 기타 제품들에 대한 구매 위협을 받았다. 영업사원들은 매출과 수수료를 보존하기 위해 기존의 판매방식을 가능한 오래 유지해야 했고, 그러다 보니 오래지 않아 기존 제품을 기존 고객들에게 판매하는 쪽으로 되돌아가고 말았다. 그러니 신제품 복사기가 판매될 리 만무했다.

AM은 새로운 화이트 스페이스 복사기 부서를 개설했어야 했다. 그리고 그 부서에 복사기의 성공적인 판매방법을 연구할 독립성을 부여했어야 했다. AM은 복사기에서 성공하는 방법을 알고 있다고 믿었지만 이들의 경험은 탁상공론이었지 실제 경쟁을 기반으로 한 것이 아니었다. 기존의 영업부를 충분히 활용한다는 생각 자체는 매우 그럴 듯했지만 너무나 순진한 발상이었다. 왜냐하면 AM의 어떤 직원도 제록스를 누르고 성공하기 위해 필요한 것이 무엇인지 전혀 몰랐기 때문이다. 제록스는 복사기단 판매하지 않았다. 페이지당 청구 시스템인 '클릭스'를 판매했다. 인쇄업자들은 고가의 공급품을 사용하는 저가의 장비를 가진 반면, 복사기는 그 반대로 다른 부속 물품은 필요 없이 매우 비싼 장비만 하나 있으면 되었다. AM은 구매 시점에서 발생하는 이 엄청난 차이를 파악하지 못했고 복사기 고객들이 어떻게 예산을 세우고 지출하는지도 잘 알지 못했다. 고정화를 벗어나 운영되는 전담팀 없이 AM이 제록스를 공략할 희망은 없었다.

관리자들은 대개 동일한 고객에게 제품을 판매하는 집단이 두 개나 있어야 한다는 생각에 반대한다. 이러한 접근방법에는 효율성이 부족한 것이 사실이다. 하지만 제록스는 AM의 고객들을 훔쳐가고 있었다. 신규 복사기 부서는 제록스뿐 아니라 스스로와의 경쟁을 통해서만 배우고 성장하여 번영하는 새로운 성공공식을 만들어낼 수 있다. 내부 경쟁을 두려워하게끔 만드는 것은 조직의 고정화와 구식 성공공식을 가능한 오래오래 지켜가고자 하는 욕구다. 하지만 이러한 내부 경쟁은 학습과 성장을 위해 반드시 거쳐야 하는 과정이다.

허가

화이트 스페이스는 특정 목적을 위한 것이어야 할 뿐 아니라 고정화를 위반할 수 있는 확실한 허가를 받아야 한다. 이러한 허가를 요청하도록 훈련받은 관리자들은 거의 없으며, 있다 해도 실제로 허가를 받아내는 경우는 더 드물다. 대개 관리자들은 경영자에게 이렇게 말하면서 접근한다.

- 저가의 경쟁 제품이 출시되는 바람에 회사 매출이 감소했다(문제점).
- 제3의 판매자를 통해 더 낮은 가격의 제품을 끌어올 수 있다.
- 신제품개발에는 새로운 생산설비 투자가 필요 없다. 따라서 투자수 익률^{ROI}이 매우 높아질 것이다.
- 이 신제품은 회사의 새로운 인터넷 사이트를 매우 성공적으로 활용 하게 해줄 것이다.
- 따라서 신제품 도입을 허가해 주기를 원한다.

결국 허가가 떨어진다. 하지만 이 제품은 유통업체에게 골칫거리 다. 재고관리도 문제이거니와 값이 싼 저마진 제품에 대한 교육도 해 야 하기 때문이다. 우리의 관리자도 이 점을 알고 있다. 하지만 출시 허가를 받을 때는 이 문제에 대해 언급하지 않았다. 관리자는 경영자 에게 이 제품을 출시하도록 허가를 받는 데 필요한 것만을 말한다. 그 는 유통업체가 비용이 많이 들고 반응이 느리기 때문에 고객들이 떠 날 것임을 이미 알고 있다. 고객들은 적시$^{just-in-time}$ 생산 배송 시스템을 통해 배달되는 저가의 제품 쪽으로 옮겨갈 것이다. 그는 자신의 제품 이 회사의 유통정책을 변화시키는 교두보가 될 것이며 이는 COO의 지지를 받게 될 것이라고 생각한다.

얼마 되지 않아 신제품 매출은 기대치를 넘어선다. 하지만 출시 몇 주 후 신제품 담당 관리자는 해고된다. 유통업체에서 온갖 불만이 쏟 아져 나왔기 때문이다. "하지만 매출이 출시 때 예상치의 300%나 됩 니다. 할인도 하지 않았기 때문에 ROI도 예측치보다 높습니다. 그리 고 인터넷을 통해 판매할 수 있는 허가도 받았습니다"라고 말하며 관 리자는 항변한다. 그가 기대 이상의 실적을 올렸고 약속한 대로 온라인 판매의 효율성을 입증하기는 했지만 유통업체들에 대한 고정화를 위반했기 때문에 해고되었다. 바로 그 점에 대해 그는 분명하게 허가를 요청하지 않은 것이다. 좋은 결과는 아무런 상관이 없었다. 그렇다. 그는 신제품을 출시하고 온라인 판매를 할 수 있는 허가는 받았지만 고정화를 위반하는 허가는 받지 못했다.

　관리자는 이렇게 물을 것이다. "그러면 경영자들은 도대체 어떤 일이 일어날 것이라고 생각했단 말입니까? 유통업체들이 어떻게 반응할지 예상도 못했다는 것입니까?" 그에 대한 대답은 받아들이기 어려울 수 있다. 확실하게 표현하지 않으면 경영자들이 고정화 위반을 예상할 만한 이유가 전혀 없다. 그러니 관리자가 그랬듯이 경영자들도 간단히 무시해 버린 것이다. 경영자들은 신제품이 신제품대로 성공하면서 원래의 성공공식도 지금까지처럼 제대로 작용할 것으로 생각했다. 고정화 위반을 맞닥뜨리기 전까지는 그러한 상황을 예측할 이유가 전혀 없었다. 그리고 그 내면에 허가가 잠재되어 있지는 않았다.

　고정화 내부의 일을 할 수 있는 허가는 화이트 스페이스 허가가 아니다. 그것은 방어와 확장Defend & Extend : D&E이다. 화이트 스페이스 허가에는 고정화를 위반할 수 있는 허가가 꼭 필요하다. 앞에서 언급한 마케팅 관리자는 아이디어를 설득시키기는 했지만 그가 위반하게 될 고정화에 대해서는 논의하지 않았다. 화이트 스페이스에서 중시하는 유일한 허가는 고정화를 위반할 수 있는 허가다. 이 허가는 명시적이어야 하고 창조적 파괴에 대한 필요를 강화하는 것이어야 한다. 일단 고정화가 공격을 받으면 이를 위반하기 위한 허가가 왜 필요한지 더욱 분명해진다. 화이트 스페이스를 만들 때 "예스"를 얻어낼 수 있는 방법이 최종 목표여서는 안 된다. 오히려 솔직하게 앞으로 위반될 고정화를 인식하고 그렇게 할 수 있는 허가를 얻는 것이 목표가 되어야 한다.

앞에서 등장한 마케팅 관리자는 신제품 판매 허가를 구하기보다는 화이트 스페이스를 요청했어야 했다. 매출 저하라는 문제는 더 큰 문제점의 작은 징후일 뿐이었다. 이 경우에는 저비용의 해외 공급업체들이 부상하고 있다는 점이 더 큰 문제였다. 단순히 낮은 가격이 이들의 성공 요인은 아니었다. 이들은 다른 유통망을 보유하고 있었고 계층별로 품질의 차별화를 고안했으며, 가격을 중시하는 구매자와 품질을 중시하는 구매자별로 시장을 세분화했다. 이러한 상황에서 마케팅 관리자는 기존의 성공공식을 바꾸지 않는 한 회사의 발전을 도울 수 없을 것이다. 성공공식의 변화를 위해서는 낡아빠진 고정화의 방해를 받지 않고 새로운 도전 과제를 해결할 수 있는 화이트 스페이스가 반드시 필요하다.

회사의 문제점이 단순히 가격에 대한 것으로 보였다고 할지라도 이 문제를 해결하기 위해서는 도전 과제를 처리하고 성공공식을 발전시켜야 한다. 도전을 극복할 수 있는 새로운 성공공식을 개발하기 위해서는 화이트 스페이스가 필요하다. 회사의 정체성은 브랜드 이미지, 품질 평가기준과 엮여 있거나 개발 투자를 통한 제품 리더십에 대한 욕구, 그리고 평균 이상의 총이윤을 얻기 위해 필요한 조건들과 연관이 있다. 또는 유통업체와의 관계 및 수십 년에 걸친 상호 지원과 연관되어 있다. 해결해야 할 문제점들을 지나치게 단순화하면 필요한 변화의 깊이를 간과할 수 있다. 그러면 결국 다시 고정화에 붙잡히면서 실패로 이어지게 된다. 관리자들은 외부 시장의 필요에 집중하거나 새로운 해결책을 만들어내기보다는 내부적 정당화를 위한 회의에 더 많은 시간을 할애한다. 고정화 주위에서 일하는 것은 발전도, 성장도 할 수 없는 기회들의 운명을 결정짓는 것이다.

2000년경 미국의 유명 백화점 시어스는 새로운 매장 컨셉을 적용해 매출을 향상시키고자 했다. 그 중 하나가 시어스 철물점으로서 인기 제품이던 크래프츠맨Craftsman 공구 브랜드를 활용해 고객을 끌어들였다. 기존의 시어스 매장과는 달리 이 철물점은 규모가 작았고 에이스, 트루 밸류, 홈디포와 같은 경쟁업체 가까이에 위치를 잡았으며 높은 마진의 공구, 그릴 및 기타 철물 판매에서 큰 성공을 거두었다.

하지만 경영자는 철물점 관리팀에게 전통적인 백화점에 대한 시어스의 고정화를 위반할 허가를 내주지 않았다. 철물점 매출이 늘어나자 경영자는 이들 매장이 기존의 매장으로부터 고객들을 끌어가는 것이 아닌가라는 의문을 품었다. 변덕스러운 논리의 장난으로 철물점이 점점 더 성공을 거둠에 따라 경영자들에게는 달갑지 않은 존재로 변해갔다. 백화점 매출에 대한 자기 잠식을 우려했기 때문이다. 새로운 철물점 매장은 성공적으로 고객을 유치하고 훌륭한 소매 평가 기준을 달성했다. 그럼에도 불구하고 경영자의 지지를 잃고 말았다. 확장은 정지되었고 결국 철물점들은 문을 닫게 되었다. 시어스가 필사적으로 새로운 성공공식을 필요로 했고 새로운 아이디어를 실험하기는 했지만 이러한 것들이 화이트 스페이스 프로젝트의 본모습은 아니었다. 새로운 아이디어들이 원래의 성공공식 고정화를 위반할 허가를 받지 못했기 때문이다. 일단 기존의 고정화가 위반되고 나니 더 높은 매출과 수익도 시어스가 성공적인 신규사업에 지속적으로 투자하도록 만들지 못했다.

또 다른 예를 하나 들어보자. 성장이 거의 멈춘 한 패스너 회사가 신규사업 개발 관리자를 채용하고 새로운 기회를 발굴하도록 허가해 주었다. 그는 즉시 화학 접착제 부문에서 아직 손이 닿지 않은 거대한 기회를 발견했다. 이를 여러 가지로 응용해 활용하게 되면서 많은 사용자들이 못이나 나사 대신 이 접착제를 사용할 수 있었고 더 많은 접착제가 매주 발명되었다. 이 관리자는 곧 실행 기회 평가서를 준비했으나 바로 퇴짜를 맞았다. 경영자들은 못과 나사가 포함되는 범위 내에서만 신제품을 개발하도록 허용한 것이다. 분명 그의 아이디어는 화이트 스페이스 프로젝트는 아니었다. 오히려 D&E 제품 확장 기획안이었다. 그러는 동안 경쟁업체어 서는 새로운 접착제 판매를 발전시켜 가고 있었다.

화이트 스페이스의 모든 리더들은 자문해 봐야 한다. "시장의 도전 과제를 해결하고 궁극적으로 고수익을 얻기 위해 나는 어떤 고정화를 위반해야 할까?" 그리고 고정화를 위반할 수 있는 확실한 허가를 반드시 받아내야 한다. 초기에 어떤 것이 필요할지 분명하지 않다면 리더들은 특정 필요가 나타남에 따라 고정화를 위반하는 허가를 논의할 수 있는 대화의 창을 열어두도록 요청해야 한다. 고정화를 위반하는 허가가 없다면 그것은 화이트 스페이스가 아니다.

자원

화이트 스페이스가 실패하는 가장 흔한 이유는 불충분한 자금 지원이다. 두 번째 이유는 경영자의 관심 부족이다. 화이트 스페이스 프로젝트는 자원의 부족으로 허덕인다.

자원공급 시스템은 기존의 성공공식을 지원하기 위해 고안되었다. 원래의 성공공식을 운영하기 위한 핵심 부분으로 자원이 집중해서 흘러들어가도록 하는 것, 그것이 시스템의 설립 이유였다. 이 시스템의 목적은 기존 성공공식의 기능을 유지시키는 것으로 그 결과에는 그다지 관심이 없다. 자원 할당 시스템은 개방형 경쟁 시스템이 아니다. 오히려 편향된 도구로서 폐쇄된 성공공식을 활용한 여러 옵션을 선별하고 자금을 지원하기 위해 존재한다. 그러면서 다른 곳에 투자하는 것은 극도로 꺼린다.

시어스의 철물점은 신규 매장 오픈과 재고 확보를 위한 자금지원을 요청했다. 매출이 증가하자 재무 담당자들은 철물점의 손익계산서에 '자기 시장 잠식 요금'을 부과했다. 철물점 매출이 실제 증가로 인한 것은 아니라는 생각, 즉 대부분의 매출이 어쨌든 기존의 시어스 매장에서 이미 만들어진 것이라는 생각에 착안해 손익계산서상에서 철물점의 이익을 기존 백화점 매장의 이익으로 옮겼다. 이뿐만이 아니었다. 재무 담당자들은 기존에 시어스 매장을 방문하여 철물 제품을 구매하던 고객들이 다른 제품을 추가로 구매하기도 했는데 철물점에서는 다른 제품을 판매하지 않기 때문에 매출이 줄어든다고 생각했다. 그래서 기존 매장에서 줄어든 매출을 보상하기 위해 개별 철물점에 마진 비용이 청구되었다. 이는 자금이 원래의 성공공식과 기존 매장으로 흘러들어 가도록 만들기 위한 너무나 노골적인 자원배분 행각이었다.

피자헛도 이와 비슷하게 행동했다. 급성장하는 도미노 피자의 배달부서와 경쟁하던 피자헛의 배달 부서를 평가할 때 일어난 일이다. 피자헛이 배달 서비스 매장을 오픈한 초기에 자원 할당 시스템의 운영자들은 집으로 배달되는 피자가, 사실은 소비자들이 실제 매장을 방문해서 주문해 가져가던 피자일 수도 있다고 판단했다. 그래서 신규 오픈하는 배달 서비스 매장은 기존의 먹고 가는 매장에서 감소하는 매출을 보상하기 위해 간접비가 부과되었다. 동시에 다른 제품, 예를 들어 탄산음료 같은 제품의 예상 매출이 감소하는 것에 대한 자기 시장 잠식 요금도 부과했다. 이러한 조치는 의도적으로 전통적인 피자헛 매장이 더 경제적인 것처럼 보이게 했고 배달 부서는 상대적으로 비경제적인 것처럼 보이게 했다. 결국 그런 조치는 원래의 성공 공식과 관련된 전통 부서들을 보호하는 작용을 했다. 그러니 피자헛 매장들이 시장의 엄청난 잠재력에 부응하지 못한 것은 놀랄 일이 아니다.

앞에서 다룬 두 회사 모두 자금 압박이 커지자 경영자원 또한 제약을 받기 시작했다. 철물점이든 피자 가게든 간에, 신규 매장을 여는 데에는 직원들이 필요하다. 이들이 장소를 선정하고 건축 허가를 신청해 허가를 받아내며 선반 및 기타 필요한 장비를 구입하고 재고를 정리하며, 신입사원을 채용하고 신규 매장 마케팅과 프로모션 프로그램을 진행하게 된다. 두 회사는 모두 전통적 매장을 개설할 때 이러한 일을 완벽히 처리하는 관리팀을 보유하고 있었다. 하지만 시어스와 피자헛 둘 다 신규 매장 오픈을 전담할 새로운 직원을 충원하지 않으려 했고 기존 직원들은 추가 작업을 요청받았을 때 신규사업에서 도출되는 일을 지원할 여유 시간이 없다고 불평했다.

방어와 확장방식의 경영자는 '핵심사업'에 초점을 맞춘다. 관리자들은 우선 그들이 얼마나 기존의 요구사항에 잘 맞춰가는지에 비추어 평가된다. 연례 회의에서 발표되는 성대한 평가기준에서 가장 마지막으로 논의되는 것이 화이트 스페이스를 지지하는 의견일 것이다. 고위층이 관리자들의 임무를 정할 때면 화이트 스페이스를 고려하기 이전에 기존 비즈니스의 필요에 따라 자원을 지원하게 될 것이다. 그리고 이런 일을 처리하는 사람들은 '방어와 확장과 관련' 없는 일을 다룰 만한 시간을 내는 일에 큰 어려움을 느낄 것이다.

화이트 스페이스 프로젝트가 기존의 비즈니스와 자원을 놓고 경쟁할 때마다 자금 할당 시스템은 기존 비즈니스에 자금을 대면서 화이트 스페이스를 궁핍하게 만든다. 기존 사업으로 자금이 흘러가도록 하는 데에도 여러 가지 트릭이 있다. 예를 들면,

- 자기 시장 잠식 비용 청구
- '위험 조정' 예측
- 더 높은 요구 수익률 적용
- 공동 자원의 활용 강요
- 기능 부서에서부터 신규사업에 이르기까지 엄청난 경비 청구(대규모 IT, 마케팅, HR 또는 연구개발 비용 청구)

화이트 스페이스를 '돕기' 위해 기존의 관리자, 기능집단, 회사 프로세스를 활용하게 되면 전통적인 사업은 계속 자원을 지원받는 반면 화이트 스페이스 프로젝트 자체는 한쪽으로 밀려나는 형국에 처하게 된다.

1990년대 한 컨설팅 회사가 리더를 새로 채용하여 인터넷 활용 체계를 구축하려고 했다. 이 리더는 새로운 클라이언트 오퍼링을 만들면서 이메일, 전자통신, 회계 처리 및 직원 추적용으로 저가의 인터넷

응용 프로그램 사용을 제안했다. 하지만 이 회사의 CFO가 이러한 요청을 한 마디로 일축하면서 대신 전사적 이메일 어플리케이션, 기업 전반에 걸친 모바일 폰 계약, 그리고 새롭게 설치된 ERP 시스템에 대한 투자를 요청했다. 곧 인터넷 실행 예산에는 이런 시스템들이 쏟아내는 예상치 못했던 경비로 들끓게 되었고 결국 경영자가 보기에 비경제적인 것으로 판단되어 중단되고 말았다.

실행 자금을 지원하겠다는 약속을 받았다고 해도 원래의 성공공식에 대한 편파적 지원에 대해서는 별다른 차이를 만들지 못한다. 성장 비전의 일환으로 신규사업을 구축하고자 하는 한 CEO는 화이트 스페이스 프로젝트에 수백만 달러를 투자하겠다고 약속한다. 하지만 프로젝트가 시작되기 전에 자금이 따로 할당되지 않으면 절대 화이트 스페이스로 흘러들어오지 못한다. 기존 사업에서 새로운 투자 아이디어가 바닥나는 일은 없으며 자원 할당 시스템은 항상 기존 비즈니스를 지원하는 쪽으로 편향된다. CEO의 목표에도 불구하고 분기별 프로젝트 리뷰와 투자 순위를 살펴보면 느리긴 하지만 방어와 확장 프로젝트의 순위는 올라가고 화이트 스페이스 순위는 내려간다. 그리고 머잖아 화이트 스페이스 프로젝트를 위한 자금은 사라져 버린다.

화이트 스페이스 프로젝트는 반드시 미리 따로 떼어놓은 자금을 확보하고 있어야 한다. 자금 규모는 그 프로젝트를 완수하기 위해 필요하다고 판단되는 예산만큼은 되어야 한다. 그리고 할당된 자금이 바닥나자마자 전통적 조직이, 화이트 스페이스로 추가 자금이 흘러들어가는 것을 막기 위해 필요한 모든 수단을 동원할 것임을 예측하고 있어야 한다. 사실 '결과에 기반을 둔 자금 지원'이 결국 자금 부족으로 이어지는 것은 어쩔 수 없는 일이다. 이미 도가 튼 여우 같은 방어와 확장 조직은 화이트 스페이스 프로젝트를 방해할 요소를 만들어내는 동시에 다른 여러 가지 필요를 수없이 만들어낼 것이다. 그러다 보면 화이트 스페이스로 들어오던 자금줄은 끊어지고 만다.

미국의 종합 화학 회사 듀퐁은 별도의 예산을 들여 전자 영상 사업부를 출범시켰다. 그리고 첫 1년이 지나자 듀퐁의 CEO는 비슷한 기준을 적용해 모든 투자에 대한 순위를 매기도록 했다. 그러다 보니 신규 디지털 제품에 대한 투자가 수십 년 역사를 가진 화학 공장에 대한 점진적 투자와 비교되게 되었다. 추정된 시장 성장에 발맞추기 위해 공장을 확장한 것은 40%가 넘는, 일부는 100%가 넘는 점진적 이윤을 보여주었다. 하지만 전자 영상 사업은 신제품 구식화 비율이 매우 높았고 마진마저 미미하여 각 신제품의 성공 가능성에 의문을 제기하는 평가사들에 의해 마진마저 크게 줄어들었다. 수정 ROI도 곤두박질쳤고 출시 3년도 채 되지 않아 신제품에 대한 자금 지원도 거의 바닥으로 떨어졌다.

이와 유사하게 화이트 스페이스 팀들은 고유의 관리 자원을 반드시 확보해야 한다. 그렇지 않으면 기존의 전통 조직이 가능한 모든 시간을 가져가버릴 것이다. 화이트 스페이스에 할당된 자원이 지나치게 풍부해 보일지라도 화이트 스페이스가 고정화와 경쟁하고 도전 과제를 해결하며 평균 이상의 수익을 거두게 하는 새로운 성공공식을 만들어내기 위해서는 반드시 필요한 분량이다. 필요한 자원을 사용할 수 있게 하는 가장 확실한 방법은 미리 특정 목적에 맞춰 할당되게끔 하고 그 결과에 책임을 지는 것이다.

결과에 대한 경영자의 책임

화이트 스페이스 관리자들은 화이트 스페이스 프로젝트가 성공하지 못할 경우 그들이 할 수 있는 안전한 업무가 기다리고 있으리라고는 생각할 수 없다. 그렇기 때문에 이들은 화이트 스페이스의 성공을 위해 전력을 기울여야 한다. 이 역할에는 개인적인 위험이 따른다. 시장 변화에 따른 위험에 노출된 기존의 성공공식이 인원 감축, 아웃소싱, 임금 동결의 대상이 되는 기존의 조직에서 일자리를 창출하는 것과 마찬가지로 화이트 스페이스 관리자들은 급류에서 벌어지는 비즈니스에 내재된 위험을 수용해야 한다. 화이트 스페이스에 관여하는 직원들은 이러한 위험을 부담하면서 동시에 새로운 성공공식도 구축해야 한다. 그리고 화이트 스페이스가 사용하는 재정 및 관리 자원을 정당화하기 위해서 관리자들은 그 결과에 반드시 책임을 져야 한다.

화이트 스페이스의 효율성은 일리노이 툴 워크스[ITW]에서 찾아볼 수 있다. 이 회사는 700개가 넘는 개별 사업을 운영하는데 각각의 사업에는 고유의 경영자가 있고 공통 프로세스, 공통 IT, 심지어는 공통 회계 응용 프로그램의 사용에 대한 요청도 전혀 없다. 본사의 '법인' 직원들은 개별적인 어떤 기능에도 책임이 없다. 각각의 비즈니스는 그들만의 자원과 고유한 손익계산서를 갖는다. 전통적인 관리자들이 보기에는 비효율적이고 무질서한 것처럼 보일 수도 있다. 하지만 ITW는 꾸준히 화이트 스페이스를 사용해 오고 있으며 각 비즈니스마다 그 결과에 대해 책임을 지도록 하고 있기 때문에 20년이 넘도록 매출과 이윤이 성장하고 있다. 이런 목표를 달성하는 비즈니스는 사실상 거의 없다고 해도 무방하다.

화이트 스페이스의 성공공식

화이트 스페이스 프로젝트를 벤처 캐피털과 혼동하는 비즈니스 리더들이 대단히 많다. 벤처 캐피털은 소규모의 비즈니스가 급류기로 진입할 길을 찾을 수 있게 도와주려는 목적을 가진 투자 수원이다. 최대 규모의 벤처 투자자들조차 급류를 찾는 수원 비즈니스를 표적으로 삼는다.

하지만 안타까운 일은 수원기의 벤처들이 서로 협력하는 경우라도 급류로 가는 기회를 배출하는 데에는 오랜 시간이 걸린다는 점이다. 수원의 어떤 아이디어들이 크게 성장할지 예측하거나 얼마나 시간이 걸릴지를 예측할 수 있는 방법은 없다. 그렇다고 수원 프로젝트에 대해 투자하면 안 된다거나 수원 기획안들이 가치 있는 성장도구가 못 된다고 말하려는 것은 아니다. 대개는 몇 년 정도로 예상되는 적정 시간을 감안한다면 한 벤처 포트폴리오가 충분히 커지고 다양해져서 지속적으로 화이트 스페이스에 자금을 공급해 줄 수도 있다. 하지만 평지나 늪지에 빠져 있는 기업들이 제대로 개발된 벤처의 지원을 받기는 어렵다. 위험성이 짙은 투자는 방어와 확장방식의 관리자들과는 잘 맞물려 돌아가지 않는다.

수원 프로젝트에 의존하는 화이트 스페이스는 위험하다. 이러한 소규모 투자는 거대한 비즈니스 성장을 공략하기에 충분치 못하다. 대부분의 수원 프로젝트는 지속 가능한 새로운 성공공식을 개발할 만큼 신속하게 영향력을 발휘하지 못한다. 수원 프로젝트 리더들이 내세우는 미래 시장 목표와 계획은 성공공식이 아니다. 진부한 성공공식을 가진 비즈니스에는 이동해 갈 수 있는 새로운 성공공식이 필요하다. 조직이 늪지에서 빠져나올 때는 가능한 한 빨리 급류로 들어가는 것이 대단히 중요하다. 다시 말해 화이트 스페이스 비즈니스는 수원이 아니라 급류 초입에 들어서 있어야 한다는 뜻이다.

GM이 1990년대에 시도한 전기 자동차는 수원 프로젝트였다. 전기 자동차가 GM에 획기적인 발전을 가져올 것이라는 기대 아래 이 회사는 아직 틀이 잡히지 않은 시장에서 특별한 매출 없이, 경쟁에 대응할 특별한 방안도 없이 이 프로젝트를 시작했다. GM은 여기에 수십억 달러의 자금을 투여했지만 크게 달라지는 것이 없었다. 전기 자동차는 눈에 띄는 차이를 불러올 만큼 신속하게 매출을 만들어내지 못했기 때문이다. 이 수원 프로젝트를 시도하는 과정에 너무 시간이 많이 걸린 나머지 GM이 이동해 갈 새로운 성공공식을 만들기에 충분히 큰 규모의 시장을 개발하지 못했다. 급류 근처에도 가보지 못한 것이다. 자동차의 라이프사이클에 대한 잘못된 이해로 GM은 너무 일찍 과도한 투자를 감행했고 그 프로젝트가 충분히 빠르게 변환 능력을 길러내지 못하자 그냥 포기해 버렸다.

화이트 스페이스 프로젝트는 새로운 성공공식을 보여주기 위해 충분한 매출을 올릴 수 있어야 하고 시장에서 살아남을 만큼 강점이 있어야 한다. 그렇지 않다면 충분히 큰 시장 내에 존재하거나 신속히 급류기의 기회가 될 수 있을 만큼 빠르게 성장해야 한다. 내부적으로 생성되든 또는 인수를 통해서든 화이트 스페이스는 성공공식을 보여줄 만큼, 그리고 나머지 조직을 끌어들일 만큼 신속하게 매출을 만들어내야 한다.

도요타의 하이브리드 자동차가 빠르게 급류기로 진입한 좋은 예다. 전기 자동차를 개발하는 대신 도요타는 연비가 높은 자동차 개발에 착수했다. 배터리로 달려가는 기술만 고집하지 않고 배터리와 제너레이터, 그리고 엔진을 결합하면서 시장의 투입물 요구에 맞춰나갔다. 엔진 자체도 사실 알맞게 수정을 거쳤다. 스타일링, 트랜스미션을 비롯한 기타 특색도 하이브리드 접근방법에 적절하게 조정되었다. 하이브리드 자동차는 곧 고성장·고연비 자동차 분야에서 많은 팬을 얻게 되었고 GM이 고전하는 사이 도요타에 더욱 큰 성장을 안겨주었다.

새턴은 본질적으로 화이트 스페이스 프로젝트였다. 자금 지원도 풍부했고 전담 관리자들까지 배치되었다. 또한 대규모로 빠르게 성장하는 소형차 시장에 재빨리 진입했다. 따라서 새턴은 새로운 성공공식이 생성될 수 있는 화이트 스페이스였다. 낡은 고정화가 분열되기만 했더라면 GM이 나머지 자동차 비즈니스를 이동시킬 수 있는 화이트 스페이스였던 것이다.

GM의 휴스 일렉트로닉스 합병도 화이트 스페이스였다. 휴스 일렉트로닉스는 규모가 컸고 수익성이 높았으며 빠르게 성장하고 있었다. 시장 성장률과 마진은 자동차 비즈니스의 성장률보다 높았다. 인수 당시 휴스에는 자금도 넉넉하고 그들만의 경영자도 자리잡고 있었다. 화이트 스페이스로서 이 회사는 전통적인 GM에 대안적 성공공식이 어떻게 우수한 결과를 만들어내는지, 그리고 분열된 GM이 이동해 갈 만한 성공공식이 어떤 것인지 보여줄 수 있었다.

켈로그도 화이트 스페이스를 성공적으로 활용하여 그 운명을 바꾸었다. 켈로그를 창조적으로 파괴한 후 CEO 구티에레스는 연구개발, 생산, 엔지니어링 및 마케팅 관리를 새로운 연구개발 프로그램에 집중시켰다. 이 연구개발팀에는 풍부한 자원이 제공되었는데 이는 제품 혁신을 가져오려는 목적뿐 아니라 이를 테스트하고 어떻게 생산해서 어떻게 출시할지를 알아내기 위함이었다. 연구개발은 생산부서의 평가와는 별개로 고유한 자금줄이 있었고 어떤 기술을 어떤 시장에서 어떻게 사용하든 간에 신제품을 탐색할 수 있는 허가가 주어졌다. 연구개발팀은 CEO에게 직접 보고했고 다른 부서의 리더들에게도 수시로 연구 결과를 제공해 주었다. 이 팀의 팀장은 켈로그 임원이 되었고 전사적 차원의 제품개발에 관여하면서 큰 영향을 미쳤다. 독립성, 제품개발 허가, 그리고 제품 출시를 위한 운영 자원이 확보되면서 이 화이트 스페이스는 신제품과 혁신을 강조하는 새로운 성공공식을 개발할 수 있게 되었다.

CEO는 키블러Keebler를 인수하고 스낵 식품부에 합류시켜 자신에게 직접 보고하도록 했다. 켈로그가 판매 에이전트로 제3의 식품 브로커를 이용하고 전통적인 소매식품 유통 창고 시스템을 통해 제품을 배송한 반면, 키블러는 자사 고유의 영업사원을 확보하고 있었고 키블러 공장에서 소매점 선반까지 직접 제품을 운송하는 '매장 직배송' 시스템을 활용하고 있었다. 키블러가 새로운 부서에 영입되자 판매 유통과 관련된 해묵은 고정화를 위반할 수 있다는 CEO의 허가를 활용할 자율권이 생겼다. 스낵 식품부에는 이 부서만의 자금 지원과 경영팀이 있었다. 이 부서의 임원들은 모기업인 켈로그의 임원들과 동일한 대우를 받았고 관리자들은 회사 차원의 기획에도 참여하게 되었다.

기존의 켈로그는 제품 라인에 따라 판매했고, 그래서 제품이 서로 경쟁적이지 않은데도 다수의 영업사원들이 각 소매점에 따로 전화를 했다. 수십 년이 지나도록 이런 것은 크게 문제 되지 않았다. 하지만 2000년, 소매점들은 생산업체들과 좀 더 단순한 관계를 맺고자 했다. CEO 구티에레스는 켈로그 제품을 월마트에 판매할 목적으로 화이트 스페이스 팀을 만들었는데 이 팀이 즉각적인 매출을 창출하기 시작했다. 구티에레스는 직접 팀장이 되어 자율성을 부여했고 소매 집중형 판매 접근방법을 개발하도록 허가했으며 CEO가 주도하는 자금 지원도 받게 해주었다. 화이트 스페이스 팀은 켈로그 내의 우수한 관리자들을 많이 끌어들이게 되었고 연구개발 활동과 스낵식품 프로젝트에서 얻은 교훈을 잘 결합시켜 신속하게 새로운 성공공식을 개발했다.

화이트 스페이스 프로젝트는 켈로그가 성공공식을 이동시키도록 돕기 위해 고안되었다. 운영 독립성과 기업 목표 설정에 대한 적극적 참여, 공동 기획, 활발한 커뮤니케이션이 서로 잘 융화되었다. 각 프로젝트는 제품개발, 영업개발, 판매 및 수익 목표를 재정의했다. 화이트 스페이스 리더들은 전통적인 조직에서 일하는 동료들과 그들의 경험에 대해 의견을 나누라는 기대를 받은 반면, 기존 비즈니스의 리더들은 창조적 파괴를 잘 구축해 새로운 성공공식이 가져다줄 혜택을 향해 이동해 갈 방법을 찾아내라는 기대를 받고 있었다.

켈로그는 신속하게
- 탄탄한 신제품 파이프라인을 만들어 크게 성장했다.

- 판매 및 서비스 거래처에 대한 새로운 접근방법을 개발하여 유통 비용은 낮추면서 수입은 점차 증가시켰다.
- 시장 니즈를 충족시키기 위해 제품의 생산과 배송에서 유연성을 확보했고 재고 축소와 소매업체의 일시적 재고 부족 현상을 줄였다.
- 할인매장 같은 비정통 식료품 매장에서의 매출을 늘리는 데 성공했다.

켈로그는 하나의 화이트 스페이스 프로젝트에만 의존하지 않았다. 다수의 프로젝트를 실행함으로써 실패 위험이 낮아졌고 더 좋은 결과가 도출되었다. 한 가지 프로젝트가 실패했다고 해서 비즈니스 자체의 개선 가능성조차 없는 것은 아니었다. 여러 개의 화이트 스페이스 프로젝트는 교훈을 공유했고 좀 더 탄탄하고 새로운 성공공식을 향해 서로 기여했다.

켈로그는 하이테크 회사가 아니었다. 고성장 시장에서 활동하지도 않았다. 켈로그는 시골풍의 미시간 중부에 위치하고 있었다. 혁신이 양성되는 지역이라고는 전혀 생각되지 않는 그런 곳 말이다. 하지만 켈로그는 화이트 스페이스를 효율적으로 활용하면서 오히려 매우 극적으로 성공공식을 전개해 나갔다. 좋아진 매출 실적, 유통 채널 향상, 신제품개발 및 새로운 소매 아울렛으로의 진입 덕분에 마진도 대폭 상승했다. 하지만 비용절감의 덕을 본 것은 아니었다. 주주 성장의 기회가 거의 없는, 죽어가는 회사로 여겨졌던 켈로그는 분석가들이 선호하는 회사로 빠르게 변모했다. 직원들과 공급업체뿐 아니라 투자자들도 새로운 성공공식의 개발을 응원했다.

과거의 성공공식과 화이트 스페이스

켈로그의 예에서 보았듯이 개선된 결과는 기존 비즈니스를 화이트 스페이스를 향해 이동시켰을 때 나타난다. 하지만 리더들이 그 반대의 전술을 쓰는 예가 너무 빈번히 발생한다. 이들은 화이트 스페이스 프로젝트를 만들어낸 후 이를 전통 조직 내에 통합하려고 애쓴다. 이러한 노력은 어김없이 끔찍한 결과로 이어지는데, 이는 기존의 비즈니스가 화이트 스페이스를 해체하고 결국에는 없애 버릴 것이기 때문이다.

고정화된 조직에는 고정화 외부에서 벌어지는 행동과 투자를 저지할 여러 가지 도구가 있다. 빠른 성장을 구가하는, 성공적인 신규사업을 고정화된 사업체가 채택한다고 해서 고정화가 바뀌지는 않는다. 설령 그 고정화가 창조적으로 파괴되었다 하더라도 조직은 새로운 성공공식을 받아들일 수 없다. 조직은 새로운 아이디어를 거부하기 위해 고안되었고, 새로운 성공공식을 이해하려는 노력 없이 고정화된 조직이 새로운 이동 경로를 개발할 수는 없다.

현대적 PC를 만들어낸 IBM의 플로리다 스컹크 워크를 기억하는가. 다수의 판매자들로부터 하드웨어와 소프트웨어를 짜 넣는 새로운 개발 방법을 활용하는 데 IBM의 제품은 문자 그대로 컴퓨터 사용의 본질을 바꾸어놓았다. 하지만 IBM이 이 성공적인 사업을 기존의 컴퓨터 비즈니스에 통합시키려고 할 때 실패라는 결과가 나오고 말았다. PC 팀의 성공공식은 근본적으로 달랐고, 고정화는 판매자가 제공한 고도로 분산된 플랫폼에 기존의 비즈니스에서 나오는 지속적인 자금 지원이 이뤄지도록 두고볼 수 없었던 것이다.

비슷한 예로서, 성장을 목적으로 이루어진 인수합병은 실패한다. 인수한 회사의 경영자들은 고성장 비즈니스가 업계 리더가 되도록 도와주기를 기대한다. 인수된 회사의 경영자들은 자원, 즉 자금, 경영지원 직원, 시장 접근성과 같은 것이 더 빠른 성장을 부추기기를 간절히 희망한다. 하지만 두 조직은 인수합병이 불화로 이어지면서 실망하고 만다. 두 개의 성공공식이 서로 충돌하면 결국 자원을 통제하는 공식이 이긴다. 그렇게 되면 고정화 장벽이 결정을 통제하고 자원배분 시스템은 계속해서 자금과 인재를 전통적 투자로 흘러들어가도록 한다. 얼마 지나지 않아 인수한 회사의 경영자들은 인수된 회사의 경영자들에게 배우려 하지 않는다고 질책한다. 반면 인수된 회사의 리더들은 약속만 해놓고 자원을 제공하지 않은 모회사의 경영자들에게 분개하여 회사를 떠난다. 그러면 거대한 장애물이 가로놓이는 것이다.

성공공식은 협상과 양보의 방법을 모른다. 이들 공식은 단지 고정화를 방어하고 확장하면서 존재할 뿐이다. 자원을 통제하는 성공공식이라면 그것이 무엇이든 나머지 성공공식들을 방어하는 방향으로 밀고 나갈 것이다. 고정화 밖에서 작용하려는 새로운 성공공식과 맞부딪혔을 때 조직은 그 새로운 공식이 적합하도록 끼워 맞추는 길 외에 다른 대안이 없다. 매우 정교한 합병 기획을 실행해도 실패한다. 늘 자원을 통제하는 성공공식이 이기기 때문이다.

성장을 위한 인수에서 성공하려면 해당 회사들이 각각 독립적이어야 한다. 이들은 고정화된 자원배분 시스템의 손길이 닿지 않는 곳에서 자원을 얻어야 한다. 인수한 회사 측에는 새로운 성공공식에 대한 광범위한 커뮤니케이션과 후기 창조적 파괴 과정이 필요하다. 최고 경영자는 이러한 창조적 파괴를 새로운 성공공식으로 이동해 가는 기회로 사용하면서 끊임없이 낡은 고정화를 공격해야 한다. 오래된 공식을 새로운 공식 쪽으로 이동시키고, 의도적으로 창조적 파괴를 활용해 새로운 성공공식에 자원을 밀어 넣어야만 조직은 변화할 것이다.

뉴욕증권거래소NYSE는 자동 거래 시스템의 성장으로 도전을 받고 있다. 거래소에서 근무하는 전문 트레이더들은 자신들의 위치를 정당화하는 데 점점 더 어려움을 느낀다. MS와 시스코 같은 거대 기업이 무인 나스닥 시스템을 통해 성공적으로 주식을 거래하고 있기 때문이다. 그래서 NYSE는 미국 최대 전자거래소ECN인 아키펠라고를 인수했다. 자동화 시스템을 새롭게 이해해 가면서 NYSE도 새로운 성공공식으로 이동해 가는 중이다.

불행히도 많은 화이트 스페이스 프로젝트는, 리더들이 성공공식을 어떻게 이동시켜야 할지 모른다는 이유로 중단되곤 한다. 맥도날드는 멕시칸 레스토랑인 치포틀Chipotle을 육성했지만 성공공식을 향한 창조적 파괴와 맥도날드의 전통이 대립하게 되었다. 경영진은 아주 쉽게 이 사업체를 매각해 버리고 현금을 챙겨 방어와 확장경영에 투자했다. 비슷한 경우로 아메리칸 에어라인을 들 수 있다. 이 항공사는 매우 성공적인 여행 정보를 제공하는 인터넷 사이트인 '트래블로시티'를 개발했지만 얼마 되지 않아 매각해 버렸다. 이렇게 유입된 현금은 유서 깊지만 전반적으로 손실을 내는 항공사업을 방어하고 확장하는 데 쏟아 부었다. 이런 경영의 결과로 너무 많은 회사들이 급류기로 재진입하지 못하고 늪지에 빠져 허우적거린다.

화이트 스페이스는 적응을 주도하기 위해 학습을 활용한다. 방어와 확장방식의 경영자는 최적화에 지나치게 집중한 나머지 학습의 예측 불허함을 용인하지 못한다. 급류의 비즈니스는 100% 정확한 행동을 통해 성장하지 않는다. 오히려 실험이 이뤄지고 경쟁자들이 반응함으로써 어떤 것들은 효과가 있지만 어떤 것들은 전혀 쓸모없는 것이 된다. 그리고 그런 과정을 통해 얻은 결과가 미래의 행동을 위한 정보가 된다. 화이트 스페이스를 확인하는 사람들은 급류기의 경쟁에 내재된 학습 프로세스를 받아들여야 한다. 화이트 스페이스 리더들은 기대감을 가져야 하지만 동시에 회사의 리더들은 그 곳에 문제도 있고 잘못된 예측도 있을 수 있음을 예상해야 한다. 급류로 다시 돌아가려면 어떤 것이 제대로 작용하는지, 어떤 것이 작용하지 않는지 파악해야 한다. 그것이 급류기에서의 삶이다.

화이트 스페이스는 비즈니스를 평지나 늪지에서 구해낼 빠른 흐름의 지류를 찾는다. 성공은 이러한 지류를 반복적으로 찾고 이를 따라감으로써 연장된다. 전통적 비즈니스는 창조적 파괴를 실행함으로써 이러한 지류로 유입되어야 하고 리더들은 미래의 잠재성에 대해 열린 마음을 가져야 한다. 화이트 스페이스는 모기가 들끓고 문제가 많은 방어와 확장방식의 늪에서 빠져나오는 빠른 물길을 찾는다.

9/

장기적 성공을 위한
'피닉스 법칙'

● ○ ●

일단 성공공식을 전개하면 그 다음 단계는 무엇인가? 방어와 확장방식의 틀에 빠지지 않으려면
어떻게 해야 할까? 장기에 걸쳐 성과를 올리는 조직이 성공공식을 영원히 구지하기 위해서는 어
떻게 해야 할까?

● ○ ●

실천이 완벽을 만든다

경영진은 전략적 시도를 이벤트쯤으로 생각하거나 1년에 한번 정도
점검해도 되는 것으로 생각한다. 심지어 변화조차 중요하지 않게 다
룬다. 결국 창조적 파괴와 화이트 스페이스의 확립도 이벤트로 생각
하기 때문에 방어와 확장방식의 경영으로 돌아간다. 이런 방식은 매
우 근시안적일 뿐 아니라 조직이 장기적으로 평균 이상의 성과를 올
릴 수 있는 기회를 앗아간다. 성공공식은 언젠가는 바닥을 치기 때문
에 모든 성공공식은 발전해야 한다. 이를 위한 '피닉스 법칙'은 삶의
방식이 되어야 한다.

조직은 실천을 통해 향상된다. 다섯 번보다 열 번의 마케팅 이벤트가 낫고, 두 번째보다 네 번째 상품이 낫고, 첫 번째보다 세 번째 공급자와의 계약이 낫다. 창조적 파괴와 화이트 스페이스도 전혀 다르지 않다. 실천은 조직에게 더 나은 창조적 파괴를 실행할 수 있게 하고, 화이트 스페이스 프로젝트를 통해 더 나은 결과를 이끌어낼 수 있게 하며, 더 빨리 새로운 성공공식으로 이동할 수 있게 한다.

GE의 CEO 잭 웰치는 창조적 파괴를 실행했다. 잭 웰치 스스로 창조적 파괴를 단행했고, 다른 경영진도 창조적 파괴에 동참해 주었다. GE는 창조적 파괴에 적합하도록 설계된 화이트 스페이스를 신속히 실행하고 능숙히 관리하는 회사였다. 새로운 비즈니스를 시작한 다음 다시 퇴출시키는 일도 반복해 왔다. 또한 창조적 파괴와 장기에 걸친 수익 증대를 위한 화이트 스페이스의 실행과 활용에도 능했다.

'ITW'는 750개 이상의 개별 사업체들을 운영 중이다. 끊임없이 새로운 비즈니스를 시작한다는 것은 새로운 시장을 지속적으로 개척한다는 걸 의미한다. 비즈니스는 단 하나의 성공공식이나 핵심시장만을 강요하지 않는다. 각각의 사업체는 더 높은 수익 쪽으로 발전하기 위해 고객과 비즈니스 방식에 초점을 맞춰야 한다.

'ITW'는 10여 년 동안 창조적 파괴를 실행했음에도 불구하고, 창조적 파괴 기업으로 보이지 않았다. 단지 수익이 계속 향상되는 것처럼 보였을 뿐이다. GE와 ITW는 창조적 파괴와 화이트 스페이스를 오랫동안 관리해 왔고 이 두 회사는 현재도 두 가지에 능하다. 두 회사는 이러한 활동을 이벤트가 아니라 비즈니스로 생각한다. '실행'이란 단어는 방어와 확장경영의 실행으로 받아들이기 쉽다.

하지만 GE와 ITW는 방어와 확장경영의 틀에서 탈피하여 창조적 파괴와 화이트 스페이스를 실행했다. 창조적 파괴와 화이트 스페이스를 지속적으로, 더 자주 실행할수록 조직의 수행능력이 향상되기 때문이다.

시스코는 여전히 구식 제품을 생산하는데, 이렇게 함으로써 고객과 제품, 기술, 시장에 대한 접근방식을 파괴하고 있다. 시스코가 구식 제품을 계속 생산하기 때문에 아무도 시스코를 창조적 파괴 기업으로 생각하지 않는다. 그러나 많은 IT 기업들이 사라진 반면 시스코는 부러울 만한 성장세를 유지하고 있다. 시스코는 화이트 스페이스를 잘 유지했고, 창조적 파괴에 잘 적응한 것이다. 직원과 고객, 공급업체, 투자자들도 그것이 정상이라는 것을 깨달았다

● ○ ●

'피닉스 법칙'의 회사란

조직이 급류기에서 정체성을 바탕으로 정렬하면 성장이 촉진되지만 방어와 확장경영을 강화하면 조직은 다시 늪에 빠지게 된다. 월마트는 저렴한 소매와 완전히 동일시되고, 브리태니커 백과사전은 정지된 프린트 정보 그 자체로 취급된다. 또한 폴라로이드는 '즉석 사진'과 동일시된다. 이런 정체성은 비즈니스를 쉽게 설명할 수 있게 하고 투자자, 직원, 공급업체와 경쟁자들에게 비즈니스를 쉽게 이해할 수 있게 해준다. 그러나 동시에 이런 정체성은 선택지를 제한하기도 한다.

'피닉스 법칙'의 회사는 종종 쉽게 이해할 수 있는 기업으로 인식된다. 나이키는 어떤 산업계에 속할까? 초창기의 경쟁자인 리복과 아디다스는 신발, 의류와 동일시되는 고정화에 갇혀 있었다. 그래서 결국 방어와 확장경영이 이뤄졌고, 이에 따라 수익이 하락세로 반전하여 아주 미미한 수익만을 낼 수 있었다. 초창기의 나이키 또한 신발, 의류와 동일시되었지만, 바닥에 접근했을 때 창조적 파괴를 단행하는 행로를 선택했다. 새로운 나이키는 초창기 시장을 뛰어넘어 다양한 제품을 판매함으로써 훨씬 규모가 커지고 더 많은 수익을 창출할 수 있게 되었다. 창조적 파괴와 화이트 스페이스가 나이키와 같은 조직에게 새로운 시장에 도전하고 새로운 비즈니스를 시도하게 만든 것이다. 정체성을 가진 이런 조직이 성공공식을 전개해 나가면, 이들이 어떤 업계에 속하는지 설명하기가 어렵다. 이들은 단지 성장하고 놀라운 성과를 창출해 낼 뿐이다.

대부분의 사람들은 스타벅스를 '커피 회사'로 생각한다. 그러나 그런 생각은 기꺼이 창조적 파괴를 단행하고 화이트 스페이스를 활용하는 스타벅스에게는 허용되지 않는 생각이다. 스타벅스는 편히 쉴 수 있고 음식을 사서 갖고 갈 수 있는 음식회사다. 또한 스타벅스는 식료품점에서 포장된 커피도 판매한다. 스타벅스가 해온 일이 이게 전부일까. 그렇다고 한다면 막대한 자금을 사용하여 성공공식에 더 초점을 맞춘 맥도날드나 피자헛, P&G보다 스타벅스의 자산 규모가 더 커졌을지도 모른다.

그러나 스타벅스는 그 이상을 해냈다. 스타벅스는 주류 회사이기도 하다. 스타벅스는 2006년에 〈아킬라 앤 더 비 Akeelah and the Bee〉라는 장편영화를 제작하고 배급했다. 2005년에는 '레이 찰스의 명곡 Ray

Charles Greatest Hits'이라는 CD를 포함한 음반을 제작하고 배급했다. 2007년에는 음악 에이전시로서 전 비틀스의 멤버이자 기타리스트인 폴 매카트니를 대신해 음반을 제작하고 배급했다. 스타벅스는 모든 시장에 진출하는 그날을 손꼽아 기다리며 수많은 화이트 스페이스를 이행했다. 돌아온 CEO가 화이트 스페이스에서 손을 떼지 않는 한 스타벅스는 계속 성장할 것이다. 그러나 만약 CEO가 단기 수익을 위해 방어와 확장경영에 굴복한다면 스타벅스는 재빨리 늪으로 빨려들 것이다.

얼핏 보면 '1-800-Flowers.com'은 편협하게 정의된 비즈니스처럼 보일 것이다. 그러나 자세히 알고 보면 '1-800-Flowers'는 2007년부터 1-800-Baskets, Bloom.net, Plow & Hearth, The Popcorn Factory, Ambrosia Wine Club, Hearth Song toys, Madison Place décor, Harry London candy 등을 운영해 왔음을 알 수 있다. 대부분의 닷컴 비즈니스가 2002년 문을 닫았음에도 불구하고 '1-800-Flowers'는 기존의 시장을 탈피한 창조적 파괴와 화이트 스페이스를 활용하여 성장세를 계속 유지하고 있다.

GM과 혼다를 비교해 보자. GM은 기술적 저변을 확대하기 위해 'EDS'와 '휴스 일렉트로닉스'를 매수했다. 그러나 후에 두 사업체를 매각하고 다시 자동차 사업에 초점을 맞췄다. 반면 혼다는 작은 엔진 판매로 시작해 성장을 거듭하며 분사식 제설기, 전기 발전기, 잔디 깎는 기계, 설상차, 트랙터식 잔디 깎는 기계, 낙엽 송풍기, 오토바이, 자동차, 보트의 선상 모터, 로봇, 그리고 제트 비행기까지 제조하고 판매하기에 이른다. 혼다의 제품은 직판, 판매상, 소매상인과 같이 다양한 배급 경로를 통해 팔려나갔다. GM은 기존의 성공공식에 고정화된 채로 남은 반면, 혼다는 새로운 시장을 개척하는 창조적 파괴를 단행한 다음 성공공식을 전개해 나가는 화이트 스페이스를 활용한 것이다.

혼다는 어떤 업계에 속할까? 1-800-Flowers 또는 스타벅스는 어떤 업계에 속할까? GM, ITW, 애플은 어떤 업계에 속할까? 오랜 시간 놀라운 수익을 창출하는 기업들은 평범한 정의를 거부한다. 이런 조직은 소비자의 요구에 발맞춰 업계를 가로지르고, 평균 이상의 수익을 창출하는 성공공식을 만들며, 시장의 도전에 전력을 다하는 업계에 속한다고 말할 수 있을 것이다. 이 말은 이들 기업을 '피닉스 법칙'의 조직이라고 정의할 수 있음을 의미한다. 실제로 장기에 걸친 성과는 정체성 유지보다는 '피닉스 법칙'을 실행함으로써 더 가능해진다.

● ○ ●
피닉스 법칙의 회사와 실패에 대한 태도

오래된 매트릭스에 고정화된 방어와 확장경영은 사소한 단기적 실패는 피할 수 있다. 이는 동향을 바꾸는 것이 더 좋은 성과를 낼 수 있음에도 불구하고, 단지 위험을 회피하기 위해 오래된 기술과 제품, 시장을 계속 유지하게 만든다. AM은 시장이 움츠러들기 시작한 후에도 오랫동안 인쇄기의 성능을 향상시켜 나갔다. 왜냐하면 방어와 확장경영이 고정화를 벗어나 화이트 스페이스에 대한 학습을 방해했고, 변화하는 투자 방식이나 이를 효율적으로 평가할 수 있는 지식을 높여주지 못했기 때문이다.

애플은 대히트작 맥킨토시 출시 전에 실패작으로 알려진 리사Lisa를 출시했었다. 실패작이었음에도 불구하고 맥킨토시의 앞선 모델인 리사는 성공을 위해서는 탁월한 성능이 필요하다는 교훈을 남겼다. 애니메이션 영화 스튜디오인 픽사Pixar가 성공가도를 달릴 때 IT 벤처 회사인 넥스트NeXT는 실패했다. 그러나 실패는 화이트 스페이스의 일부일 뿐이다. 아무도 실패를 위해 계획을 세우거나 실패의 일부가 되기를 원하지 않는다. 그러나 실패는 학습의 일부다. 이것이 바로 화이트 스페이스를 촉진하고 활용해야 하는 이유다. 실패를 기꺼이 인정할 때만 학습과 변화를 가능하게 한다.

GM은 전기 자동차가 목표에 부응하지 못한다는 것을 인정하지 않았다. 그래서 비현실적인 목표를 달성하려고 계속 투자를 했다. 결과적으로 GM은 전기 자동차에 과잉 투자했을 뿐 아니라 하이브리드카 개발과 같은 다른 선택지를 고려하지 못했다. 결국 더 적절한 곳에 자원을 투자해야 할 급류기에 새턴이나 휴스와 같은 프로젝트로 투자자금이 흘러들어가 버렸다.

실패를 부인하는 것은 시장진입, 기술적 실용성, 제품의 한계와 성공을 위한 재무적 필요조건을 인정하지 않는 것과 마찬가지다. 소니는 디지털 음악 시장을 지배할 수 있는 모든 요소를 갖고 있었다. 소비자들이 보유하고 있는 전자기기를 통해 쉽게 디지털 음악에 접근하게 하려는 깊은 통찰력을 가진 전문가적 지식을 보유하고 있었다. 또한 음악 파일 스토리지(저장고)를 보유한 음반회사도 소유하고 있다. 소니가 디지털 음악 판매의 기회를 무시한 것은 아니었지만, 소비자들이 이미 퇴짜를 놓은 독점 솔루션에 투자한 꼴이 되고 말았다.

소니는 실패를 인정하는 대신에 기존의 방식을 계속 고집했다. 그 결과 경쟁자인 애플에 거대한 시장을 내주고 말았다. 소니는 실패를 인정하지 않았고, 성공공식을 발전시키기보다는 빈약한 성과를 위해 방어와 확장방식을 택한 것이다.

사우스웨스트 항공은 몇 년 간 항공 산업을 이끌어왔다. 거대 항공사들도 사우스웨스트 항공을 본받으려고 했다. 그런 이유로 델타 항공은 저가할인 항공 송Song을 선보였다. 한편 유니이티드 항공은 테드Ted를 출항했으며, 아메리칸 항공은 이글Eagle을 선보였다. 그러나 이런 시도에는 실패에서 배우겠다는 화이트 스페이스가 없었다. 이들 회사는 마일리지 프로그램, 예약 시스템, 탑승구, 직원과 같은 뻔한 것만 강요했다. 이들은 사우스웨스트 항공의 성공에 미치지 못했지만 투자를 거듭했다. 실패를 인정하지 않음으로써 이들 항공사는 새로운 성공공식이 만들어지는 급류기에서 교훈을 얻지 못했다.

오래된 기업가의 격언 중에서 "빨리 실패하라"는 말이 있다. 소액 투자일 때 빨리 실패를 인정한다는 것은 별 볼일 없는 아이디어라는 것을 깨닫고 다른 곳에 투자할 기회를 얻을 수 있기 때문이다. 급류기에 적합한 시장에 대한 학습은 장기적 실패의 위험을 줄여준다. '피닉스 법칙'의 조직은 단기적 실패를 인정하고, 실패에서 배움으로써 장기에 걸쳐 성공을 거둔다.

창조적 파괴의 고통

사람들은 창조적 파괴를 그다지 좋아하지 않는다. 그러나 사람들이 두려워하는 만큼 창조적 파괴는 고통스럽지 않다. 아무도 고통을 기대하지 않는다. 창조적 파괴는 잠깐 동안의 불편일 뿐이다. 오히려 더 악화될 수 있는 잠재적 불안에서 우리를 보호해 주기도 한다. 창조적 파괴는 잠시 동안은 고통스럽게 할 수 있지만 더 강력하고 더 나은 결과를 이끌어낸다. 사실 그 고통은 방어와 확장경영의 파괴에 대한 두려움이지, 창조적 파괴 그 자체가 고통스러운 것은 아니다. 일단 조직이 창조적 파괴를 시작하게 되면 거부감은 즉시 바뀌어 평범하게 느껴진다. 의사가 주사를 두려워하는 어린이를 염려하여 백신을 접종하지 않는 것을 상상이나 할 수 있겠는가?

방어와 확장경영은 곧 고정화이기 때문에 '성공'은 결과의 창출보다는 성공공식의 운영이 된다. 관리자는 시장의 결과를 측정할 것이 아니라, 오래된 성공공식을 지탱하는 고정화에 얼마나 영향력을 미치는지를 측정하는 것이 낫다. 결과의 향상은 측정 방식에 변화가 이뤄졌을 때 가능하다. 창조적 파괴는 도전 과제와 시장의 결과에 대한 태도를 바꾸고, 고통스럽게 반복되는 고정화에서 사람들이 벗어나게 해준다. 게다가 결과를 향상시킬 수 있도록 창의력을 발휘하게 만든다.

일단 창조적 파괴가 이뤄지고 나면 개인과 조직은 향상된 결과에 빠르게 긍정적으로 반응한다. 더 많은 매출과 더 많은 이익은 실적이 악화되고 난 후의 해고나 불쾌한 조치보다 훨씬 더 좋기 때문이다. 일단 창조적 파괴와 시장을 움직이는 태도 사이에서 유대가 강화되면, 화이트 스페이스와 창조적 파괴에 대한 두려움도 재빨리 사라진다. 경영자들 역시 경쟁에 필요한 조건을 깨닫고 결과의 향상에 긍정적으로 반응한다.

1990년대 중반 MS는 기존의 제품에 완전히 고정화되어 있었다. 인터넷이 PC의 사용방법을 바꿔놓자 빌 게이츠는 MS가 위험에 처해 있음을 깨달았다. 그는 재빨리 창조적 파괴를 단행했다. MS를 PC 소프트웨어의 중심에 다시 포지셔닝하기 위해 기술개발을 위한 투자에서 화이트 스페이스 프로젝트로 전환한 것이다. 회사가 위기에 빠져 있음에도 경영자는 창조적 파괴를 실행하기 위해 회사를 떠나지 않았다. 그 대신 잘못된 미래로 가고 있다는 것을 인정하고, 진행 중인 창조적 파괴를 지원하고 화이트 스페이스에 동참했다. 그리고 시장에 인터넷 익스플로러라는 신제품을 들고 나타났다.

구티에레스가 켈로그에서 창조적 파괴를 처음 시도했을 때 조직은 혼란스러웠다. 비록 처음에는 사람들이 확신하지 못했지만 신제품에 대한 고객의 신속한 평가가 사람들을 움직이게 했다. 화이트 스페이스가 전개됨에 따라 낮은 수익에서 고수익으로 옮겨가는 경로가 개발되었고, 경영진은 예견도 었던 가혹한 조치들을 피할 수 있었다.

또한 화이트 스페이스 프로젝트가 전개됨에 따라 직원들과 관리자는 비즈니스 사이클에서 급류가 가장 유리한 위치라는 점을 깨달았다. 급류 속에서의 화이트 스페이스는 사람들을 끌어들인다. 켈로그의 사람들을 끌어들였듯이 월마트의 세일즈 팀을 끌어들였고, 애플의 아이팟과 아이튠스 개발 팀을 플어들였다. 이처럼 화이트 스페이스는 성장으로 이끄는 자석과도 같다. 화이트 스페이스는 방어와 확장경영에서 비롯되는 고통스러운 혼란에 대한 매력적인 대안이라고 할 수 있다.

● ○ ●
피닉스 법칙을 촉진하기 위한 역할

어떤 조직은, 경영진이 비즈니스 전략가가 되기를 기대한다. 또 어떤 기업은 내부에 전략가 역할을 하는 사람을 두거나 전략 팀을 두기도 한다. 컨설턴트를 고용해 전략을 개발하기도 한다. 자원과 관계없이 기업에는 전략을 고안해 내는 사람이 있는 것이다. 만약 기업의 성과와 수명을 늘리고자 한다면 이들의 활동에는 변화가 필요하다.

전통적으로 전략가들은 성공공식을 방어하고 확장하기 위해 새로운 방법을 찾고 분석해 왔다. 대부분의 전략적 노력은 고정화 안에서 활성화되도록 조정되고, 전략가들은 현상유지를 위한 감시자 역할을 한다. 전략의 실행은 재무계획으로 연결되고 중요하지 않은 개선을 확인하는 한편, 성공공식의 위험을 최소화하려고 한다.

그러나 '피닉스 법칙'의 회사는 전혀 다른 방식으로 전략을 활용한다. 전략가들은 고정화를 받아들이기보다는 고정화의 치우침을 인정한다. 또한 화이트 스페이스에 대한 투자 대비 방어와 확장을 위해 소모된 자원을 평가하기 위해 데이터를 사용한다. 그래서 '피닉스 법칙'의 전략가들은 항상 하던 일을 할 수 있도록 하는 전용 예산을 수립할 때와 작은 운영단위에서 빛을 발한다. 전략가가 잘못 사용되는 자원에 대해 지적한다면, 리더는 그 비즈니스가 시장의 도전을 정확히 다루지 못했다는 것을 깨닫게 될 것이다.

'피닉스 법칙'의 전략가들은 시장에 대한 도전에 초점을 맞춘다. 조직과 리더는 오로지 문제해결을 위해 고안된 고정화 범위 안에서만 일한다. 그러나 '피닉스 법칙'의 전략가들은 문제가 되는 원인과 장기적 성과를 가로막는 문제에 초점을 맞춘다. 만약 대체기술, 제품, 공급방법 또는 품질 강화가 매출과 수익, 고객 수의 신장을 방해한다면, 전략가는 그 원인을 밝히고 회의에서 가장 중요하게 다뤄야 한다.

자동차 부품 시장을 선도하는 어떤 일류 부품 공급업체는 고객들이 가격에만 관심을 갖고 있다는 사실을 깨달았다. 심지어 성능이 향상된 제품을 개발했음에도 불구하고 고객은 이전의 가격에 더 개선된 제품을 요구했다. 이 때 이 부푼 회사의 전략가는, 회사가 엔지니어링과 부품 제조에 치우쳐 있다는 것을 지적했다. 또한 고객이 제품의 질이 향상되었다고 해서 선뜻 더 많은 돈을 지불하지 않겠지만, 무익한 가격 전쟁을 피하기 위해 계속 제품을 공급해야 한다고 지적했다.

시장에서 이 회사의 도전목표는 국내외적으로 경쟁을 하면서 제품의 표준화를 이루는 것이었다. 그러나 향상된 표준화 제품은 빠르게 모방되었다. 바이어들이 표준화된 제품만을 구매하려 했기 때문이다. 전략가들은 이러한 시장의 도전을 지적한 후 기존의 방식과는 전혀 다른 대안을 제시했다. 예를 들어 제품에 초점을 맞춘 경쟁자들과는 달리 차별화된 디자인, 더 빠른 배송, 더 쉬운 주문방식을 제안한 것이다.

그림 9.1 창조적 파괴 기회의 매트릭스

전략가들도 방어와 확장에 대한 투자를 강조하기 위해 포트폴리오 기술을 사용할 수 있다. 새로운 제조공장, 아웃소싱 계약, 합병에 대한 평가와 관계없이 전략가는 의도적으로 조직을 고정화로 이끄는 모든 행동을 지적할 수 있어야 한다. 또한 조직에 화이트 스페이스의 잠재력과 창조적 파괴를 제공할 수 있어야 한다. 조직은 방어와 확장을 위한 기회를 발견함에 있어서 매우 능숙하고, 내부적으로 개발된 투자에 관한 거의 모든 선택지를 지배한다.

전략가는 방어와 확장경영에 대한 투자, 그리고 창조적 파괴 및 화이트 스페이스에 대한 투자를 비교하고, 어디에 자금과 시간이 투자되었는지를 설명할 수 있어야 한다. 그렇게 함으로써 경영자에게 시장의 도전을 극복하거나 실패할 가능성을 알려주어야 한다.

설비 제조회사의 한 전략가는 제품개발 및 판매 팀의 회의를 살펴보았다. 또한 유기적이고 가능성이 엿보이는 신제품의 개발 기회를 검토하는 회의도 들여다보았다. 비록 모두가 최고라고 인정한 신기술에 기초한 제품일지라도 경영관리 시간의 90%가 기존 제품의 판매를 위한 방어와 확장에 소요되었다. 투자된 비용과 마찬가지로 시간에 대한 강조 역시, 경영진이 살아남기 위해서는 태도를 바꿔야 한다는 중요한 단서를 제공한다.

전략가들은 경영진에게 대안적 아이디어를 이끌어낼 외부인을 소개해서 배치해야 한다. 고정화는 외부의 자극으로부터 조직을 고립시키고 오로지 조직을 지지하는 의견만을 수집한다. '피닉스 법칙'을 따르는 전략가들은 외부의 의견을 소개함으로써 이런 치우침을 지적한다. 컨설턴트나 저술가, 교수, 그리고 대학의 연구팀들이 바로 새로운 방법이나 기술을 소개해 주는 것이다. 외부인을 이용해 조직을 계속 발전시킨 신제품개발의 총감독이었던 빌 게이츠를 기억하면 될 것이다.

또한 전략가는 적극적인 비즈니스 퇴출 프로그램도 갖고 있어야 한다. 비록 대부분의 기업이 획득에만 눈이 멀어 있지만, 몇몇 조직은 매각해야 할 사업체일 가능성이 높다. GE는 매각을 통해 고정화에서 탈피했고 새로운 시장에 도전할 기회를 얻게 되었다. 방어와 확장경영이라는 틀에서 사업체의 매각은 창조적 파괴의 중요한 도구가 된다. 그리고 화이트 스페이스를 추진하기 위한 자원을 제공한다.

비록 많은 경영자들이 경쟁전략에 대해 이야기하지만 경쟁자의 성공공식을 정의하는 사람은 거의 없다. 사실 매일 비즈니스 운영에 분주한 경영자는 그런 대외적 분석에 투자할 시간이 거의 없다. 그러나 '피닉스 법칙'의 전략가는 경쟁력 있는 정책을 개발함으로써 경쟁자의 고정화를 공략할 기회를 찾아낸다.

런던에서 뉴욕으로 향하는 항로는 브리티시 항공이 지배하고 있다. 이에 '버진'의 전략가는 브리티시 항공의 시장 위치를 분석해 보았다. 그 결과 브리티시 항공이 경쟁자에게 대처하기 어려울 정도로 매우 고정화되어 있다는 것을 알게 되었다. 브리티시 항공은 수많은 광적인 이용객을 보유하고 비행기를 거의 매번 만석으로 운행하고 있음에도 불구하고, '프레디 레이커'와 자회사인 실패한 항공사를 무시하고 있었고, 전략가는 이 점에 주목했다. 과거 음반 배급회사였던 버진은 이 항공사를 인수하여, 고객을 매료하고 업계를 선도하면서 막대한 수익을 거두게 된 '버진 애틀랜틱' 항공사를 출범할 수 있었다. 이후에도 버진은 경쟁자의 고정화를 계속 찾아냄으로써 휴대전화 시장과 'U.S. 항공여행사'를 포함해 다양한 시장에 새롭게 진입할 수 있었다.

'피닉스 법칙'의 회사에서 전략 수립 프로세스는 중요한 고정화를 파괴하건 않건 간에, 조직의 창조적 파괴를 돕고 화이트 스페이스의 실행을 돕는다. 또한 전략 수립은 화이트 스페이스의 전개가 창조적 파괴로 발전할 수 있도록 한다. 그런 후 전략 수립 프로세스는 목표설정과 성과를 감시하고, 마지막으로 성공공식이 이동할 수 있도록 돕는다.

화이트 스페이스를 관리하는 것은 전략가들이 말은 고부가가치 역할이다. 고정화된 관리자는 너무 바빠 화이트 스페이스를 관리할 수 없다. 단기적인 목표는 창조적 파괴가 이뤄지고 있을 때조차 현재의 비즈니스에 주력하도록 요구한다. 관리자들은 화이트 스페이스를 감시하고, 인력을 배치하고, 재구축하고, 정의하는 업무를 도와야 한다. 또한 새로운 매트릭스 설정을 도와야 하며, 결과를 평가하기 위해 시간을 할당해야 하며, 급류기에서 기회를 창조하기 위해 목표 대비 성과를 평가할 수 있도록 도와야 한다. 반면 전략가는 이러한 과제를 관리자들이 수행할 수 있도록 도와야 하고, 커뮤니케이션을 촉진하고 조직이 매력을 느낄 만한 방향을 제시할 수 있어야 한다.

월풀의 CEO는 화이트 스페이스의 착수를 지켜보기 위해 개별 전략 그룹을 만들었다. 전통적 관리자는 기존의 비즈니스에서 현재의 격화된 경쟁에 초점을 맞췄다. 반면 '피닉스 법칙'의 새로운 관리자는 미래의 성장에 필요한 새로운 시장기회를 찾아냈다. 이 새로운 조직은 판매와 수익을 목표로 삼을 뿐 아니라 시장의 도전을 다루고 결과에 관한 커뮤니케이션을 요구했다. 결국 전통적 관리자는 부서 이동 계획을 세워야 했다.

● ○ ●
'피닉스 법칙'의 회사와 고객

대부분의 고객은 비즈니스 그 자체로서 비즈니스의 성공공식에 고정화된다. 그러나 이것은 고객들이 화이트 스페이스로 이동하려 하지 않기 때문에 딜레마를 만들어낸다. 고객들은 화이트 스페이스의 가치를 인정하거나 원하지 않는다. '피닉스 법칙'의 회사들은 고정화 상태에 머물러 있지 않는다. 또한 시장의 도전을 무시하지도 않는다. 결국 '피닉스 법칙'의 회사가 새로운 성공공식을 개발하기 위해 화이트 스페이스를 필요로 하듯이, 새로운 제품을 선보이려면 고객을 위한 화이트 스페이스를 만들어야 한다.

사용하기 더 쉬운 제품을 공급하는 것만으로는 고객의 고정화를 바꿀 수 없다. 만약 신제품이 고객의 고정화와 정확히 맞아떨어진다면 고객은 적응하기가 한결 쉬워질 것이다. 하지만 종종 새로운 제품은 오래된 단골고객의 고정화를 위반하는 경향이 있다. 이렇듯 새로운 제품을 공급함으로써 비즈니스가 위기에 봉착한다. 즉 새로운 고객을 찾기도 전에 오래된 단골고객을 잃게 될 위험에 처하게 되는 것이다. 고객의 고정화는 변함이 없으므로 기존의 경쟁자와 거래를 하게 될 것이고, 수익률은 떨어지게 되는 것이다.

대부분의 경우 과거의 제품을 공급하고 동시에 화이트 스페이스를 이행하는 것이 수익 창출을 극대화할 수 있다. 오랜 단골고객이 자신의 고정화를 즐길 수 있도록 과거의 제품을 계속 제공하는 것이다. 동시에 화이트 스페이스는 새로운 제품과 기회를 제공한다. 시스코가 과거의 제품과 경쟁할 것이 분명함에도 불구하고 신제품을 출시한 것은 그런 방식이 매우 효과적임을 입증해 준다.

그러나 화이트 스페이스 팀은 계속해서 새로운 고객을 찾아 판매에 나서야 한다. 급류기에서 비즈니스의 주된 목적은 새로운 고객을 찾고 상품에 대한 검증을 받는 것이다. 그래서 '피닉스 법칙'의 회사는 구조적 시험과 예비 시험을 통해 화이트 스페이스를 창조해야만 한다. 또한 이 작업은 고객의 고정화를 초월해 시도해 볼 수 있도록 고안되어야 한다. 비즈니스가 갑자기 고정화를 극복할 수 없는 것처럼 고객도 마찬가지이기 때문이다.

종자, 비료, 제초제를 공급하는 회사는 위험 회피에 있어서 신중하기로 악명 높은 농부들에게 제품을 판다. 농부들은 경작, 종자, 재배에만 투자를 한다. 그리고 투자에 대한 성과는 날씨, 벌레, 토지, 그리고 몇 달씩 시간을 지체시킬 수도 있는 많은 요소에 따라 달라진다. 이 모든 요소가 완벽히 갖춰져도 농부들은 아주 약간의 돈만을 번다. 만약 상황이 나빠진다면 모든 돈을 날려버릴 수도 있다. 즉 농부에게 이익은 엄청나게 줄어들거나 제한적인 상승만 존재하는 것이다. 그래서 농부들의 신중함은 장기간에 걸친 지혜임이 입증된다.

공급자들은 농부들이 더 좋은 성과를 낼 수 있는 새로운 종자와 비료, 제초제 개발을 위해 힘쓴다. 농부, 즉 고객의 관심을 끌지 못하면 결국 새로운 업자들에게 고객을 빼앗길 수밖에 없기 때문이다. 따라서 공급자들은 좁은 경작지에서 고객이 신제품을 사용해 볼 수 있고, 대규모 주문을 하기 전에 성과를 입증할 수 있는 실험도구를 개발해야 한다. 공급자는 새로운 제품의 혜택을 농부가 알도록 예비실험 도구를 만들어야 하는 것이다.

모든 고객이 실험에 관심을 갖는 것은 아니다. 그래서 '피닉스 법칙'의 회사는 주의 깊게 목표를 확인하고 선택해야 한다. 만약 매스마케팅의 컨셉으로 시도한다면 새로운 제품은 실패할 것이다. '피닉스 법칙'의 회사는 과거의 제품 때문에 고전하는 고객을 찾아내야 한다. 질이 낮은 과거의 제품을 경험한 고객은 기꺼이 새로운 제품을 선택할 것이다. 또한 새로운 제품을 자세히 조사하고, 화이트 스페이스에서의 실험을 기꺼이 받아들일 것이다. 스스로를 창조적으로 파괴한 고객만이 화이트 스페이스에서의 실험을 통해 많은 교훈을 깨우치게 될 것이다.

창조적 파괴에서 최고의 도구 가운데 하나는 매트릭스 교체다. '피닉스 법칙'의 공급자들은 고객이 새로운 제품을 사용하기 전에, 고객이 새로운 제품의 혜택을 평가할 수 있도록 새로운 매트릭스를 고안해야 한다. 구식 매트릭스는 고정화를 방어하고 확장한다. 따라서 새로운 혜택을 제공하는 새로운 제품을 평가하기 위해서는 평가방법도 바꿔야 한다. 만약 고객이 예비실험의 결과를 받아들인다면, 이 새로운 매트릭스(평가방법)는 고객에게 구제품과 신제품을 바라보는 관점을 창조적으로 파괴할 것이다.

제초제의 가장 큰 장점은 경작 면적을 줄일 수 있다는 점이다. 경작지를 가로지르는 트랙터를 가동하지 않아도 되기 때문에 연료와 유지비를 줄일 수 있다. 또 경작지가 줄어들면 토양의 수분은 풍부해지고 농작물의 성장은 촉진된다. 제초제에 대한 기존의 매트릭스는 연료 절감이나 토양 수분의 보존 등을 염두에 두지 않았다. 그러나 연료 절감과 토양 수분의 보존 등이 가치를 높여준다는 것은 이론의 여지가 없게 되었다.

시장을 선도하는 일류 펌프 제조회사는 고객들이 낡은 펌프를 새것으로 교체하면 비용을 절감할 수 있다는 사실을 깨달았다. 새로운 펌프는 에너지 효율이 아주 뛰어났다. 그래서 새로운 펌프 구매에 들어간 비용을 몇 달 안에 회수할 정도였다. 그러나 펌프 마케팅 담당자가 고객들에게 효율이 뛰어난 신형 펌프 구매의사를 물었을 때 고객들은 단번에 거절의사를 밝혔다. 고객은 에너지 절약에 관심이 있었지만 실제로 몇 년 동안 펌프는 설비 관리팀이 구매해 왔다. 이 부서는 에너지 효율이 아닌 유지비 절감에 좋은 평가를 받고 있었다. 연간 유지비 예산과 관리자의 보너스는 예산과 설비 가동시간에 기초하여 정해졌다.

유지 측면에서 에너지 절약으로 예산이 줄어들 수 있기 때문에, 설비 관리팀에게 새로운 펌프는 불필요할 뿐 아니라 쉽게 무시해 버리고 싶은 존재였다. 그러나 새롭게 등장한 경쟁사는 자사의 에너지 효율 펌프를 소개하고 다녔다. 물론 그들도 설비 관리자와 일면식도 없었다.

이런 딜레마를 극복하기 위해 새로운 펌프 판매 관리자는 에너지 효율에 관한 논문을 쓰고 다수의 인터뷰를 해온 설비 관리자의 신원을 확인했다. 그 결과 설비 관리자는 이미 펌프의 효율성에 대한 가치를 알고 있었다. 그래서 펌프 판매 관리자는 설비 관리자에게 새로운 펌프를 테스트해 보라고 권유했다. 만약 펌프가 기대하던 효율을 달성하지 못하면, 구식의 펌프 가격으로 할인해 줄 수 있을 것이다. 만약 에너지 비용을 절감할 수 있다던, 펌프 공급자는 새로운 펌프를 판매함으로써 설비 관리자를 에너지 절약에 동참하게 만들고 신제품의 혜택을 다른 고객들에게 알려줄 것이었다.

펌프 제조업자는 설비 관리자오- 화이트 스페이스를 창조하고, 제품의 성능을 테스트하고, 미래의 가치를 입증할 다음과 같은 조치를 취했다.

❶ 설비 관리자와 운영 및 유지관리 담당자들에게 테스트의 결과를 설명한다.

❷ 공급자는 새로운 펌프의 장점을 활용하기 위한 활동과 유지관리 절차를 다시 작성하도록 돕는다.

❸ 에너지 절감 효과를 측정할 수 있는 곳에 새로운 펌프를 설치한다.

❹ 펌프 공급자와 고객은 테스트와 설치를 위해 협력한다.

❺ 관리절차, 가동률, 조작자의 작동을 통해 절감된 에너지는 기록한다.

이를 실행함으로써 에너지 효율을 즉시 증명할 수 있고, 신속히 설비를 교체할 수 있게 하고, 다른 잠재고객과의 대화를 이끌어낼 수 있었다. 고객들은 '피닉스 법칙'의 회사에서 구매하기를 좋아한다. 왜냐하면 '피닉스 법칙'의 회사는 고객들에게 새로운 제품을 도입할 수 있도록 도와주기 때문이다. 고객이 화이트 스페이스를 실행하도록 돕는 것은 '피닉스 법칙'의 회사가 자신들의 화이트 스페이스 기술을 고객이 지렛대로 사용할 수 있게 해준다. 게다가 신제품의 성공과 수명을 늘리는 효과까지 낳는다.

● ○ ●

피닉스 법칙의 실행

'피닉스 법칙'을 따르는 것은 어렵지 않다. 어느 조직이든 할 수 있다. 피닉스 법칙의 실행은, 평균 이상의 성과가 화이트 스페이스를 통한 창조적 파괴에서 비롯된 것임을 인정하는 것에서 시작된다. 그리고 '피닉스 법칙'을 더 많이 실행할수록 더 훌륭한 성과를 얻을 수 있다.

'피닉스 법칙'의 조직은 기꺼이 스스로를 창조적으로 파괴하고, 화이트 스페이스를 실행하는 리더와 관리자를 선호한다. 창조적 파괴를 피하기보다 창조적 파괴를 일상으로 받아들이는 것이 조직 성공을 위한 결정적 요소가 된다. 관리자는 기꺼이 창조적 파괴를 실행해야 한다. 조직 내에서 자유롭게 아이디어를 내놓을 수 있어야 하고 화이트 스페이스를 다루는 능력을 갖고 있어야 한다. 이는 능력을 가진 사람을 데려오고 승진시키기 위해 신입사원 채용기준, 직무내용 설명서, 면접, 승진기준을 바꿔야 한다는 의미다.

이사회는 CEO에게 이런 기술을 기대한다. 왜냐하면 조직의 상부에서 하부에 걸친 조직의 수명 연장을 위해서는 창조적 파괴자가 반드시 필요하기 때문이다. 조직은 방어와 확장경영이 아니라 시장의 도전에 초점을 맞춰야 한다. 경영자 역시 고정화의 가치보다 창조적 파괴의 가치에 초점을 맞춰야 한다.

리더는 화이트 스페이스에 자원을 배분하기 위해 과거의 효율성을 따져보아야 한다. 효율성 자체가 장기에 걸친 성공을 보장하지는 않는다. 그러나 장기에 걸친 성공을 위해서는 새로운 성공공식을 창조하기 위한 전용 자원(자금과 관리)이 필요하다.

'피닉스 법칙'은 미래에 초점을 맞춘다. 시장의 도전을 인지하고, 창조적 파괴와 화이트 스페이스로 시장의 도전을 극복해야 조직을 급류에 머물게 할 수 있다. 이렇게 되면 '콘드라티예프 변화 사이클 Kondratiev's change cycle'에도 적응할 수 있고, 조직은 장기에 걸쳐 번영할 수 없다는 슘페터의 주장을 극복할 수 있다. 비즈니스는 결과를 향상시키고 수명을 늘릴 수도 있다. 그러나 리더는 계속되는 도전 때문에 쉴 수가 없다.

지난 200년 동안 기술의 발전과 적용은 의심의 여지없이 가속화되고 있다. 해양운송, 기차여행, 자동차, 전화, TV, PC, 인터넷이 적용되는 데 걸린 시간을 비교해 보자. 기술의 진보는 갈수록 빨라지고 적용 역시 빨라졌다. 교육과 세계화는 더 빠르게 사회에 용해되어 우리의 능력을 향상시켰다.

기술 진보는 모든 성공공식 피라미드의 맨 하단에 큰 충격을 주었다. 피라미드의 하단에서 변화가 일어나는 동안 상부 역시 그 변화에 맞게 조정되어야 한다. 정보화 경제가 지속적으로 조개됨에 따라 우리는 전자기술뿐 아니라 나노기술과 생명공학을 기반으로 출현한 새로운 기술에 직면하게 되었다. 우리는 기본적으로 진행 중인 변화를 예상할 수 있어야 한다. 이는 기술의 반감기가 짧아짐으로써 다양한 과제가 모든 성공공식에 압박을 가하기 때문이다.

전멸의 위기에 대한 유일한 방어책은 환경변화에 적응하면서 창조적 파괴를 신속히 전개하고, 새로운 성공공식을 발전시켜 나가는 것이다.

눈앞에 놓인 시장의 도전은 이미 명백해졌다. 미국의 인구 구성은 눈에 띄게 변하고 있으며, 유럽의 역사에 대한 편견 또한 덧없는 일이 되었다. 현재 유비쿼터스의 상호통신 기술도 실용화 단계에 접어들었다. 모든 사람들은 자신들이 중요하다고 생각하는 정보를 실시간으로 검색할 수 있다. 나노기술은 새로운 제품과 솔루션 개발을 위한 강력한 도구로 부상 중이다. 세계화는 새로운 기술자, 노동자와 샐러리맨을 노동시장에 풀어놓았고, 일하는 장소와 방식을 완전히 바꿔놓았다. 안보는 국경을 초월하여 재정의되고 있다.

우리는 천재 슘페터를 따르는 방어와 확장경영을 위해 이런 변화를 무시할 수도 있고, 기다리다가 미래에 가서 반응할 수도 있다. 반면 우리는 변화에 빠르게 적응하면서 새로운 도전을 맞이하기 위해 성공공식을 수정할 수도 있다. 미래의 혁신은 '피큭스 법칙'의 회사를 위한 기회의 보고인 것이다.

피닉스 법칙의 사람들

'피닉스 법칙' 을 내 삶에 적용하는 방법

우리는 창조적 파괴와 화이트 스페이스가 끊임없는 성장의 기회를 창조한다는 것을 깨달아야 한다. 이를 바탕으로 새로운 커리어를 향해 이동하고 새로운 성장 아이디어를 만들어낼 수 있다. 틀 안에 갇히지 않으려면 고정화에서 벗어나 변화의 급류 속으로 뛰어들어야 한다.

CHANGE

피라미드의 정상에 선 당신

성공공식의 성과는 아래에서부터 위로 통제된다. 하지만 성공공식의 행동은 그 반대로 위에서 아래로 통제된다. 또한 성공공식의 결과는 피라미드의 위를 향해, 경제에서 산업으로 얼마나 잘 정렬되느냐에 따라 결정된다. 따라서 기초가 튼튼하게 정렬되지 않으면 좋은 결과를 이끌어내지 못한다. 잘못된 정렬이 이뤄지면 오히려 성과를 떨어뜨린다. 하지만 성공공식이 정의되고 이행되는 방식은 개인과 팀, 그리고 기능 집단에 의해 위에서 아래로 통제된다. 결국 우리 모두는 성공공식과 그것의 이행에 대해 책임을 갖고 있는 것이다. 사람만이 고정화를 유지하고 성공공식을 변화시키기 위한 선택을 할 수 있는 것이다.

개인의 성공공식(성공공식 피라미드의 정상에 선 사람들)은 결과에 중대한 영향을 끼친다. 사람들은 개인의 성공공식에 고정화되고 그것을 방어하고 확장한다.

리더십의 역할은 방향 설정과 복종을 유지하는 것이며, 리더는 개

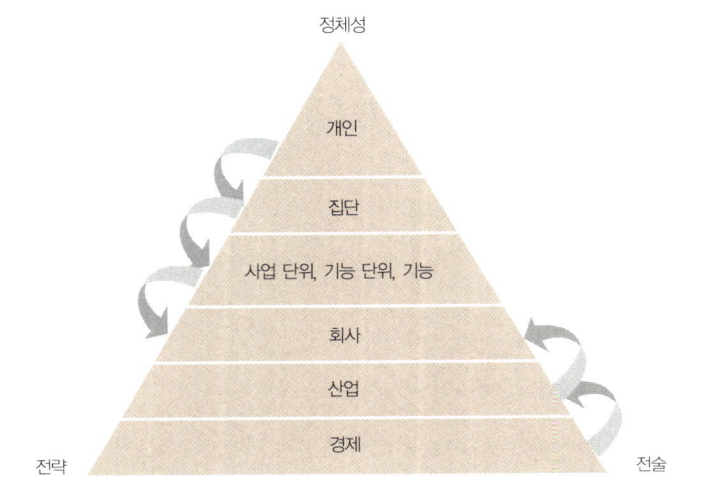

인의 성공공식을 자신의 역할에 적용한다.

만약 CEO의 성공공식이 비즈니스에서 중요한 영향을 미치지 못하면 조직은 성과를 올릴 수 없다. 계급을 아래로 내려가보자. 부사장, 이사, 관리자 개인들의 성공공식은 리스크를 만들어내고 항상 피라미드를 기반으로 정렬되어 있는 것은 아님을 알게 된다.

개인이 조직에 미치는 긍정적 또는 부정적인 영향은 실로 엄청나다. 고성장 기업이 기존의 방어와 확장경영 방식에 고정화된 리더를 임명하면 회사는 빠르게 쇠락해 간다. 맥도날드가 CEO를 그린버그에서 그보다 더 보수적 경영자인 칸탈루포로 교체했을 때 회사의 매출은 전혀 개선되지 않았다. 그는 점포 매각과 폐쇄를 확대하고, 기존의 매출을 통한 재무지표를 재편하는 것에 초점을 맞췄다. 그는 숫자에 대한 자신의 고정화를 강화하고 방어와 확장 경영방식을 구축했다.

경영자의 성공공식을 정의하는 것은 가능하며 이를 통해 조직이 어떻게 행동할 것인지도 예측할 수 있다. "만약 해리가 그 팀을 맡는다면 어떻게 될까?"라는 말을 들어본 적이 있는가? 해리의 성공공식이 그의 팀에서 일관되게 관찰될수록 그의 팀이 어떻게 행동할지를 예상할 수 있다. 즉 리더들은 조직 안으로 또는 집단 안으로 자신의 성공공식을 도입하여 투자, IT 적용, 승진, 고용과 같은 고정화 도구와 자원을 관리하는 것이다.

이와 유사하게 창조적 파괴와 화이트 스페이스 경영자들도 극적이고 신속하게 비즈니스 성과를 개선한다. 스티브 잡스가 CEO로 복귀했을 때 애플에서 일어난 극적인 변화를 기억하는가? 그는 영웅적 행동을 하지도 않았고, 리더와 관리자들이 성장 중인 시장으로 이동하도록 리더십을 발휘했다.

개인의 성공공식의 중요성은 CEO에게만 국한되지 않는다. 전문 경영인들도 평가기준과 보상체계를 바꿈으로써 집단의 행동을 신속히 변화시킬 수 있다. 요즘과 같은 고도 경쟁시장에서는 정보관리 책임자들의 재직 기간이 특히 짧다. 기술 전문가로서 정보관리 책임자로 승진한 사람들도 목표 달성에 어려움을 겪었다. 그래서 조직은 전통적 의미에서 IT 기술을 보유하지 않은 최고정보책임자를 고용하기 시작했다. 그러나 이들도 회사가 원하는 만큼 자금을 동원하는 등의 극적인 변화는 이끌어내지 못했다

이와 유사하게 사업 단위의 리더들도 자신의 성공공식이 성과에 엄청난 영향을 미친다는 사실을 안다. 전통적으로 다국적 기업의 지사장들은 해외 시장에 자사의 성공공식을 적용하도록 임무를 부여받은 사람들이다. 하지만 단순한 확장경영 방식으로는 오늘날의 글로

벌적 상식과 특성을 갖는 시장에서 원하는 결과를 얻지 못한다. 월마트가 회사의 성공공식을 국제적으로 확장하려 했다가 지속적으로 실패한 것이 가장 좋은 예라고 할 수 있다.

지사장들은 이제 전통적인 고정화를 극복하고 현지에 필요한 새로운 성공공식을 개발해야 한다. 새로운 성공공식을 개발함으로써 해외 지사장들도 본사가 창조적 파괴를 일으킬 수 있도록 영향을 미칠 수 있다. 이런 기업은 글로벌 시장의 경쟁에서 더욱 강력해진 화이트 스페이스로 대우받게 될 것이다.

독자들은 글로벌 비즈니스 리더인 구티에레스가 변화를 필요로 하는 켈로그의 책임자로 재임 중인 시절을 잘 기억할 것이다.

관리자들은 방어와 확장경영 대 피닉스 법칙의 행동으로 팀에 영향을 미칠 수 있다. 1990년대 중반 한 거대 통신사는 브로드밴드 매출을 개선하기 위해 내부에 팀을 구성했다. 초기에는 인터넷 사용 증가로 인해 분기마다 매출이 2배로 증가했다. 새로 구성된 팀의 리더는 새로운 프로젝트에 구성원들이 임하도록 확인하는 데에만 첫 3주를 보냈다. 그 다음 4주째는 시스템과 고객관계, 기존의 제품에 대한 권장사항을 만드는 데 소요되었다. 놀랄 것도 없이 이들은 브로드밴드 매출 향상을 위한 독창적인 아이디어를 거의 만들어내지 못했고 팀은 6개월 만에 해체되었다. 그리고 이 회사의 브로드밴드 매출이 정체된 동안 시장은 폭발적으로 성장해 버렸다.

상품 관리자가 외부로부터 무언가를 도입하면 커다란 변화를 가져올 수 있다. 《꿀벌과 게릴라》에서 게리 해멀은 IBM의 중간 관리 프로그래머가 어떻게 노트북 제품 관리자에게 웹 브라우저를 소개했는지에 대해 잘 설명하고 있다. 제품 관리자는 스포츠 이벤트에 관한 정보를 보급하기 위한 IBM 네트워크 솔루션스(신생 사업)를 추진하기 위해 화이트 스페이스가 승인될 때까지 창조적 파괴를 지속적으로 단행했다. 이 화이트 스페이스 계획은 IBM으로 하여금 올림픽 관련 자료의 관리와 빠르게 성장하는 네트워크 컴퓨터 시장을 선점할 수 있는 기회를 가져다주었다.

개인은 집단의 행동에 큰 영향을 미친다. 시장의 요구에 맞을지는 모르지만 모든 사람들은 개인만의 성공공식을 갖고 있기 때문이다. 그러나 고정화된 개인의 성공공식은 고정화된 회사와 마찬가지로 시장 변화에 따라 피해자로 전락하기도 한다.

시장의 도전에 조직이 끊임없이 대응하기 위해서는 리더와 관리자의 성공공식도 재구축되어야 하며, 창조적 파괴에 대한 개인의 수용력이 유지되어야 한다.

당신은 고정화를 창조적으로 파괴하고 당신만의 화이트 스페이스를 활용하고 있는가?

가설과 고정화가 성공공식으로 인식되어 비즈니스를 어렵게 만드는 것처럼, 개인이 자신의 성공공식을 인식한다는 것 역시 어려운 일이다. 대부분의 관리자들은 지도와 관리에 대한 핵심을 단순하게 인식한다. 일상적인 행동이나 의사결정 구조가 어떻게 성공공식을 고정화했는지에 대해서는 거의 생각하지 않는다. 소수의 사람들만이 공식적인 방법으로 자신들의 정체성과 전략, 전술을 고려한다.

모든 사람은 자신의 성공공식과 고정화를 갖고 있다. 그리고 이들 대부분의 관리자들 성공공식은 18~30세 사이에 정립된다. 이 시기에 미래의 관리자들은 리더 교육, 정치, 그리고 조직이 자신에게 유익한지 무익한지에 대해 관찰한다. 동시에 교육 중인 관리자들은 신문, 잡지, 책 등을 읽고 자신의 개인적인 경험을 바탕으로 사례와 이론을 통해 결론을 도출한다. 몇 가지 초기 경험과 결과를 반영한 후 이들은 리더십에 대한 정체성과 자신들이 믿는 가장 좋은 전략, 자신들이 가장 원하는 방향으로 자원을 사용할 전술을 만들어낸다.

이들의 성공공식은 계급에 대한 믿음, 신성한 소의 관리, 그리고 기업의 표준을 통해 고정화된다. 아울러 대부분의 사람들은 고유의 치우침에 따라 결정을 하는데, 이것은 개인의 취향에 따라 다음과 같이 구성된다.

- 자료^{Data} : 얼마나 많이, 그리고 어떤 종류인가?
- 평가기준^{Metrics} : 어떤 것을 주의 깊게 보고 어떤 것을 주의 깊게 보지 않는가?
- 사람^{People} : 어떤 종류의 사람을 믿고 어떤 종류의 사람을 믿지 않는가?
- 정보를 얻기 위한 지식 저장고로서 학교, 기업, 인맥, 기능적 집단이 있다.

대부분의 경영 의사결정은 고정화된 개인의 성공공식에 의해 그 폭이 좁아진다.

이러한 고정화는 개인의 성공공식에 반영되어 관리자들이 신속하게 결정할 수 있도록 돕는다.

그러나 우리가 개인적인 성공공식에 고정화되어 있기 때문에 인생을 창조적으로 파괴하지 못하고 성장하지 못하는 것이다. 오직 창조적 파괴를 통해서만 새로운 의사결정 방식의 개발을 돕는 화이트 스

개인의 고정화

당신은 상황과는 무관하게 미리 결정을 내려둔 관리자를 본 적이 있는가? 당신은 그들이 이렇게 말하는 것을 들은 적이 있는가?

- 절대 컬설턴트를 고용하지 마라.
- 종업원은 사무실 안에 있어야 한다.
- 소비자 만족은 비용과 결부되어 있다.
- 정오 이전에 모든 일이 효과적으로 끝나야 한다.
- 시장 점유율을 선도하는 것이 가장 최선이다.
- 기업의 최우선적 업무를 따른다던 실패할 수는 없다.
- 1등이 되지 마라. 어떤 것이 효과적인지 보고 발 빠른 2등이 돼라.
- 상사는 항상 옳다.
- 노동조합은 사업을 망친다.
- 실직 중인 구직자들은 현재 취업해 있는 지원자들보다 무능하다.
- MBA 학교 출신들은 거만하다.
- 독창적인 사람들만이 마케팅을 할 수 있다.
- 연구조사 결과는 평가될 수 없다.
- 국외 원료는 질이 낮다.
- 모든 결정은 합의를 이루어가는 고-정을 통해야만 한다.
- 지도자만이 결정권을 가지고 있다.
- 계급제도는 나쁘다.
- 큰 회사들은 쓸모가 없다.
- 작은 사업은 위태롭다.
- 항상 가장 낮은 비용으로 협상하라
- 회의는 45분을 초과해서는 안 된다

개인의 창조적 파괴

개인의 창조적 파괴는 다음과 같은 예를 포함한다.

- 고정화를 공격하기 위해 주택과 같은 중요한 자산을 판다.
- 의사결정을 하게 한 이전의 고정화를 공격하기 위해 법률이나 공학과 같은 새로운 분야의 공부를 한다.
- 비즈니스 모델에 대한 가정에 따라 이전과 완전히 다른 분야의 회사에서 일한다.
- 데이터의 원천 또는 의사결정 과정에 대한 고정화에서 탈피하기 위해 자신의 전문분야와 다른 네트워크 집단에 참여한다.
- 기능적 고정화를 벗어나기 위해 다른 기능의 직업을 구한다.
- 사회 기준에 대한 고정화를 벗어나기 위해 다른 나라로 떠난다.

페이스를 창조할 수 있고, 성과를 개선해 나갈 수 있다.

조직과 마찬가지로 개인에게도 창조적 파괴는 방해가 아니다. 일시 해고된 것은 방해라고 볼 수 있다. 승진과 좌천, 낮은 평가 또는 전근도 창조적 파괴에서 방해가 된다. 그러나 비툰 이것들이 지속적으로 우리 인생에 영향을 끼치겠지만, 우리의 결정과 행동을 바꾸지는 못한다. 또한 결정적으로 화이트 스페이스로 우리를 인도하지 못한다.

개인의 창조적 파괴도 다른 창조적 파괴들과 마찬가지로 일어난다. 개인의 창조적 파괴는 우리를 잠시 멈춰 세워놓고 이렇게 말한다. "다르게 결정하고 다르게 행동할 수 있도록 이 기회를 사용해야 해!"

개인의 창조적 파괴는 화이트 스페이스의 문을 열게 해준다. 그리고 개인의 화이트 스페이스는 우리에게 새로운 성공공식을 창조하고 성장하도록 돕는다. 한 번의 창조적 파괴만으로도 우리는 새로운 상황을 맞이할 수 있고 이전의 성공공식을 변화시킬 수 있다.

하워드 코셀은 유명 스포츠 방송의 아나운서였다. 사람들은 과거 그의 변호사시절을 기억할 것이다. 그는 자신의 생활비를 극적으로 줄인 후에, 스포츠에 대한 열정을 개발하기 위한 화이트 스페이스로 들어갈 수 있었다. 만약 그가 값싼 아파트로 이사하지 않고, 대중교통을 이용하지 않고, 가족들에게 변호사를 그만 둘 것이라고 말하지 않았더라면, 방송으로 성공하겠다는 새로운 시도는 못했을 것이다.

개인의 화이트 스페이스도 집단의 화이트 스페이스와 같은 조건을 필요로 한다. 이전의 고정화에서 벗어나려는 자기 자신에 대한 허락, 이를 이행하기 위한 자원을 부여하는 창조적 파괴가 이뤄져야만 비로소 화이트 스페이스를 만들 수 있다.

허락은 새로운 것을 시도함에 있어서 충분히 전념하도록 지원한다. 또한 주변 사람들의 암묵적 허락을 받아야 한다. 만약 배우자가 허락하지 않는다면 화이트 스페이스로 들어갈 수 없다. 만약 상사가 허락하지 않는다면 일에 대한 새로운 시도를 할 수 없는 것이다. 우리가 화이트 스페이스에 도달하기 위해 우리 스스로에게 허락하는 것만으로는 충분하지 않은 것이다(종종 어렵기도 하다).

스티브는 고교를 졸업한 후 주립경찰서의 배차원이 되었다. 5년 후 그는 결혼했고 두 아이를 낳았다. 스티브는 월급쟁이 생활에 대해 한계를 느꼈다. 만약 회계학 학위를 딴다면 가족이 더 편한 생활을 누릴 수 있을 것으로 생각했다.

그의 상사는 스티브의 의견에 동의했다. 또한 현명한 결정이라고 말해 주었고 교육에 대한 그의 열정을 격려했다. 아니도 부가적인 수입이 가족에게 도움이 될 것이라 말했다. 결국 그는 대학에 들어가게 되었다.

하지만 스티브는 더 이상 자신의 일과 가족의 요구, 대학 공부를 병행하기 어렵다는 것을 깨달았다. 비록 표면적으로는 가능해 보였지만 일과 스케줄은 수업에 많은 영향을 미쳤다. 게다가 상사는 스티브의 급여를 줄이지 않는 한, 다른 동료들과 시간을 바꾸어주거나 근무 시간을 줄여줄 수도 없었다. 또한 스티브의 대학생활로 인해 아내에게 더 많은 책임이 전가되었다. 예상치 못한 집안 일의 가중을 받아들여야 한 것이다. 아내는 단지 더 높은 가족 소득을 원했을 뿐 자신이 식모처럼 변하리라고는 상상하지 못했다.

스티브의 고용주도 가족도, 그의 근무시간이나 단기소득 또는 가장의 책임을 덜어주는 것을 허락하지 않았다. 그래서 결국 학교를 그만둘 수밖에 없었다. 허락이 부족한 상태에서 개인의 성공공식의 구성요소인 일과 가족이라는 고정화에서 빠져나오지 못한 것이다. 그는 창조적 파괴를 실행하지 않고, 고정화를 어겨도 된다는 동의 없이 화이트 스페이스로 들어가려 했던 것이다.

이와 비슷한 경우로서 R&D 그룹의 중간 관리자인 글로리아는 석사학위가 있으면 승진 기회가 훨씬 더 많아질 것이라는 결론을 내렸다. 그녀의 고용주 역시 이에 동의했고 그녀가 수업을 받을 수 있도록 스케줄을 조정해 주겠노라고 다짐했다. 그녀의 배우자도 글로리아가 수업에 참석해 공부할 수 있도록 전폭적인 지지를 하겠다고 말했다. 하지만 그녀의 경제 상태는 그리 좋지 않았다. 많은 빚과 두 대의 자동차 유지비를 포함한 가족 생계비 때문에 자신의 교육에 쓸 수 있는 돈이 거의 없었다. 그녀 역시 허락은 받을 수 있었지만, 자기 자신에게 화이트 스페이스에 도달할 수 있는 자원을 부여하지 못했다.

우리는 이와 같이 새로운 성공공식들의 결과가 실패할 수도 있다는 것을 깨달아야 한다. 즉 허락과 자원의 부족 때문에 실패한다는 것을 깨달아야 한다. 스티브는 상사의 허락을 받지 않고 동료와 근무시간을 바꾸려고 했다. 또한 청소부나 보모를 고용해서 아내를 도왔어야 했다. 하지만 창조적 파괴의 부족과 허락의 명백한 부족은, 상사나 가족이 책임을 이행하지 못하는 사람이라고 정의를 내리기에 충분했다. 우리가 이에 대한 훈련을 거의 받지 못했다 하더라도, 화이트 스페이스를 창조하기 위해 허락을 얻는 것은 성공공식의 피라미드로 가기 위한 필수조건이다.

글로리아는 학업에 필요한 비용을 대고, 자신의 생활을 유지하기 위해 담보대출을 받거나 높은 금리의 신용카드 대출을 받았어야 했다. 하지만 더 많은 대출을 받는 것은 가족에게 경제적 어려움을 안겨주고 학업마저 위태롭게 했을 것이다. 충분한 자원이 없었기 때문에 글로리아는 자신의 목표를 이룰 수 없었다.

두 사례에서, 실행 가능한 개인의 화이트 스페이스를 창조하기 위해서는 반드시 창조적 파괴가 필요했던 것이다. 자동차나 집을 파는 것과 같은 창조적 파괴는 기존의 고정화를 공격하고 허락을 변경하고, 화이트 스페이스에 투자할 자원을 얻게 해주었을 것이다. 비록 화이트 스페이스에 대한 갈망은 존재하지만 창조적 파괴에 따른 허락과 자원이 따르지 않을 때, 화이트 스페이스를 만들어낼 가능성은 높지 않다.

개인의 창조적 파괴와 화이트 스페이스 적용

고용주에게 '새로운 아이디어'를 제공할 의도로 새로운 업계에 뛰어드는 것과 업계의 의사결정 방식을 배우기 위해 새르운 입장을 취하는 것에는 큰 차이가 있다. 전자는 직장 동료에게 외부적인 영향을 미치기 위해 방어와 확장방식을 사용하는 것이다. 후자는 성공공식을 변화시키기 위해 창조적 파괴와 화이트 스페이스를 이용하는 것이다. 결과로서 전자는 실패할 것이고, 후자는 개인적인 성장과 전문성의 향상이라는 현저한 차이를 가져올 것이다.

　아이러니하게도 새로운 직업을 갖는 대부분의 경영자와 관리자들은 자신들의 과거를 새로운 고용주에게 보여주는 것을 목표로 삼는다. 그러나 이런 방식은 (a) 근소한 개선만을 이끌어내는 평범한 성공공식과 결합되고, (b) 모순된 성공공식 간에 불화와 생산력 저하를 초래하는 갈등을 만들어낸다. 관리자가 가장 먼저 자기 자신을 창조적으로 파괴한 다음 새로운 자세를 통해 화이트 스페이스로 들어가면 지역, 기능, 업계와 상관없이 과도기적인 변화를 이끌어낼 수 있다. 그런 다음 동료들에게 자신의 창조적 파괴를 알리고 함께 화이트 스페이스를 체험할 사람을 찾아야 한다. 더 나은 결과를 이끌어내기 위한 새로운 성공공식은 모두를 화이트 스페이스로 이동할 수 있게 함으로써 만들어지는 것이다.

　에드 젠더가 모토로라의 최고경영자가 되었을 때 전문가들은 빠른 시일 내에 직원들을 삭감해야 한다고 조언했다. 고토로라는 여러 부문에서 시장점유율을 잃고 있었고 수천 명이 이디 해고된 상태였다.

이에 에드 젠더는 감원을 지속하는 대신, 자신의 등장을 모토로라에 대한 창조적 파괴의 기회로 사용했다.

그는 경영진과 함께 구내식당에서 식사하고, 회의 스타일을 바꾸고 시간을 줄이고, 사무실의 물리적 구조를 변화시킴으로써 계급에 대한 고정화를 공격했다. 또한 디자인에 초점을 맞춰 자신의 집무실 옆에 디자인 부서를 옮김으로써 엔지니어링에 대한 고정화를 공격했다. 그리고 "우리 회사에서는 발명할 수 없다"는 고정관념을 깨뜨리기 위해 애플과 새로운 이동전화 개발을 위한 파트너십을 체결했다. 그 대신 사업 부문을 분리하지 않았고, 기존 생산 라인의 문제를 보완하기 위해 인수합병 계획을 수립했다. 이처럼 다양한 화이트 스페이스 계획이 실행되자 수익은 빠르게 개선되어 갔다.

그러나 안타깝게도 그는 휴대폰 사업에서 창조적 파괴를 지속하고 화이트 스페이스를 이행하지 않았다. 레이저^{RAZR}의 성공적인 시장진입 후 신제품 개발과 혁신을 모색하지 않고, 수익과 점유율을 유지하기 위한 예전의 방어와 확장방식으로 돌아간 것이다. 그 결과 젠더는 2007년 모토로라 휴대폰의 매출이 곤두박질치자 최고경영자 자리에서 물러나야 했다. 결국 지속적인 창조적 파괴와 화이트 스페이스의 이행에 실패하면 과거의 성공도 물거품으로 돌아간다. 경고음은 피닉스 법칙의 이행에 따른 수익을 유지해 주는 가장 중요한 요소다. 그리고 방어와 확장방식에 대한 경고음의 희생자가 되는 일은 언제라도 일어날 수 있다.

전형적인 방어와 확장방식을 전환시킨 관리자로 알 던랩을 들 수 있다. 그는 '스콧 페이퍼'를 매수한 다음 몇 개의 공장을 폐쇄했다. 그리고 수천 명의 종업원을 해고했다. 그런 다음 재빠르게 '스콧 페이퍼'를 매각해 버렸다. 공격적인 비용절감 정책을 추진한 결과, 종업원과 공급자들에게는 큰 타격을 안겨주었지만 투자자들에게는 현금을 안겨줄 수 있었던 것이다. 그래서 그는 '전기톱 알'이란 별명까지 얻게 되었다.

그는 '선빔 오스터'에서도 똑같은 방법을 사용했다. 그러나 공격적인 비용절감 정책이 역효과를 드러내기 시작하자 '단발 가수'처럼 실패하고 말았다. 많은 종업원과 공급처를 줄였음에도 불구하고 선빔의 주가가 75%나 떨어지자 투자자들이 막대한 손실을 입게 된 것이다. 결국 던랩은 회계부정에 대한 책임을 묻는 주주들의 고소로 1,500만 달러의 개인 돈을 지불해야 했다.

당연히 조직은 경영자를 고용할 당시에 이미 자사만의 성공공식을 갖고 있다. 이것은 이들 조직이 화이트 스페이스가 아니라는 뜻이다. 고정화된 조직은 새로 고용된 경영자가 기존 고정화를 신속히 받아들이고 성공공식에 순응하기를 원한다. 따라서 새로운 경영자는 조직의 허락과 자원을 활용할 수 있는지 신속히 파악해야 한다. 만약 그들이 이것을 활용할 수 없다면 새로운 조직의 성공공식을 최대한 빨리 수용하거나 새로운 직업을 찾아야 한다.

● ○ ●

피닉스 법칙과 조직의 역할

GE의 경영개선 도구 중 하나는 관리자들을 여러 개의 다른 위치로 이동시키는 것이다. 이는 경영진에게 관리자들의 창조적 파괴 능력을 이해할 수 있게 하고, GE의 성공공식을 전개할 수 있도록 돕는다. 이는 관리자가 다른 사람들을 화이트 스페이스로 끌어들일 수 있게 하며 성과를 개선하도록 돕는다. 이렇듯 비록 완벽하지는 않았지만 GE는 창조적 파괴와 개인의 성장, 화이트 스페이스에 대한 관리 능력을 향상시켜 주었다. 이는 GE에서 경험을 쌓은 사람들이 다른 회사의 리더가 될 수 있도록 기회를 제공하기도 했다. GE만의 이런 방식은 다우 지수에 최초로 편입된 회사로는 거의 유일무이하게 1세기에 걸쳐 지속적인 성공을 거둘 수 있도록 기여했다.

중간 규모의 부품 산업계를 이끌어가는 공급자는 전통적 전략으로 시장에 접근한다. 그러나 정보화 시대가 글로벌 경쟁자를 만들어냄에 따라 최고경영자 릭은 그런 전략이 불충분하다는 것을 깨달았다. 릭은 컨설턴트와 함께 제품의 질적 우위에 대한 고정화를 공격함으로써 조직을 창조적으로 파괴해 나갔다. 그러나 이런 계획은 경쟁자에게 보다 저렴한 비용으로 제품을 신속히 모방할 수 있게 하여 점유율 하락을 초래할 수도 있다. 릭은 새로운 경쟁 방법을 찾기 위해 IT를 전략적으로 활용할 방법을 모색하면서 새로운 프로젝트를 만들어 냈다. 이 프로젝트에는 고객관계와 공급조정을 위한 조사가 허락되었고 독립적인 자금도 마련되었다.

릭은 회사에 대한 지식과 경쟁자에 대해 예리한 안목을 가진 영업자들을 불러 모았다. 비록 릭이 IT에 대해 깊은 지식을 갖고 있지는 않았지만 프로젝트를 이끌어나갈 수 있었다. 그는 프로젝트의 실패는 곧 자신의 실패이며 회사 또한 실패하는 것이라고 말했다. 그리고 그는 회사를 위해 새로운 개인의 성공공식을 개발하는 데 도전했다. 또한 자신이 갖고 있지는 않지만 꼭 익혀야 할 특별한 기술을 외부자로부터 손에 넣을 수 있도록 허가되었다. 게다가 자신의 새로운 역할 수행을 돕고 개발을 위한 재정지원, 예산관리, 컨설턴트 고용비용과 자원을 제공받았고, 자신의 프로젝트를 수행할 관리자들을 선발할 권한을 부여받았다.

허락과 화이트 스페이스라는 자원을 부여받은 릭은 새로운 관리 방식을 신속히 개발했다. 그는 계급제도를 바꿨고, 프로젝트 진행과정을 보고하기 위한 새로운 평가기준을 만들었다. 그는 또 경쟁을 위해 다양한 인터넷 기술들도 구축했다. 의사결정을 위해 정보를 수집하고 전시하고, 유기적으로 소프트웨어 도구들을 사용하기 시작했다. 릭은 새로운 개인의 성공공식과 화이트 스페이스 조직을 구축한 것이다. 릭의 조직은 불과 몇 개월 안에 더욱 경쟁력을 가진 성공공식 쪽으로 나아갈 수 있었고, 국내외의 경쟁자들을 격퇴할 수 있었다.

많은 조직들은 자신을 최고라고 생각하는 경영자는 한 곳에 머물러 있지 않는다고 불평한다. 또한 그런 사람들은 너무 많은 돈을 요구한다고 말한다. 그러나 유능한 경영자들이 회사를 떠나는 이유는 오로지 돈 때문만이 아니다. 그들은 종종 개인의 성장 기회가 적은 것이 그 이유라고 말한다.

다시 한번 강조하지만 뛰어난 성과를 거두는 유능한 경영자들은 화이트 스페이스를 이끌고 창조적 파괴의 기회를 찾으려 한다. 진행 중인 최적화 작업이 개인의 성장을 방해한다는 것을 깨닫고, 새로운 것을 시도하도록 허락할 수 있는 입장에 서기를 원한다. 조직에서 이런 기회가 주어지지 않을 때 다른 곳을 찾는 것이다. 이럴 때 GE와 같은 조직들은 창조적 파괴와 화이트 스페이스를 이용하여 뛰어난 인재들을 끌어모은다.

피닉스 법칙은 우리 모두 이용할 수 있다

우리는 문제에 직면한 조직들에 관한 이야기를 매일매일 듣는다. 비단 기업들의 사업 실패만이 아니다. 비영리단체나 정부 조직들도 자신의 가치를 떨어뜨리는 일을 비일비재하게 저지른다. 옛 방식에 고정화된 그들의 성공공식이 쇠퇴하는 것이다. 이와 유사하게 우리는 급변하는 시장과 새로운 기술이 시대에 뒤진 기능들을 점점 사라지게 한다는 것을 알고 있다. 직업을 잃고 평생 구직자 상태를 지속할 수도 있다. 우리에게 노화와 최종적 소멸이 운명처럼 드리워져 있다면 쇠퇴는 너무 간단하게 일어날 것이다.

우리는 창조적 파괴와 화이트 스페이스가 끊임없는 성장의 기회를 창조한다는 것을 깨달아야만 성장할 수 있다. 이를 바탕으로 새로운 커리어를 향해 이동하고 새로운 성장 아이디어를 만들어낼 수 있다. 비록 화이트 스페이스가 성공을 보장하는 것은 아니지만 삶에 대한 흥미와 기회에 대한 자극을 준다. 틀 안에 갇히지 않으려면 고정화에서 벗어나야 한다. 장기에 걸친 성공을 원한다면 우리는 고정화를 깨닫고 그것을 공격해야 하며, 새로운 방법을 시도할 수 있도록 허락해야 하며, 우리 삶에서 화이트 스페이스를 유지할 수 있도록 자원을 찾아야 한다.

미래기업의 조건
CHANGE

지은이 애덤 하텅
옮긴이 양영철

펴낸이 김병은
펴낸곳 프롬북스

등록 제313-2007-000021호(2007.2.1.)
1판 1쇄 인쇄 2009년 3월 5일
1판 1쇄 발행 2009년 3월 10일

주소 서울특별시 마포구 성산동 133-7 도원빌딩 307호
문의 02-308-0721
팩스 02-308-7781
홈페이지 http://www.frombooks.co.kr
전자우편 edit@frombooks.co.kr

ISBN 978-89-93734-00-3 13320
정가 15,000원